冷戰下的國軍游擊隊

反共救國軍（下）

ROC Guerrillas in Cold War:
The Anti-Communist National Salvation Army - Section II -

林桶法　主編

目錄

上冊

前言 1
凡例 XI

第一章 游擊部隊的誕生 1
一、各地游擊部隊之成立 1
二、游擊地區物資與經費給與 96
三、游擊部隊活動與整訓 103

第二章 胡宗南（秦東昌）與江浙反共救國軍 147
一、視察及防務整備 147
二、活動發展經費 166
三、胡宗南與反共救國軍 184

下冊

第三章　胡璉與福建反共救國軍 1
一、組織編制 1
二、變革 9
三、登陸突擊作戰 13

第四章　游擊部隊的整編 39
一、整編會議與整編計畫 39
二、編裝與整建 79
三、各地整編情形—浙 江 131
四、各地整編情形—粵東、福建 155
五、各地整編情形—雲南及緬北 180

第五章　美國與反共游擊部隊 211
一、1950 年代軍力評估及相關援華軍事決策及會談 211
二、西方公司 327

第三章　胡璉與福建反共救國軍

一、組織編制

● 福建省政府、反共救國軍總指揮部電呈國防部該省軍政統一編制表（民國41年9月6日）

（代電）（41）治興澄字第一九四九號

駐地：金門

受文者：國防部

事由：賚呈本省省政府及反共救國軍總指揮部統一編制表請核定示遵由

一、准大陸工作處（41）還遣第1196號抄送行政院核定雲南省府及總指揮部軍政統一編制表，飭自行擬訂編制表報請核定。

二、遵經按照前項制表及參酌本省地方實際需要，擬訂本省政府及反共救國軍總指揮部軍政統一編制表壹份，隨文賚呈。

三、除分呈內政部外，懇請迅賜核定示遵。

福建省政府主席兼福建省反共救國軍總指揮胡璉

福建省省政府、反共救國軍總指揮部軍政統一編制表（軍事部分）

區分	職別	官佐 階級	官佐 員額	主管業務
主席兼總指揮			(1)	
省府委員		簡任	7-11	
副總指揮			2	
委員兼祕書長			(1)	
委員兼參謀長			(1)	
副參謀長			1	
隨從軍官			1	
小計		兼任	(3)	
		專任	15	
政務處及政治部	政務處長兼政治部主任	簡任	1	
	政治部副主任		1	
	祕書		2	
	第一科科長	薦任	1	民政
	科員		2	
	第二科科長		1	宣教（含康樂）
	科員		1	
	第三科科長		1	民眾組訓
	科員		1	
	第四科科長		1	保防監察（含政工、心戰）
	科員		2	
	第五科科長		1	軍政政訓
	科員		2	
	小計	專任	17	
軍事處	處長		1	
	副處長		1	
	第一科科長		1	
	參謀（科員）		4	編制、人事、獎懲、撫卹
	第二科科長		1	情報
	參謀		4	
	第三科科長		1	訓練作成
	參謀		4	
	第四科科長		1	補給
	軍需（科員）		4	
	第五科科長		1	軍法
	軍法官		2	
	軍事檢察官		1	
	公設辯護人		1	
	小計	專任	27	
合計		兼任 專任	(3) 59	

附記

1. 本表遵從行政院台四十（內）1984 號訓令及附件編列。
2. 高參參議未列原額內，任用時再請核備。
3. 所需士兵公役數目根據實際需要自行編列。

● 國防部函電內政部擬議福建省省政府、反共救國軍總指揮部軍政統一編制表（軍事部門）（民國 41 年 10 月 18 日）

（代電）（41）還遣字第 1464 號

受文者：內政部

一、福建胡總指揮璉九月六日（41）治興澄第 1949 號代電副本計呈。

二、茲檢附本部擬議福建省省政府、反共救國軍總指揮部軍政統一編制表（軍事部門）一份，如荷同意，即請查照將行政部門列入，一併會銜報院核定為荷。

三、本件抄副本送福建總部。

部長郭寄嶠

● 有關「簡化戰地省縣組織統一軍政事權辦法」參考資料（民國 42 年 1 月 31 日）

一、案查行政院卅九年二月十一日卅九（一）字第四九四號令頒之「簡化戰地省縣組織統一軍政事權辦法」，係在國軍政工改制以前所擬定，迄今三年，雖經四十年四月十九日參照本部所定之反共救國軍總指揮部組織，酌加修正，以台（40）內字第一九八四號訓令頒行，惟原辦法尚有未盡恰當之處，遵照總統蔣（40）未馬乾兩字第四〇四八二號代電核准之游擊部隊政工組織系統，及總長周（40）詮諧字第一九一二號訓令頒發之「游擊部隊政治工作綱領」，規定各級政工機構為所隸屬部隊之幕僚機構、政治部主任為政治幕僚長，依照規定、主管部隊官兵組織、政治教育、保防監察、心理作戰、敵工民運及動員民眾，辦理戰地政務等工作與軍事參謀長（軍事幕僚長）同其位置，茲查原辦法第二條，列有委員兼參謀長、委員兼祕書長，第三條則又列政務處長得兼政治部主任，如此政治部主任將隸屬於委員兼參謀長，或委員兼祕書長指導之下，核與現行軍事體制不符，此其一。復查現行政治部主任地位，均較司令部各處處長為高，茲原辦法第三條，列政務處長兼政治部主任，與其他各處處長地位相等，核與現行體制，亦有未符，此其二。又原辦法第二條委員兼參謀長、委員兼祕書長之職掌，只規定襄助主席並總指揮處理政務及軍事，其對各處之關係如何，並未明白規定，各處處長是否必須由省府委員兼任，抑或不兼任，均未詳細規定，此其三。

二、根據現行軍隊體制，及顧全戰時戰地實際需要，擬請將原辦法第二、第三兩條予以修正如下：

1. 第二條：戰地省區設省政府及反共救國軍總指揮部，置主席兼總指揮一人，綜理政務及軍事，並監督指揮所屬機關及職員置祕書長兼政治部主任及委員兼參謀長各一人，襄助主席兼總指揮處理政務及軍事。前項主席兼總指揮，祕書長兼政治部主任、參謀長，均由省府委員兼任。

2. 第三條：為求行政與軍事之密切配合，省政府與反共救國軍總指揮部，應鎔為一體，其組織如左：

（一）政治部：掌理部隊官兵組織、政治教育、保防監察、心理作戰、敵工民運、及動員民眾，配合作戰，與辦理戰地政務工作等事宜。

（二）政務處：掌理民行政、戶口、保甲、兵役、民眾自衛組訓、救濟、經濟動員（包括財政稅務）及文教事項。

（三）軍事處：掌理軍事作戰（包括情報）及補給事項。

（四）祕書處：掌理文書事務及人事等事項，因軍事之需要，前項軍事處，得呈准改設為參謀補給兩處，經濟業務較繁之省區，得請核准增設經濟處。各處得按業務繁簡，分科辦事。

以上所列軍事處受委員兼參謀長之指導；政治部、政務處、祕書處，均受祕書長兼政治部主任之指導。（附組織系統表及政治部編制表）

四二、元、三十一

福建省反共救國軍總指揮部政治部編制表

職別	員額	主管業務
主任	1	
副主任	1	
祕書	1	文書、經理、事務
科（參謀）員	2	
司書	1	
第一科科長	1	組織、監察、政工人事、政工幹部訓練
科（參謀）員	4	
第二科科長	1	官兵政治教育宣傳，報導輿論分析，文化康樂活動
科（參謀）員	3	
第三科科長	1	對敵心理作戰、鋤奸、保密、防諜
科（參謀）員	3	
第四科科長	1	民眾組訓，徵集人力物力，建立地下政權，地方軍事管制
科（參謀）員	3	
合計	23	

附記：

（1）本表係遵奉總統蔣（40）未馬乾雨字第 40482 號代電核准之游擊部隊政工組織系統表所擬訂。

（2）本表係依照本部（40）詮諸字第 1219 號訓令頒佈之游擊政工綱領規定一律不列官階。

（3）本表軍官軍文通用，兵科軍官出身者，可以參謀任用。

● 內政部密函福建省政府、反共救國軍總指揮部軍政統一編制表（民國 42 年 5 月 5 日）

（密函）（季機字第 1166 號）

受文者：福建省政府

抄送副本機關：國防部

事由：奉院令核定貴省省政府反共救國軍總指揮部軍政統一編制表函請查照

一、前准貴府四十一年九月六日治興澄字第一九四九號代電附貴省省政府、反共救國軍總指揮部軍政統一編制表，當經會同國防部修訂呈院核備。嗣准同年十一月五日致國防部衛台字第〇六四九號代電副本，以政務處與政治部合併編組頗多窒礙，請予分別編列以專責成。經將原編制表政務處及政治部部份重加修訂，報院併案核示在案。

二、茲奉行政院本年四月廿九日四十二（內）字第二四四三號令，略以本部及國防部會同呈送之福建省省政府、反共救國軍總指揮部軍政統一編制表，准予照辦，並呈請總統簽核備案。至所請政務處與政治部分別編列應從緩議。

（三、原件跳號）

四、茲抄送該項編制表一份函請查照。

五、副本抄送國防部。

附福建省省政府、反共救國軍總指揮部軍政統一編制表一份

部長黃季陸

福建省省政府、反共救國軍總指揮部軍政統一編制表

區分	職別	官佐		主管業務
		階級	員額	
	主席兼總指揮		(1)	
	省府委員	簡任	7-11	
	副總指揮		2	
	委員兼祕書長	簡任	(1)	
	委員兼參謀長		(1)	
	副參謀長		1	
	隨從軍官		1	
	小計	兼任 專任	(3) 15	
祕書處	處長	簡任	(1)	
	祕書	薦任	2	（內一人辦理外事）
	第一科科長	薦任	1	人事（科員一人）
	第二科科長	薦任	1	文書、電務（科員二人）
	第三科科長	薦任	1	主計（科員一人）
	第四科科長	薦任	1	總務（科員二人）
	科員		6	
	小計	兼任 專任	(1) 12	
經濟處	處長	簡任	1	
	祕書	薦任	1	
	第一科科長	薦任	1	財務
	第二科科長	薦任	1	稅務
	科員		2	
	小計	專任	6	
政務處及政治部	政務處長兼政治部主任	簡任	1	
	祕書	薦任	2	
	第一科科長	薦任	1	民政
	第二科科長	薦任	1	文教宣傳（含本案）
	第三科科長	薦任	1	民眾組訓
	第四科科長		1	保防監察（含敵後工作、心理作戰）
	第五科科長		1	軍隊政訓
	科員		10	
	小計	專任	19	

區分 ＼ 職別		官佐 階級	官佐 員額	主管業務
軍事處	處長		1	
	副處長		1	
	第一科科長		1	編制、人事、獎懲、撫卹
	參謀（科員）		4	
	第二科科長		1	情報
	參謀		4	
	第三科科長		1	訓練作戰
	參謀		4	
	第四科科長		1	補給
	軍需（科員）		4	
	第五科科長		1	軍法
	軍法官		2	
	軍事檢察官			
	公設辦護人		1	
	小計	專任	27	
合計		兼任 專任	4 79	

附記
一、本表遵照行政院四十（內）字 1984 號訓令及附件編制。
二、高參、參議未列員額內，任用時再請核備。
三、所需士兵分設數目根據實際需要自行編列。

二、變革

● 福建省反共救國軍總指揮部補送閩北白肯等島交接清冊（民國42年11月23日）

（代電）（42）統敏敘字第五三五號
駐地：金門
受文者：大陸工作處
事由：為補送閩北白肯等島交接清冊十一份請核備由
一、戌冬統敏敘培電計呈。
二、謹將閩北地區東、西肯、高登、東湧等島防務交接清冊四份，財產交接清冊四份，東、西肯武器彈藥交接清冊二份，西肯克難菜圃交接清冊乙份，共十一份，隨文賫呈。
三、敬請核備。
四、副本送閩北地區司令部。

兼總指揮胡璉

● 國防部會知福建總部白犬交接部隊需會銜報備（民國42年12月7日）

（會文）（42）挺推字第01644號
受文者：福建總部
事由：為會知白犬交接部隊須會銜報備由
一、42統敏敘字535號代電悉。
二、關於白犬等島防務調整交接各項清冊，仍希轉飭交接部隊會銜報備為要。

參謀總長陸軍一級上將周至柔

● 國防部令福建省反共救國軍總指揮胡璉著即免除兼職派劉玉章兼任（民國 43 年 5 月 4 日）

（令）（43）遣逕字第 1939 號
駐地：台北市
受文者：胡璉、劉玉章
一、奉總統核定福建省反共救國軍兼總指揮胡璉著即免除兼職，派劉玉章兼任福建省反共救國軍總指揮。
二、希即遵照。除另令徐次長監誓監交外，並限於四十三年五月八日與金門防衛司令官職務，同時辦理交接具報。
三、本件抄副本送本部各廳局室、大陸工作處各組及福建總部。
傳閱本組各同仁。

參謀總長陸軍一級上將周至柔

● 行政院電呈總統撤銷福建反共救國軍總指揮部機構保留番號一案（民國 44 年 5 月 11 日）

（呈）（台四十四內 3026）
受文者：總統
事由：據國防部呈為撤銷福建反共救國軍總指揮部機構保留番號案呈請鑒核由
一、查福建省省政府、反共救國軍總指揮部軍政統一編制表，前經函准鈞府祕書長四十二年六月六日（42）台統（一）字第一八七〇號函復，業已奉准備案有案。
二、茲據國防部呈稱：「（一）查江浙反共救國軍自二月八日大陳撤守後，為適應當前情勢，使所有反共救國軍之一切行政業務得以正常發展，必須建立反共救國軍完整之組織體系，使用統一編制，經擬訂反共救國軍整編計劃，將所有反共救國軍統一改編為兩個總隊，以江浙反共救國軍編為第一總隊，福建反共救國軍編為第二總隊，統隸屬陸軍總司令部，並於該總司令部增設反共救國軍指揮部，負責策劃該項部隊之編組、裝備、訓練、保育諸事宜，經呈奉總統四月二日台統（二）虔字第〇二九五號代電核准，並下令實施在案。（二）現江浙反共救國軍經已改編完成，福建反共救國軍亦將開始改編，各該部隊改編後，原設江浙反共救國軍總指揮部及福建反共救國軍總指揮部實無保留必要。（三）惟茲據福建反共救國軍總指揮部劉兼總指揮，三月七日祖宇字第〇〇〇七號呈請准該總指揮部於部隊改編後，撤銷總指揮部機構，保留番號，以作國際政治之號召等情，核尚可行，經權先覆核准照辦。（四）理合將撤銷福建反共救國軍總指揮部機構保留番號各節，呈報鈞院。（五）「恭祈核備」等情。

三、擬照該部所請准予備查，是否可行？

謹請鑒核示遵。

行政院院長俞鴻鈞

總統府擬辦簽註（民國 44 年 5 月 25 日）

一、江浙、福建兩反共救國軍指揮部撤銷，其部隊改編為第一、二兩總隊，隸屬於陸軍總部，並於陸軍總部增設反共救國軍指揮部，負責策劃該項部隊之編組、裝備、訓練、保育等事宜，前經國防部呈奉鈞座核准有案。

二、據呈國防部已權先核准福建反共救國軍劉兼總指揮所請，撤銷福建反共救國軍總指揮部機構，保留其番號以資號召一節，擬准備查可否請核示，各情，核尚可行。

擬復可准備查。

如擬。

蔣中正印

五、廿五

● 總統蔣中正電復行政院院長俞鴻鈞撤銷福建反共救國軍總指揮部機構保留番號准予備查（民國 44 年 5 月 26 日）

（代電）

行政院俞院長勛鑒：

台四四內 3026 號呈，為據國防部呈請撤銷福建反共救國軍總指揮部機構保留番號請鑒核一案，悉，准予備查。

蔣中正

辰宥台統（二）虔

三、登陸突擊作戰

● 福建反共救國軍閩南地區泉州、永安兩縱隊惠安登陸作戰經過暨檢討概要（民國 40 年）

一、任務及目的地

（一）抽調金門集訓之游擊部隊 1,600 人，九月初旬起即逐次裝訓完成，乃為分批滲回原地區會合原有部隊，積極展開作戰。

（二）泉州縱隊挺進目標為德化仙遊邊區、鳳頂山區。永安縱隊挺進目標為德化北戴雲山區。

二、編組與裝備（如另紙第一、二）

三、登陸經過

（三）我泉州縱隊由司令陳令德率員兵 261 員名，永安縱隊由司令陳偉彬率領員兵 132 員名，於八月卅一日廿四時分乘木船共十隻，在第「49」、「50」兩軍艦掩護下，由金門料羅灣駛烏坵集中，九月四日十七時卅分再由烏坵出發，當日廿二時永安縱隊於雷洋附近登陸，泉州縱隊翌早一時於后埭仔登陸。

四、戰鬥經過概要

（四）泉州縱隊

1. 九月五日一時在湄州灣之后埭仔登陸，拂曉五時半通過福廈公路塗嶺附近，為匪民兵發現，激戰一小時後續經大林山，十一時到達圓頭庄暫停，進食午飯，當為匪泉州軍分區警五團一個營兵力包圍激戰三小時，傷斃匪三百餘，嗣又據報匪正抽兵力增援乃突出重圍前進，戰傷也失蹤，支隊長方文祥以下通訊人員與卅餘員名（以後失聯）抵叉路時留置一個排伏擊，匪約一個連中伏，除逃脫八名外全部被殲。六日匪軍區分令惠安、仙遊與追踪截擊，我軍因飢渴無法支持，一部又被衝散。

2. 根據特種情報：於圓頭庄分路突圍之我游擊隊一部，八日五時抵秋陽山與匪警衛班戰鬥，我陣亡士兵數名，同日廿三時到達大崙山又與匪警五團第四連遭遇激戰，我被俘四人。九日五時許抵石二嶺，復遭匪民兵兩班阻擊，激戰一小時，我傷亡十餘。十一日我游擊隊一部卅餘續向仙遊西北鳳頂山區前進。
3. 據閩匪第七軍分區十七日透露，我泉州縱隊司令陳令德於十六日九時在楓亭地區被俘。
4. 該縱隊現可能以一部約三、四十人潛伏四角亭一帶山區，另一部約卅餘人由副司令葛應寬率領推進大帽山區。

（五）永安縱隊

1. 九月四日廿二時在泉州灣之雷洋登陸成功後，經東園北溪為附近前進，六日十六時卅分與匪警五團所屬約兩個連，在芸角山激戰，入夜突圍，於七日七時到達大羅溪附近（以後失聯似係分散）
2. 根據特種情報，十日續有我游擊隊一二時餘抵大羅溪，似向南安八都山方向前進。

五、優點

（六）近戰火器火力強：此次兩縱隊配賦之裝備，以近戰火器如衝鋒槍、卡賓槍等為主（每支隊衝鋒槍均在 23

枝以上，卡賓槍在 45 枝以上），其火力較國軍步兵三個連為強，故於圓頭庄以西地區伏擊，及數次突圍均能大量傷斃匪軍。

（七）士氣旺盛：此次登陸部隊雖屢次遭匪阻擊或包圍，惟均能勇敢奮戰到底，據各方報告部份官兵直至極度飢渴疲乏仍無投匪情事發生。

六、缺點

（八）準備欠週到：

1. 登陸部隊八月初即裝訓完畢，惟登陸輸送船隻十二隻竟遲至八月中旬開始修理，於出發前三天竣工。
2. 部隊八月卅一日抵烏坵後因風雨潮汐等關係，延至四日夜實施登陸。
3. 攜帶乾糧不充分，致中途停止縱隊炊膳，為匪抽集兵力圍截，部份員兵且因飢渴無法支持。

（九）指揮不良：登陸後應極力鑽隙急進，力避與敵主力膠著戰鬥，惟泉州縱五日晨到達塗嶺，為少數民兵發覺，即激戰一小時。十一時抵圓頭庄又停止進食午飯，致為匪一個營包圍激戰三小時，迨據報匪抽集兵力增援後始行突圍，而永安縱隊則在芸角山停留相當時間，並與匪軍激戰數小時，均屬延誤。

（十）對無線電機運用不良：小部隊在戰鬥中雖難免遭受損壞，惟不致全部盡毀（蓋泉州縱隊攜備收發報機六部，另對空機及 SSR-1 型收報機各乙部，永安縱隊攜備收發報機三部，另對空機及 15 瓦發報機各一部，數量非少）。九月六、七日後即先後失聯，足證運用不良。

（十一）經此次登陸作戰後匪對海岸警備提高警覺（匪擬自福州以南一帶地區地方部隊重新調整部署）。

七、結論

（十二）此次登陸，我游擊部隊不過兩個半連，匪方動員兵力達廿三個連約四千人（匪警四、五團主力仙遊獨立營及永泰中隊，另踞永春一個團在大羅溪以西防止我軍西進未列計），在我實施反攻大陸時，如先以攔覆之海上游擊部隊於反攻主力部隊登陸附近地區當時作多箭頭之突入，當能吸引分散匪海岸防衛部隊，掩護主力登陸作戰，當易奏功。

（十三）匪軍區部隊及民兵戰鬥力雖差，但控制確實能不斷與我登陸部保持接觸換取抽集兵力圍截時間，故目前欲以少數兵力突入大陸建立基地，似應改為發轉攜有無線電機之連絡小組空投於預定建立之基地，再使裝訓完成部隊分組空投增強。

● 國防部大陸工作處呈報突擊湄洲經過（民國 41 年 1 月 29 日）

一、據海軍總部元月廿九日報稱：

元月廿八日美頌號登陸艇載運金門游擊部隊 1,600 人，由永昌、永嘉、永康等艦掩護，在湄洲灣鵝尾山登陸，下午一時卅分完全控制該區，俘匪廿八軍所屬及民兵 150 名，迫擊砲壹門、輕重機槍各貳挺、步槍卅餘枝、帆船十餘艘。至廿時，我軍任務完成，安全撤回原防。

二、呈閱

突擊湄洲島之 1,600 人，即第一批在漳州、永安、泉州等地區及閩粵邊區抽調金門集訓完畢，尚未挺進大陸之游擊部隊（閩南地區司令部所屬游擊隊）。

呈總長、副總長閱。

介民

一、廿九

附件　突擊湄洲經過及檢討

元月廿八日我閩南地區司令部所屬部隊 1,600 人及海軍美頌、永昌、永嘉、永康等艦之協助，在湄洲灣鵝尾山登陸，至下午一時卅分完全控制該區，下午八時我軍任務完成，安全撤回原防。是役計俘匪 83D 所屬匪兵 16 人、民兵 60 餘人，鹵獲六〇砲一門、輕機槍三挺、衝鋒槍及步槍 30 餘枝，我陣亡士兵五名，傷 30 名。

● 金門第九分台長卿濟眾電國防部參謀總長周至柔、國防部大陸工作處處長鄭介民（民國41年1月31日）

來電地名：金門

急。總長周、處長鄭鈞鑒：

3880密，（一）一縱隊感晚出擊湄洲島，艷晨返抵防。（二）匪偽廿六〔廿八〕軍八十三師一個連另一砲兵排，除生俘匪十六人、民兵六十餘人外，餘全部被我殲滅。（三）鹵獲60迫擊砲一門、輕機槍三挺、衝鋒槍三枝、步槍三十餘枝。（四）我突擊總隊陣亡五人，傷達三十人。（五）謹電奉聞。

金門第九分台長卿濟眾

子艷

● 福建省反共救國軍突擊湄州島戰鬥詳報（民國41年2月19日）

湄州島戰役戰鬥詳報

一、匪情：迭據情報人員偵察及空軍通報，確悉閩江口至湄州灣沿海一帶，有匪廿八軍船營團主力分守，另一中隊（欠一排）糾合匪八十三師偵察連兩排，配屬莆田縣民兵一中隊據守湄州島，並築有簡單工事。

二、任務：我部以攻殲該島匪軍，破壞其組織，相機宣撫民眾，製造反共高潮，進而牽制疲憊當面之匪，以達成戰略守勢、戰鬥攻勢目的，決於元月廿七日乘歲夕匪軍戒備疏忽之際，以優勢兵力，並配合海空軍，將匪包圍殲滅，適時返防。

三、戰鬥前匪我態勢（略）。

四、有關戰鬥之氣象地形及居民狀態：

（一）氣象：一月廿七日至廿八日，天候晴朗，海面平靜無波濤，高潮水為十二時四十八分，低潮水六時零分，使我航海順利，登陸及撤退均易。

（二）地形：湄州島位置於閩屬莆田、惠安之湄州灣口，東經一四〇度，北緯一〇〇度，距金門七六海里，該島南北長九公里，東西最寬處兩仟餘公尺，島兩端多石岩高地，中間綿亙有一里，東西最寬處兩仟餘公尺，島兩端多石岩高地，中間綿亙有一仟二佰公尺之沙灘，島之週圍亦多沙灘環繞，有數處港口可靠船，適宜登陸。

（三）居民狀態：該島人口約七仟餘，出產少數小麥、蕃薯，以漁為業，生活貧苦，文化低劣，操莆田土語，外人不易懂，頗影響作戰。

五、匪軍番號兵力素質裝備戰法：

（一）番號兵力素質：該股匪為廿八軍船營團九中隊及八十三師偵察連兩排、莆田縣民兵一中隊，共約二百餘名，船營團及偵察連係抽調各部隊而編成，素質尚可，民兵隊係一般貧民，水準極低。

（二）匪軍編制：（如匪軍編制表）。

（三）匪軍裝備：廿八軍船營團每班八人，輕機槍一挺、六〇砲一門、擲彈筒一具、機航船一隻，八三師偵察連每排輕機槍三挺、擲彈筒一具、六〇砲一門，每班輕機槍一挺、衝鋒槍兩枝，其餘為三八式步槍，人數八名至十二名不等。

（四）匪軍戰法：此次匪軍倉惶應戰，並無戰法可言，惟其不顧犧牲，孤島之下，負隅頑抗到底，而最後抱槍跳海逃命，其愚忠可見。

六、作戰部署與經過：

部署：

（一）情況判斷：該匪以劣勢兵力，孤島守備，其至當之行動，惟有以少數兵力行節節抵抗，遲滯我之行動，以主力置馬祖廟、牛頭尾一帶高地，固守待援。

（二）決心：以迅猛之攻勢，將匪逐次壓縮於牛頭尾高地以北海岸地區，乘匪未及增援而殲滅之。

（三）部署：

1. 部隊區分及任務：

指揮官：王盛傳（南海總隊長）

地面指揮官：章乃安（海上突擊大隊長）

副指揮官：吳如川（南海總隊第三組組長）

賈懷祥（四五師一三四團一營營長）

第一支隊：南海總隊隊長張冠雄（助攻部隊）

第二支隊：突擊大隊隊長章乃安（主攻部隊）

第三支隊：四五師一三四團一營營長賈懷祥（預備隊並派出一部警戒登陸附近地區）

2. 五七砲二門，隨伴第二支隊。

3. 海軍第 47、51 號砲艇掩護部隊登陸後，進出湄州島東北海岸，任遠海警戒，阻擊莆禧灣附近增援匪船，並相機協助地面部隊作戰。

4. 漁浙、開洋、建泉、大東各機帆船完成輸送任務後，分泊湄島西海岸，任近海警戒，並相機協助地面部隊作戰。

5. 空軍先期偵察，爾後適時協助地面部隊戰鬥，並散發傳單。
6. 心戰隊，由南海政治處統一指揮，擔任宣撫民眾等事宜。
7. 通信以登陸灘頭為基點，以報話機為連絡主要手段。（注意使用密語）
8. 彈藥交付所位置於登陸灘頭。
9. 傷亡搶救由各支隊隨行擔架負責，繃帶所設於灘頭，爾後隨戰況進展開設於頂白石。
10. 船舶編配由南海總隊負責。（船舶編配如附表六）
11. 指揮所位置於美頌號登陸艇。（登陸灘頭海岸附近）

（四）作戰經過

1. 地面戰鬥：

一月廿八日晨六時十五分，我艦艇航抵湄州島南端海岸，第二支隊在美頌登陸艇砲火掩護下，首先登陸，經偵知有民兵五十餘名及匪偵察連兩排散駐各村，發現我登陸後，其主力竄據石后附近，留少數零星潛伏，準備狙擊。我經部署後，對北展開攻擊，未受任何抵抗，於七時廿二分完全佔領三佛山、頂白石之線（第一攻擊目標到達線），第三支隊於七時十分繼一支隊之後登陸，留一連置東至、下山附近高地，對登陸地區警戒，餘推進下白石與頂白石之間待命，七時廿分第一支隊陸續登陸（因航線錯，較預定時間遲到二小時），八時卅分疾抵下白石，此時全部集中，當以第三支隊任右翼主攻，第一支隊任左翼助攻，第三支隊為預備隊，攻勢開始通過前方廣濶沙灘，匪無射擊，判斷兵力不大，乃令二支隊由北棣沿東部海灘向據守石后高地之匪猛攻，二支隊沿西部沙灘進出開元高地，十時卅分二支隊進至石后附近，潛伏之匪，以熾烈火力猛射我第一線部隊，經我優勢火力之制壓，復遭我勇猛之攻擊、打擊，不支退據馬祖廟待援，斯時莆禧方向匪軍，分乘汽船五艘來援，被我擊沉兩艘，並乘間登陸，一排匪軍參入戰鬥，餘船負創逃逸，此後戰鬥益趨激烈，經卅分鐘酣戰，卒將馬祖廟攻克，殲匪過半，餘向後潰退，二支隊因過度疲勞，兼有傷亡，遂令三支隊接替，對牛頭尾高地殘匪繼續掃蕩，以竟全功，二支隊當面無戰況，其主力控制頂山尾附近，任側後背之警戒，十四時頃，我三支隊賴官兵奮勇，不顧犧牲，猛撲敵陣，迅將牛頭尾高地完佔領，匪軍除被擊斃及跳海者外，悉數被俘，掃清戰場後，以任務達成，令各部隊逐次撤退登船，下午六時許全部登船開航，廿九日晨各部先後安返防地。此役賴我同志用命，各部隊尤能密切協同，速戰速決，獲殲滅戰果，尤以海上突擊大隊，初次臨陣，表現可佳，足以奠定今後作戰之必勝信心。

2. 海上戰鬥：

我美頌登陸艇，當部隊登陸初期，以砲火直接掩護，甚為得力，南海漁浙機船（王總隊長親率）在匪我酣戰之際，奮勇駛進莆禧灣海峽內，擊沉增援匪船二艘，傷三艘，並擊毀停泊莆禧港口匪船五艘，完成任務後，復乘間以火砲背擊牛頭尾匪軍陣地，協助地面作戰甚利，因獲全勝，最後於戰鬥將結束之際，又殲滅跳海頑匪十餘名，俘二名，戰績卓著。又南海、建東、振龍機船當地面部隊戰鬥之際，亦乘間駛近莆禧西端港灣，擊毀停泊之匪船三艘。我海軍 47、51 號兩砲艇，尤能適時進出湄州灣海面巡邏，截擊匪船，使其不能增援，復相機以火砲支援陸地部隊戰鬥，達成海陸密切協調任務，厥有功績。

3. 空軍方面：

作戰先期駐金空軍，數度飛湄島偵察照像，有利於作戰前之策劃，戰鬥期間，迭臨上空，並投散傳單，鼓舞士氣，懾服敵人，最後撤退登船，又飛往掩護，厥盡職責。

七、得失檢討與今後改進：

優點：

1. 士氣旺盛，攻擊勇猛，速戰速決，以節短勢險之原則，獲殲滅戰果。
2. 海空軍對地面部隊之戰鬥協助得力。
3. 漁浙輪當匪我酣戰之際，適時阻擊增援匪船，並「以火砲背擊匪陣，予敵重創，戰局賴迅速結束，厥有功績。」
4. 第二支隊登陸迅速，徒涉時水深及胸，官兵毫無難色，戰鬥間負傷同志鎮靜如恆，對士氣之鼓舞不小。

缺點：

1. 部隊不注意村落潛伏之匪，因輕敵而遭匪隱蔽中零星狙擊，增加無謂傷亡。
2. 第一攻擊點停止較久，予匪以準備時間，致使爾後戰鬥不能如預期計劃。
3. 浪費彈藥太多，射擊軍紀不夠良好。
4. 灘頭勤務之機構組織欠週密，致傷俘處理及彈藥輸送未臻完滿。
5. 政治工作未能充份展開，亦無統一指揮。

6. 登陸部隊指揮所係臨時由各部抽調人員組成，因缺嚴密，指揮有不如意之感。
7. 搭載船隻因性能懸殊，致各部隊未能按時登陸，因是照原定計劃略有變更。（原計劃以第一支隊先行登陸，掩護二支展開攻擊，因遲到改由二支隊先行登陸）。

今後改進：

1. 今後教育應注意村落搜索，並嚴格要求射擊軍紀。
2. 灘頭勤務，事前應詳密計劃，指定專責人員，俾臻靈活。
3. 為使爾後戰場政治工作能充份展開，平時應注意政工戰場勤務教育。
4. 詳密調查船隻性能（航速、搭載量等），以為作戰船隻調配及各部隊登陸與協同之時間，得以精密計算。
5. 登陸船隻應在離岸三、四仟公尺附近集結，然後依船隻性能，先後向登陸點依次開進，俾便各部隊之登陸能以密切協仝。

八、各部隊官兵功績：

此役我同志用命，各級指揮適當，臨陣奮勇，戰局賴以迅速結束，獲殲滅戰果全勝而歸，為激勵來茲，對有功人員，擬請分別予以獎賞。（功績人員如附表一）

九、各部隊人員傷亡、械彈及服裝、口糧損耗（如附表二、三、四）。

十、各種鹵獲如附表五。

附表一　福建省反共救國軍突擊湄州島勳績調查表

南海總隊

官階職務姓名 年齡籍貫	立功地點及 日期	事蹟	擬請何種 勳賞
總隊長王盛傳 福建永春	湄洲島元月 二十八日	匪我酣戰之際，該總隊長親率漁浙機船冒險衝入海峽，阻擊增援匪船，復以火砲背擊匪陣，予敵重創，戰局賴以迅速結束致獲全勝。	一至四等 雲麾勳章
炮長畢國清 31／四川		擊毀匪機帆船兩艘，並射毀敵砲支援友軍，攻克敵陣，最後於海中俘擄匪黨員兩名（內排長一）	乙種二等 光華獎章
大副范錫珍 30／河北天津			

海上突擊大隊

官階職務姓名 年齡籍貫	立功地點及 日期	事蹟	擬請何種 勳賞
少校大隊長章乃安 30／浙江諸暨	湄洲島元月 二十八日	臨陣勇敢指揮適當，悉殲匪軍，克奏膚公	甲種二等 干城獎章
少校副隊長侯斌 32／河南淅川			
上等兵張德發 29／廣東		戰鬥激烈之際，鼓舞鄰友衝鋒發起，首先帶頭	獎金
上等兵周信輝 28／福建		原為火箭彈藥手，近戰時搶得一槍，斃敵數名。	嘉獎
上等兵丁孟君 22／江蘇無錫		左手炸傷，槍枝故障，尤能忍痛以刺刀刺斃敵人。	獎金
中士班長王金良 36／浙江奉化		重傷不退，繼續指揮作戰，沉著應付，擊斃匪兵三名。	
上等兵楊德成 28／湖南寶慶		負傷不退，繼續前進，鹵獲輕機一挺，沖瘋槍一枝，斃敵三名。	
二等兵孫忠有 30／山東		英勇衝鋒，鹵獲手槍、自動步槍、沖鋒槍各一枝，斃匪兩名。	
伍長胡耀輝 20／台灣台南		原任後勤，公畢自動參戰，負回陣亡戰友，攜返步槍一枝，忠勇可嘉。	嘉獎

陸軍第十九軍四十五師一三四團一營

官階職務姓名 年齡籍貫	立功地點及 日期	事蹟	擬請何種 勳賞
准尉排長高文才 34／四川	湄洲島元月 二十八日	衝鋒之際，身先士卒，負傷後仍鎮靜指揮，賴以攻克匪陣。	乙種二等 光華獎章
上士班長顧根興 26／江蘇吳興		敵火熾烈之際，身先部屬，衝入敵陣，誘導全連發起衝鋒將敵殲俘。	嘉獎
上士班長胡文豪 27／湖南		酣戰之際，率部大膽冒險迂迴敵後，斷敵歸路，斃匪數名，獲步槍一枝。	獎金

附表二　民國四十一年一月二十八日至二十九日福建省反共救國軍傷亡表

區分 \ 數量 \ 部隊番號		海上突擊大隊				小計
		大隊部	直屬中隊	第一隊	第二隊	
參加戰鬥人馬	官佐	8	16	10	11	45
	士兵	9	49	182	192	500
	馬匹					
死	官佐					
	士兵			9	1	10
	馬匹					
傷	官佐			1	1	2
	士兵			16	12	28
	馬匹					

區分 \ 數量 \ 部隊番號		四五師一三四團第一營					小計
		營部	第二連	第三連	機一連	突擊排	
參加戰鬥人馬	官佐	5	10	7	5	4	31
	士兵	13	43	13	68	19	326
	馬匹						
死	官佐						
	士兵						
	馬匹						
傷	官佐			1			1
	士兵		1	1			2
	馬匹						

區分 \ 數量 \ 部隊番號		海南總隊								小計	合計
		總隊部	部務隊	挺進隊	第一隊	第二隊	第三隊	研究隊	電訊隊		
參加戰鬥人馬	官佐	30	3	32	11	9	10	9		72	148
	士兵		85	121	133	131	160	61	19	714	1,540
	馬匹										
死	官佐										
	士兵										10
	馬匹										
傷	官佐										3
	士兵										30
	馬匹										

附表三　民國四十一年一月二十八日至二十九日福建省反共救國軍武器彈藥附件損耗表

須區分 \ 數量 \ 部隊番號		南海總隊							小計
		部務隊	研究隊	挺進隊	電訊隊	第一隊	第二隊	第三隊	
消耗彈藥	柏郎林輕機槍彈			3,850					3,850
	四五衝鋒槍彈			320					320
	二五砲彈			294					294

須區分 \ 數量 \ 部隊番號		海上突擊大隊			小計
		直屬中隊	第一中隊	第二中隊	
消耗彈藥	卡賓槍彈	180	13,951	2,200	13,451
	柏郎林輕機槍彈		12,800	3,500	16,300
	自動步槍彈		402	2,380	2,842
	手槍彈			44	44
	六零砲彈		72	72	144
	火箭砲彈		182	97	279
	燃燒彈	1			1
	咪哩砲彈	40			40
	四五衝鋒槍彈	2,100	9,598	2,700	14,398
損壞武器	六零小砲			1	1
	衝鋒槍			1	1
	卡柄槍		4	2	6
	柏郎林輕機槍		1		1
	手槍				1
	火箭筒		2		4

須區分 \ 數量 \ 部隊番號		海上突擊大隊			小計
		直屬中隊	第一中隊	第二中隊	
損壞附件	衝鋒槍彈夾	2	18		20
	卡柄槍彈夾	2	24		26
	自動步槍彈夾		3		3
	卡柄刺刀		18		18
	手槍彈夾		9		9
	C2 炸藥	45			45
	雷管	20			20
	拉火器	15			15
	導火索	1			1
	油壺蓋	10			10
	指北針			1	1
	自動步槍彈帶		2		2
	導佈索	3			3

須區分 \ 數量 \ 部隊番號		四五師一三四團第一營				小計	合計
		第二連	第三連	機一連	突擊排		
消耗彈藥	卡賓槍彈	650	350	120	250	1,350	18,801
	柏郎林輕機槍彈						20,150
	自動步槍彈						2,842
	手槍彈	112	86	10	32	240	284
	六零砲彈	54	35			89	233
	火箭砲彈						279
	燃燒彈						1
	咪哩砲彈						40
	四五衝鋒槍彈	3,970	1,833	20	560	6,383	21,105
	馬克沁重機槍彈			5,542		5,542	5,542
	三零輕機槍彈	5,950	4,980		300	11,230	11,230
	七九步槍彈	3,400	1,814	200	120	5,534	5,534
	二五砲彈						2945
	槍榴彈	93	20				118
損壞武器	六零小砲	1					2
	三零輕機槍		1				1
	衝鋒槍						1
	卡柄槍						6
	柏郎林輕機槍						1
	手槍						1
	火箭筒						4

須區分 \ 數量 \ 部隊番號		四五師一三四團第一營				小計	合計
		第二連	第三連	機一連	突擊排		
損壞附件	衝鋒槍彈夾						20
	卡柄槍彈夾						26
	自動步槍彈夾						3
	卡柄刺刀						18
	手槍彈夾						9
	C2 炸藥						45
	雷管						20
	拉火器						15
	導火索						1
	油壺蓋						10
	指北針						1
	自動步槍彈帶						2
	導佈索						3

附表四　〔缺〕

附表五　民國四十一年一月二十八日至二十九日福建省反共救國軍鹵獲表

部隊番號／數量／須區分		南海總隊							小計
		部務隊	研究隊	挺進隊	電訊隊	第一隊	第二隊	第三隊	
俘虜	官佐		1						1
	士兵		1						1
	馬匹								

部隊番號／數量／須區分			突擊大隊			小計
			直屬中隊	第一中隊	第二中隊	
俘虜	官佐				2	2
	士兵			32	9	41
	馬匹					
戰利品	武器	六〇砲			1	1
		捷克輕機槍		1	2	3
		自動步槍			2	2
		湯姆生衝鋒槍		1	3	4
		卡柄槍			1	1
		三〇步槍			3	3
		三八式步槍		18	9	27
		自來得手槍			3	3
		加拿大手槍		1		1
		手槍		4		4
		七九步槍				
	彈藥	手榴彈		7	3	10
		擲榴彈		1		1
		四五彈			74	74
		步槍彈		1,000	74	100
	附件	彈夾		2	11	13
		背帶			8	8
		刺刀			1	1
		手槍皮套			4	4

部隊番號／數量／須區分			四五師一三四團第一營				小計	合計
			第二連	第三連	機一連	突擊排		
俘虜	官佐							3
	士兵		3	8		1	12	54
	馬匹							
戰利品	武器	六〇砲						1
		捷克輕機槍		1			1	4
		自動步槍						2
		湯姆生衝鋒槍						5
		卡柄槍						1
		三〇步槍						3
		三八式步槍						27
		自來得手槍						3
		加拿大手槍						1
		手槍		2				6
		七九步槍	2	4	2		8	8
	彈藥	手榴彈						10
		擲榴彈						1
		四五彈						74
		步槍彈						1,174
	附件	彈夾						13
		背帶						8
		刺刀						1
		手槍皮套						4
	文件	點名簿	1				1	1
		符號	2	1			3	3
		筆記本	1	2			3	3

附記

一、被俘官兵係匪二八軍八三師偵察連及船營團。

二、陣亡官佐士兵計百餘名。

匪軍編制表

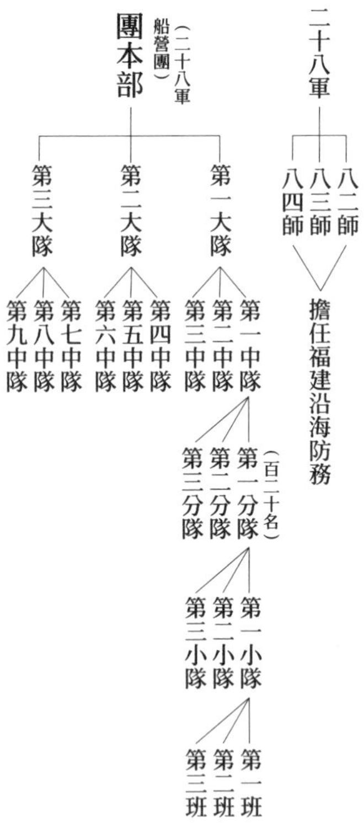

附記

一、該團部現駐馬尾，一、二大隊駐閩江沿岸，三大隊駐福清，七、八中隊駐平潭，九中隊駐莆禧。

二、該團編制甚大，兵力一師相等，並配屬機帆船二百三十餘艘，團長為師級幹部，大隊長為團級幹部，中隊長為營級幹部，分隊長為連級幹部，小隊長為排級幹部。

三、該團每日每人發給副食費偽幣四千五百元，普通步兵連每人發給一千七百元。

四、該團原由各步兵連之老弱及比較不良份子抽調組成，黨員甚多，控制極嚴。

五、湄州戰役所發現之匪軍為八三師，偵察戰鬥力極強，多為強大有二支武器者。

六、本編制表係偽匪俘「葉透桓」口供所調製。

附表六　船隻編配表

船名	搭載單位
漁浙輪	總指揮部第一支隊第一大隊
開洋輪	直屬大第二大隊
建東輪	第三大隊
大原輪	部務隊
振隆輪	
美頌登陸艇	第二支隊及第三支隊和指揮所

附記：第 47、51 號砲艦擔任護航

● 力士演習資料彙冊（民國 43 年 8 月 17 日）

力士演習狀況

甲：一般狀況

自我軍由大陳、南麂相繼轉進後，金門、馬祖等各外圍島嶼在台澎防衛體系上已成極重要之一環，匪自四十三年九月三日開始炮擊金門以來，現仍持續間歇性之砲擊擾亂，並已佔領大陸沿海各真空島嶼，且加強金、馬當面工事，經常偵察國軍佔領之各島嶼，修建浙、閩、粵境之新舊機場，逐漸掩護其海軍主力南移至福州地區，近來更加強犯台叫囂，破壞美國在亞洲之信譽，動搖自由中國軍民對總統之信仰，並煽動國軍反抗政府（參閱力士計劃附件二）。

乙：特別狀況

以往數週中匪軍曾極積加強兩棲訓練，增強工事，並於金、馬當面增加兵力，羅源灣、三都澳及汕頭地區船艦活動亦顯著增多，澄海、沙堤、龍溪、龍田及福州各機場均已修建完成，隨時可待匪機進駐，匪並利用夜暗以小型船艇或公路運輸油彈至各該地區，估計匪在澄海已存貯約百萬加侖噴射機油，福州貯有五十五萬加侖。

1. 八月十八日：據國防部第二廳諜員報告：大量匪軍於八月十七日沿公路西進至龍溪以西地區，該報告中估計該師匪軍約三萬人，另處諜員報告不明數目匪軍，於八月十七日沿公路自金華南竄，地面觀測發現金馬當面有大量汽車及軍車，判為補給運輸。同時發現大量匪砲進出於馬祖當面黃岐、定海、北茭半島，及金門之圍頭、大登及廈門東海岸等地之砲兵掩體。空照北茭半島及金門當面地區，顯示在各砲兵陣地內進駐之匪砲已有增加，盼其中有俄造 152MM 砲，射程可達二八五〇〇碼，1545 馬祖守備區報告匪方旋螺旋槳機一架，在馬祖高登、南竿地區上空盤旋，約十分鐘，1730 馬祖守備區報告於 1630 至 1645 間，在馬祖上空二萬呎，發現有匪噴射機三架，該機受福州地區之地面管制攔截站（GCI）所指揮，1900 空總報告，在汕頭以東海面偵巡之我 P4Y 一架，目視發現汕頭上空，有飛機五批，每批三架及運輸機一批三架，因距離過遠，無法判明。七月中旬，匪空軍第十師、第十五師、第十六師，分別進駐漢口、南昌及長沙各機場，八月上旬大量匪軍物資及火炮，利用夜間循浙贛鐵路南運金、馬當面，從匪軍無線電訊中，偵知原駐蚌埠之航空十 一師所屬 IL-10 四十架，自 0700 時起，分十批起飛，每批相隔十五分鐘於 1100 全部抵達衢州。國防部諜息報告：本日 1400-1600 間共有 IL-12 及 IL-2 式運輸機三十架，裝運匪傘兵部隊，降落於南昌機場，據悉將續有匪傘兵抵達該區，目視空偵：發現上饒經江山、南平公路上共有卡車四百餘輛活動，無線電偵悉，匪福州聯合指揮部與舟山基地指揮部及沙埕指揮所間通信頻繁。

2. 八月十九日：0840 時，無線電偵測報告顯示羅源灣以北有不明艦隻與馬尾巡防處連絡頻繁，1540 時，空偵發現沙埕港外有匪戰艦九艘，其中三艘似一〇〇〇噸級，其餘則為三〇〇－八〇〇噸級，白晝時匪由黃岐附近放出風球若干，落於高登及馬祖附近海面，其中六隻附有匪荒謬傳單煽動國軍放下武器，參加匪軍，並附有彭匪德懷簽署之「安全證」，稱國軍如投匪後將受優待等語，0800-1800 時，空偵目視發現建甌至福州間公路沿線運輸軍輛往來頻繁，並有木船及小汽船編成之船隊自南平南駛福州。偵巡浙、閩、粵沿海地區之我機曾不斷遭受自寧波、路橋、衢州、南昌等基地起飛之敵機攔截共達一百架次，其起飛攔截之架次顯較以往增多，電訊發現原駐金華之匪廿七軍電台自八月十三日消失後已於本日在福州附近地區出沒，原駐蒲田匪廿八軍電台於本日移駐馬尾、長樂間地區，另於金華及同安各發現一個匪軍級電台。
3. 八月二十日：31C、26C、41C、28C 四個軍及其所屬各師間之通信連絡增加，據高登地面觀測哨報告，沿北茭半島小灣內均泊有小型木質漁船，空中目視偵察發現羅源灣亦泊有若干小船，0900 起匪福州聯合作戰司令部與汕頭及三都澳海軍指揮所及南昌、衢州、杭州、寧波、路橋、澄海等機場間通信聯絡頻繁，1230 空偵發現各地船隻集中情況如下：羅源灣：機帆船一百艘、木船約一百五十艘；連江口：機帆船約八十艘、木船一百艘、木筏二百具；閩江口：機帆船約二百三十艘、木船約三百艘，木筏約三百具；平潭：機帆船二百艘，木船一百艘，1750 空偵發現泉州灣有機帆船約一百艘之船由砲艇六艘護航，向東北航行，航速六浬，18 時深戶灣有機帆船約八十餘艘之船團由砲艇四艘護航，向東北航行，航速六浬，據國防部諜報人員報告，匪八十五水兵師第二五四團於八月十九日登船啟航，去向不明，本日金馬當面地區作業之漁船顯較以往減少。自 20 時起，高登、南竿塘、北竿塘、大小金門、大擔、二擔等地均發現水匪偵察活動。

4. 八月二十一日：匪軍活動沉寂，僅發現有零星匪兵在黃岐附近及廈門東海岸一帶活動，廈門至石碼頭及海澄間航道內集結有匪船甚多，2030-0400 都澳及集美周圍地區發現有微弱閃光若干次，以往數週內夜間設置於北茭半島外之導航燈光已被關閉，空偵發現圍頭、石井、大小登、蓮河、澳頭等沿岸，及石碼、海澄間之航道等處均有大批匪機帆船船、木船及小型登陸艇集結。

● 反共救國軍突擊閩江口（民國 55 年 10 月 15 日）

《中央日報》民國 55 年 10 月 18 日

反共救國軍突擊閩江口　擊沉共匪砲艇兩艘
並擊傷匪海軍兩巡防艦　其一已起火亦可能沉沒

中央社台北十七日電

據有關方面透露：反共救國軍的海上突擊隊，於十月十五日黃昏，在福建省閩江口的四姆嶼及半洋礁附近海面，以最英勇的行動，擊沉了匪海軍砲艇兩艘，另擊傷匪海軍巡防艦兩艘，在被擊傷之兩艘巡防艦中，有一艘可能沉沒，作戰成果輝煌。

據悉：自共匪在大陸上搞所謂「文化大革命」運動，極力進行整肅鬥爭以後，反共救國軍的敵後及海上游擊活動積極加強開展，以支援大陸同胞的反毛鬥爭。反共救國軍的武裝船隊，亦不斷深入大陸沿海港灣，執行任務。

十五日十八時三十分左右，我反共救國軍武裝艇隊一隊，在福建省閩江口外的四姆嶼附近，發現匪海軍砲艇五艘，自北茭半島的定海灣駛出，其中兩艘向我艇隊迎面而來。我艇隊在有利位置隱伏，俟匪艇接近，即以高速運動及猛烈火力集中向該兩匪艇攻擊，該兩匪艇當即連續中彈起火，火光衝天，濃煙迷漫，旋即沉沒。

另一在半洋礁與四姆嶼之間進行搜索的反共救國軍艇隊，復發現匪海軍巡防艦兩艘，及其他後續支援艦艇二十餘艘，企圖策應戰鬥。我艇隊亦即向該兩匪巡防艦集中發動攻擊，塵戰約三十分鐘，炮彈多發命中該兩匪艦，其中一艘起火燃燒，可能亦已沉沒，我艇隊達成任務，安全返航。

此役匪共出動大小艦艇約三十艘，翌日並派出漁船五百餘艘，叢集海上現場打撈匪海軍傷沉艦艇及人員。我反共救國軍海上突擊隊，僅以少數兵力，殲滅匪軍多數艦艇。充分發揮以寡擊眾之戰鬥精神。

閩江口附近形勢圖

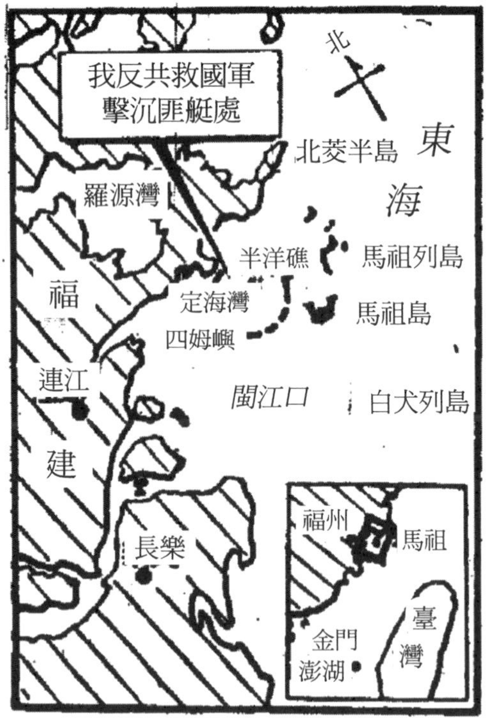
我反共救國軍
擊沉匪艇處
北
北茭半島
東
海
羅源灣
半洋礁
馬祖列島
福
定海灣
馬祖島
四姆嶼
連江
閩江口
白犬列島
建
福州
馬祖
長樂
臺
灣
金門
澎湖

第四章　游擊部隊的整編

一、整編會議與整編計畫

● 國防部兼代參謀總長彭孟緝擬呈反共救國軍整編計劃（民國44年3月8日）

事由：為擬呈反共救國軍整編計劃，乞鑒核由。

一、查反共救國軍，原分別隸屬江浙、福建、粵東各總指揮部，而由國防部成立大陸工作處作業務上之指導。現大陸工作處及江浙總指揮部業已撤銷，為策劃督導該項部隊之編組，裝備、訓練、保育諸事宜，似有設立統一指揮機構之必要。

二、反共救國軍原單位較為繁多，員額亦不充實，且江浙反共救國軍撤台後，尤須加以整理，擬在不影響其原有主要戰鬥單位建制及組合關係之原則下，對所有反共救國軍部隊予以統一改編，使其行政體系完整，以利訓練與運用。

三、茲擬定反共救國軍整編計劃概要及反共救國軍組織系統表，如附件，是否可行？

恭請鑒核！謹呈總統。

附呈：反共救國軍整編計劃概要及反共救國軍組織系統表各乙份

附件　反共救國軍整編計劃概要

第一　立案目的

一、建立反共救國軍完整組織體系，使所有海島反共救國軍之一切行政業務，得以正常發展。

二、儘量保持原有戰鬥單位建制及組合關係，期於士氣上可資維繫，而於未來發展，亦可保存基礎。

三、裁併空虛機構及已失去保留價值之單位，以充實戰鬥部隊，俾利於實施訓練及增強戰力。

第二　整編原則

四、於陸軍總司令部增設反共救國軍指揮部，負責策劃督導所有海島反共救國軍之編組、裝備、訓練、保育諸事宜，其運用依戰鬥序列之律定行之。

五、所有反共救國軍改編為兩個總隊，以江浙反共救國軍編為第一總隊，福建反共救國軍編為第二總隊，均不冠以地區番號，以增大運用上之彈性。

六、兩個總隊直屬中隊及所轄突擊大隊及支隊，就原有單位改編其組織系統，如附表，其餘空虛單位悉予裁併。

七、主要戰鬥單位，賦予大隊及支隊之番號，陸上部隊稱為大隊，船艇部隊稱為支隊，大隊採統一編組，支隊則按其船艇之多少確定其編制。

八、所有反共救國軍之編制，參照陸軍及海軍部隊編制及反共救國軍現有人員，重新修訂，使組織較為健全，員額臻於充實。

九、裁撤單位之人員撥補充實，保留部隊，江浙反共救國軍多餘官長，臨時編組軍官隊，歸第一總隊部直轄。

第三　實施要領

十、江浙反共救國軍先行改編，福建反共救國軍俟江浙改編完畢後再頒行實施。

十一、江浙反共救國軍之改編，由陸軍總部擬定辦法，督導江浙反共救國軍臨時指揮部負責實施。

十二、福建反共救國軍之改編，由陸軍總部擬定辦法，報由本部令飭福建反共救國軍總指揮部負責實施之。

十三、福建反共救國軍總部俟所轄部隊改編完成改隸後，徵詢金門劉司令官意見，如無保留必要時，再報請行政院撤銷。

附表　反共救國軍組織系統表

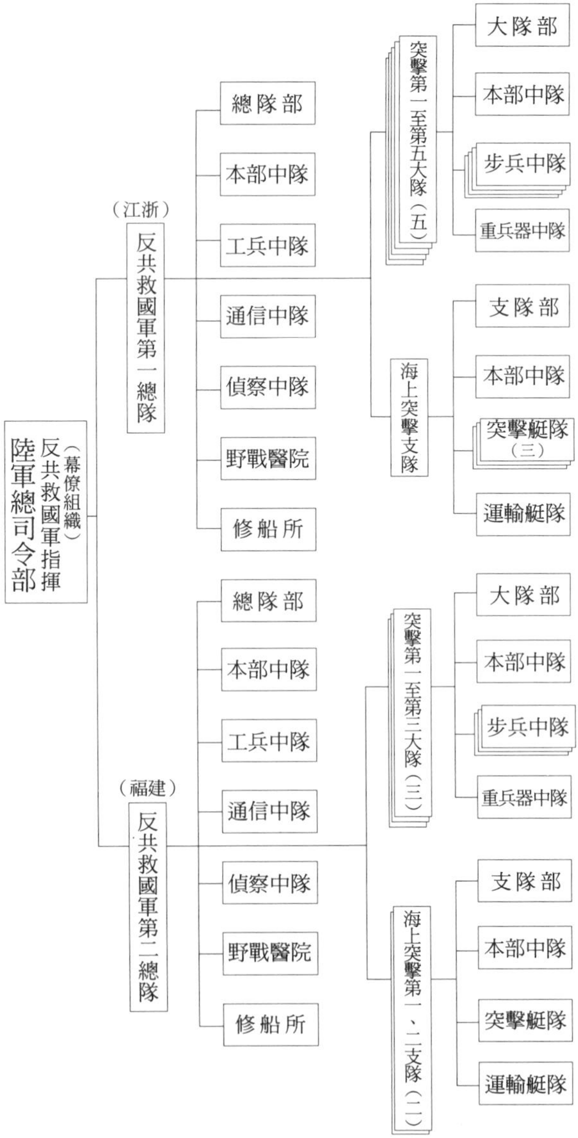

附記

一、關於江浙反共救國軍單位調整部份

1. 現有官長 912 員，士兵 3,620 員，共 4,532 員，保留編成五個突擊大隊，一個海上突擊支隊，四個直屬中隊及野戰醫院、修船所各一個。
2. 原有砲兵大隊（僅配有步兵重兵器）撥編為突擊大隊重兵器中隊，另撤銷披山、漁山、南麂地區司令部及發展部隊計十三個縱隊部、二個支隊部（發展部隊各僅有十餘人）。

二、關於福建反共救國軍單位調整部份

1. 現有官長 761 員，士兵 2,631 員，共 3,392 員（含粵東大隊人數），保留編成三個突擊大隊，二個海上突擊支隊，四個直屬中隊及野戰醫院、修船所各一個。
2. 粵東大隊（僅轄二個中隊）予以裁撤，編入保留之突擊大隊，至福建總部所轄之敵後工作處及發展部隊，改歸情報局指導。

原件呈核

一、查大陸工作處撤銷後，現有海島游擊部隊，如江浙反共救國軍、福建反共救國軍、粵東反共救國軍，已納入國軍部隊員額以內，業務分別由國防部各廳處理，其中粵東反共救國軍僅有一大隊計五百餘人，現駐金門，受劉司令官玉章指揮。至其他各地游擊部隊發展業務，則由國家安全局負責策劃。

二、本簽所呈統一改編反共救國軍，並設立統一指揮該項部隊之機構一節，關於整編計劃中，並未提及粵東反共救國軍，經詢國防部第五廳承辦組據告，因粵東反共救國軍現僅有一大隊駐防金門，將來改編時，擬以編入第二總隊。（即由福建

反共救國軍改編者）

三、據所擬整編原則：

（一）於陸總部增設反共救國軍指揮部，負責所有海島反共救國軍之編訓、裝備、保育、指揮。

（二）先將江浙反共救國軍整編為反共救國軍第一總隊，俟其整編完成，再將福建反共救國軍（含粵東大隊）整編為反共救國軍第二總隊。

至各總隊直屬中隊及所轄突擊大隊（陸上部隊）與支隊（船艇部隊），則就原有單位改編，其編制並參照陸軍及海軍部隊編制，與反共救國軍現有人員擬訂，所有裁撤單位之人員，撥補充實保留部隊。江浙反共救國軍多餘官長，臨時編組軍官隊，歸第一總隊直轄各節。查所擬整編計劃及組織系統表尚能適應需要，妥善可行。整編後在訓練與使用上，均較有利。惟反共救國軍指揮部之名稱，究竟應否公開，頗值研究。經詢第五廳，據告反共救國軍之組織，過去本屬機密，但因經過多次戰役，此一名義，已為人所共知，似無再予祕密之必要云云。

擬復所擬整編原則可行，惟實施時，事先應詳訂辦法，妥慎辦理。

職孫立人呈

三月十四日

如擬。

蔣中正印

四、一

● 國防部第五廳簽請召開研討反共救國軍整訓有關問題會議（民國44年3月11日）

國防部第五廳開會通知單（44）純紋廳字第257號

會議緣由：研討反共救國軍整訓有關問題

時　　間：三月十五日（星期二）下午三時

地　　點：國防部兵棋室

參加單位：副總長　羅次長　馬次長　賴次長

總政治部張主任

第一、三、四、五廳廳長

陸軍總部龔參謀長、一、三、四、五署署長

聯勤總部麻參謀長

大陳防衛部劉司令官

江浙反共救國軍臨時指揮部姜主任

海上突擊總隊夏總隊長

福建總部曹副總指揮

前大陸工作處包副處長

召 集 人：總長

討論要項：一、駐地及營房問題。

二、改編及人事問題。

三、補給保養問題。

四、軍用訓練問題。

五、其他有關問題。

請隨帶有關討論資料準時出席為荷。

可。

紀壯

三、十一日

附件一　反共救國軍整編會議討論事項

甲、整編及人事問題

一、整編計劃概要（第五廳提出）

如擬。

二、編餘及老弱人員處理辦法（第一廳提出）

如擬。

三、官長士兵核階辦法（第一廳提出）

現是官者仍為官，現為兵而前為官者，承認其官階，以仍原兵待遇。

乙、駐地及營房問題

一、部隊集中地區（第三廳提出）

照第三廳擬辦。

二、所缺營房調配辦法（第四廳提出）

如擬辦。

三、給水解決辦法（第四廳提出）

如擬辦。

四、部隊調動時間（第三廳提出）

本月二十六日開。

五、部隊運輸辦法（第四廳提出）

如擬。

丙、運用及訓練問題

一、部隊運用原則（第三廳提出）

第三廳專案呈核。

二、部隊訓練綱要（第五廳提出）

如擬，但改為兩個月。

丁、補給及保養問題

一、武器清理調配辦法（第四廳提出）

如擬。

二、目前及經常補給程序（第四廳提出）

如擬。

三、船艇修理辦法（第四廳提出）

如擬。

戊、其他有關問題

附件二　研討反共救國軍整訓有關問題第一廳提案（一）

案由	說明	辦法
反共救國軍編餘及老弱機障人員之處理	江浙、福建兩游擊總部及其所屬游擊部隊奉令整編為兩個總隊，因編制員額之限制，勢必有部份之編餘及老弱機障人員應予安置處理。	甲、編餘部分 一、獨立支隊長以上各級正副部隊長，縱隊以上各級幕僚長，總指揮部各處長屬於高級官長，擬以各該總隊高參參議名義派各該總隊服務。 二、除右項高級官長外，部份校級編餘人員擬賦予若干配額附員安置之。 三、成立軍官中隊收容編餘尉級人員。 乙、老弱機障部分 一、初檢： 1. 各部隊現有老弱機障、不堪服役人員先由各該單位派員初檢。 2. 檢定合格後，必須處理者造冊轉報本部。 二、複檢： 本部根據各該單位呈報之名冊，依本部(42)佈任案第六二六號令規定，由總政治部及第一、四廳軍醫署各派人員組成複檢處理小組，指定地點集中前往複檢處理。 三、標準 1. 年齡在四十五歲以上，體力衰老，不堪服行部隊及機關學校雜勤工作者（官長依退役年齡）。 2. 傷殘、痼疾、機障、體力不支，經醫療無治癒希望，已失去服務能力者（不限年齡）。右一、二項標準係依據本部通字第八十二號，令國軍慢性疾病分類處理標準表現規定檢查及本部（42）佈任字第一三五二號令，老弱機障標準規定辦理。 四、處理 1. 官長送輔幹大隊按規定辦理假退（除）役。 2. 士兵送收容總隊依其志願及體力程度，辦理停除役轉業或送榮譽國民之家。 3. 患病者送院治療，治癒後仍回原單位服務，其不堪服務者按右列1、2項處理之。

附件三　研討反共救國軍整訓有關問題第一廳提案（二）

案由	說明	辦法
反共救國軍幹員之核階	一、查江浙、福建兩游擊總部所屬游擊部隊幹員人事之處理，係遵照本部（42）挺擴字第 698 號令頒佈發之「游擊部隊人事處理暫行辦法」及本部（42）昌晶字第 0399 號令所頒之「游擊部隊政治工作人事處理暫行辦法」實施均以用人惟才，不受出身資歷等限制為原則，核定比照支薪等級一律暫不敘官階。 二、茲奉總統指示「游擊部隊待遇應與國軍待遇一致，並自四十三年十一月份起實施，究竟游擊部隊與國軍不同之點，及補救辦法研擬呈核」等因，遵經簽奉總長核示，人事部份照第一廳召集之座談會「任官」部份決議案辦理。	一、由本部第一廳及總政治部派員組織專案小組，辦理游擊幹部人員核階。 二、查游擊部隊長駐外島備極辛勞，對其幹員之核階標準似不宜限制過嚴，其幹部核階擬參照卅九年部頒清理校尉級無案人員審核辦法，及福建總部游擊部隊人員撥編第四軍核階辦法併第一廳，此次對本案座談會任官決議擬訂反共救國軍幹員核階辦法呈總長核定實施。 三、隊員（即士兵）核階擬按照編制階級，視各員經歷、學能、年齡、服務成績、分別編核予上、中、下士，及才能經歷稍優，服務成績優良，編制有缺核予上等兵外，其餘一律核予一等兵，均授權陸總部辦理其核階辦法（標準）由該總部自行訂定。

附件四　反共救國軍整編會議有關後勤部分處理辦法表

44 年 3 月 15 日　第四廳

案由	處理辦法
一、所缺營房調配辦法	詳營房調配及不敷營房解決辦法（如附表一）
二、給水解決辦法	1. 調澎部隊各連帶水桶三擔前往，水補由聯勤總部核補。 2. 部購淡水機配發使用。 3. 清理原有水井及增淡水井所需經費 19 萬元已另案呈核。
三、部隊運輸辦法	如本島游擊部隊移駐澎湖，則由海軍派 LST 兩艘擔任運輸，並以高雄港為集結出發點，如海軍 LST 另有任務時另組商船擔任運輸。
四、武器清理調配方法	1. 江浙總部所屬救國軍之裝備陳舊（批由大陳撤退部隊已清點現有數外，由南麂撤抵澎湖部隊應即派員前往清點）。 2. 福建總部所屬救國軍應即派員前往清點。 3. 救國軍整編後所需裝備，除就原有及西方公司移交者調補外，其尚不足之數，儘庫存國機整修補充，重武器（火砲）缺乏，只能撥補代用火砲如 57 戰防砲、20 機關砲等。
五、目前及經常補給	1. 游擊部隊支援體系，已由本部二月廿四日以（44）梁松字 229 號命令頒佈，其原則如次： （1）外島游擊部隊由聯勤總部各技術勤務署參照外島正規部隊存量基準，於外島混合庫建立其存量，經常補給維持之。 （2）突擊隊之野戰階段由外島■……混合庫及勤務部隊支援體系支援之。 （3）游擊隊之單位階段作業以游總部為受補單位，比照外島非軍團單位按國軍補給原則辦理。 2. 目前本島游擊部隊暫行辦法一、三、五類歸軍團支援，二、四類歸聯勤支援。
六、船艦修理辦理	詳建議外島機帆船及交通艇修護支援體系（如附表二）

游擊部隊進駐澎湖有關營房調配提案

案由	說明	擬辦
營房調配及不敷營房解決辦法	一、本（三）月七日派員會同陸軍總部澎湖實地研究，經協議處理原則如後。 1. 營房調配 （1）將飛龍計畫進駐澎湖本島之游擊部隊 753 人，移駐八罩、大嶼等島，原駐漁翁島之第七軍搜索團 1,300 人回台歸建及充員部隊 1,600 人遷駐澎湖本島。 （2）漁翁島全部交由本案之游擊部隊進駐，該島現有房舍連同約一個連之空舍，與增設雙層舖，共可駐 3,400 人。 2. 根據以上調整營房不敷約為一個營及鋁床 150 台須予增建與籌製。 3. 在上項營房未建築前，為解決急需駐用，將飛龍計劃向教育廳借用之校舍 20 間繼續留用。 二、澎湖防衛部要求撥發整備費將漁翁島西嶼東台房舍從事整備，並添建部份廚房、廁所應用。	1. 營房調配擬照說明辦理。 2. 不敷之一個營房及鋁床 150 台擬予籌建，其籌建辦法如後。 （1）為適合戰時使用，予以籌建班掩蔽部式營房一個營（800 人駐），籌製鋁床一五〇台。 （2）右項未籌建完成以前為應急用鋁床暫由崑崙案已作妥之鋁床內墊撥飛龍計畫借用之，校舍二十間准函教育廳繼續留用。 （3）前項籌建經費經核示共需台幣 42 萬元，此項經費擬將金門建庫餘款十九萬元撥用，並將院令歸墊之工程備繕費撥用二十三萬元。

案由	說明	擬辦
建議外島機帆船及交通艇修護支援體系	過去外島機帆船及交通艇之修護方式如下： 1. 屬於江浙總部者：該總部過去於大陳原設有一小型修船所，承擔所屬船艇之一般小修及經常保養，必須大修則返台爰商辦理，其修理費用亦無固定預算，均予臨時申請，陸續籌撥應用，目前該修船所雖已撤至東引島，但無法展開工作。 2. 屬於福建總部者：該總部無船艇修護機構所屬，船艇需要修理時，均採交商及後送方式辦理，修船費用亦無固定預算，請籌撥。 為解決該兩區機帆船及交通船修護問題，亟需建立永久性之修護支援體系。	一、外島船艇之修護支援由海軍造船廠所負責，並暫定馬祖區船艇交由淡水海軍第二工廠承修。金門區（含馬祖以南之烏坵在內）船艇交由澎湖海軍第二造船所承修。 二、由海軍第二工廠派遣修理班一個駐留馬祖，第二造船所派遣修理一個駐留金門，分別負責該兩區船艇之一般小修及經常保養工作。 三、江浙總部所屬修船所人員、設備、材料併入海軍第二工廠及第二造船所，由海軍總部計劃辦理。 四、全部外島機帆船及交通艇由海軍總部派員澈底檢查，排列定期交修程序及決定報廢船艇。 五、由海軍總部編造全年修理費用預算，包含修理費、保養、材料費及隨船工具設備補充費報部核定。

● 陸軍總司令部第五署函送反共救國軍編制表一份（民國44年3月14日）

（函）（44）凡允字044號

駐地：台北市

受文單位：第五廳第二組

事由：為函送本總部反共救國軍指揮部編制表壹份請參考由

受文者：國防部第五廳

一、茲函送本總部反共救國軍指揮部編制表壹份（如附表）。

二、敬請查照參考為荷。

署長陸軍上校郭東暘

附件　陸軍總司令部反共救國軍指揮部編制表

合計 47
官 46　士 1

指揮部
官 3　士 1
將官（0001）-1 少將指揮官 步兵（1001）-2 上校副指揮官 -1 下士衛士

第一科（人事行政）	官 12
	一般參謀（0081）-1 上校科長 一般參謀（4001）-1 中校參謀 副官（4041）-1 中校參謀（步） 一般參謀（0081）-1 中校參謀 副官（4002）-2 少校參謀 副官（4602）-2 上尉參謀 財務（4306）-1 上尉統計員 副官（4024）-1 上尉事務員 副官（4026）-2 中少尉文書員

第二科（編制訓練）	官 10
	一般參謀（0084）-1 上校參謀 一般參謀（0086）-1 中校參謀 步兵（1013）-2 少校參謀 一般參謀（0087）-2 中校參謀 步兵（1012）-2 少校參謀 步兵（1012）-2 上尉參謀

第三科（計劃勤務）	官 10
	一般參謀（0084）-1 上校科長 一般參謀（0084）-1 上校參謀 一般參謀（0084）-　中校參謀 情報（0082）-　中校參謀 情報（0021）-3 少校參謀 步兵（1011）-1 少校參謀 步兵（1011）-1 上尉參謀 情報（0021）-1 上尉參謀

第四科（補給保養）	官 12
	一般參謀（0085）-1 上校科長 一般參謀（0085）-1 上校參謀 一般參謀（0085）-1 中校參謀 經理（7202）-1 中校參謀 經理（7241）-1 中校參謀 兵工（7471）-1 中校參謀 財務（4302）-1 少校參謀 運輸（7301）-1 少校參謀 兵工（7411）-1 少校參謀 兵工（7472）-1 少校參謀 （0801）-1 上尉參謀（海軍） 經理　-1 上尉參謀

附記

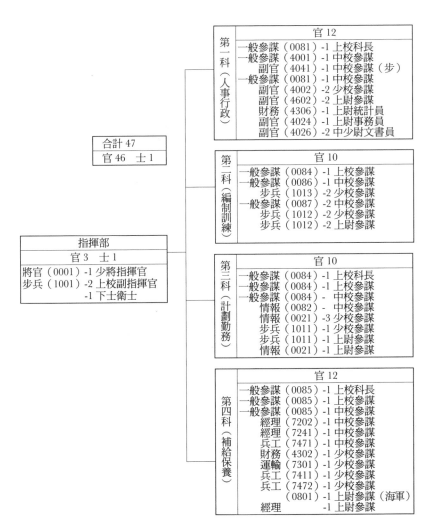

一、上士文書 5 員、上等傳達 5 員、上等炊事 2 員，增列於勤務第二連。

二、1/4 T 指揮車一輛及上士駕駛一員，列入汽車隊第四分隊內。

● 國防部核定前大陸工作處直屬江浙支台分別改隸陸軍總部及福建省反共救國軍總指揮部（民國 44 年 3 月 15 日）

（令）（44）訊託字第 1048 號

事由：核定前大陸工作處直屬江浙支台，獨立一、九分台自三月十六日起，分別改隸陸總及福建省反共救國軍總指揮部，並限三月廿五日前接收完竣具報

一、茲核定：

（一）前大陸工作處直屬江浙支台，著自三月十六日起撥隸陸軍總部，有關該支台之人事、經理、裝備等行政事宜，由江浙反共救國軍臨時指揮部負責處理，並限三月廿五日前與本部通信指揮部辦理交接具報。

（二）現駐金門之前大陸工作處直屬獨立第九分台，與白犬之獨立第一分台，著自三月十六日起改隸福建反共救國軍總指揮部直轄（有關該兩分台之案卷由本部通信指揮部移交該總指揮部接收），並限三月廿五日前接收具報。

（三）有關前二項支台及分台編組之調整俟另令飭遵。

二、希遵照。

三、本件分行陸軍總部、福建省反共救國軍總指揮部、本部通信指揮部（第一、二、三、四組），副本抄送本部第一、三、四、五廳，總務局暨江浙反共救國軍臨時指揮部，聯勤總部、前大陸工作處直屬江浙支台及獨立第一、九分台。

兼代參謀總長陸軍上將銜彭孟緝

● 國防部核定照反共救國軍整編會議議決事項先行對江浙反共救國軍實施改編（民國 44 年 3 月 19 日）

（令）

一、反共救國軍整編有關事項，經於本（三）月十五日召集有關單位開會議決紀錄在卷。

二、奉部長核定即照該項會議議決事項，先行對江浙反共救國軍實施改編。至福建反共救國軍之改編，候令實施。

三、茲隨令頒發反共救國軍各級部隊編制表及檢發上項會議記錄，希即遵照實施具報。

四、本件副本抄送部長辦公室、總長辦公室，總政治部第一、二、三、四、五（一、二、五組）廳，預算局、通信指揮部、福建反共救國軍總指揮部、海上突擊總部夏總隊長、江浙反共救國軍臨時指揮部、海軍總部、聯勤總部。

附件如配佈區分表

兼代參謀總長陸軍上將銜彭孟緝

反共救國軍整編會議紀錄及編制表配佈區分表

單位	整編會議記錄		總隊部及直屬部隊編制表		突擊大隊編制表		海上突擊支隊編制表	
	編號	份數	編號	份數	編號	份數	編號	份數
部長辦公室	001	1	001	1	001	1	001	1
總政治部	002-004	3	002-004	3	002-004	3	002-004	3
總長辦公室	005	1	005	1	005	1	005	1
第一廳	006	1	006-008	3	006-008	3	006-008	3
第二廳	007	1	009	1	009	1	009	1
第三廳	008	1	010	1	010	1	010	1
第四廳	009-010	3	011-013	3	011-013	3	011-013	3
第五廳	011-013	3	014-015	3	014-015	3	014-015	3
預算局	014	1	016	1	016	1	016	1
通信指揮部	015	1	017	1	017	1	017	1
陸軍總部	016-019	4	018-037	20	018-067	50	018-067	50
福建反共救國軍總指揮部	019-020	2	038-049	12	068-097	30	068-097	30
海軍總部	021	1					098-	1
聯勤總部	022-029	8	050-059	10	098-107	10	099-108	10
海上突擊總隊夏總隊長	030	1	060	1	108	1	109	1
江浙反共救國軍臨時指揮部	031	1	061	1	109	1	110	1

◎ 國防部第五廳呈簽令頒反共救國軍各級部隊編制表先行改編江浙部隊案（民國 44 年 3 月 16 日）

（簽呈）

一、反共救國軍第二次整編會議裁決有關整編、調動、駐地、人事、補給、保養、訓練及其他各項，經將紀錄整理如別紙。

二、查反共救國軍整編計劃，已於三月八日簽呈總統核示中。又反共救國軍組織系統表及各級部隊編制表，亦簽奉鈞座批可各在案。

三、為使江浙反共救國軍之整編及早實現，會議中奉指示可頒發會議紀錄，使先依據紀錄裁決事項，立即付諸實施。

四、擬辦：

1. 擬即將本次會議記錄與各級部隊編制表頒發，下令陸軍總部先行實施整編江浙反共救國軍部隊。
2. 福建總部亦擬分行會議紀錄及編制表，俾可先行準備，俟奉總統核定前項計劃後，再令實施。當否？附稿恭請核判。

如擬。已面報總長。

參謀次長馬紀壯代

三、十八

◎　反共救國軍整編會議記錄（民國 44 年 3 月 15 日）

一、時　　間；四十四年三月十五日十五時

二、地　　點：本部兵棋室

三、出席人員：馬次長　賴次長　總政治部易國瑞
第一廳易勁秋　　第三廳李學炎
第四廳劉炯光　　第五廳胡獻群
預算局黃仁生　　陸總一署宋乾三
陸總三署陳廷元　陸總四署王征萍
陸總五署胡養元　聯勤總部譚南光
大陳防衛部劉廉一
前大陸工作處包烈
福建總部曹振鐸
江浙反共救國軍臨時指揮部姜漢卿
海上突擊總隊夏季屏

四、主　　席：代總長
紀　　錄：李繩強

五、討論及裁決事項

（一）關於改編部份

1. 整編計劃如附件（一），即由陸軍總部及福建總部分別依據擬定辦法實施。
2. 江浙反共救國軍之整編，於部隊集中澎湖後，即開始實施，並限於四月十日前完成。
3. 江浙反共救國軍之整編，由陸軍總部督導，並由夏總隊長季屏負責實施。

（二）關於部隊調動部份

1. 駐台江浙反共救國軍，於本（三）月廿五日全部集中高雄港口上船，開往澎湖新駐地。
2. 現駐澎湖之第七軍搜索團，於三月底前利用左項回航，空船調回台灣。
3. 所需船舶，由海軍總部調派 LST 兩艘擔任運輸，如海總 LST 因另有任務無法抽派，由聯總租用海輪擔任。

（三）關於駐地及營房部份

1. 現駐本島江浙反共救國軍移駐澎湖漁翁島，現駐澎湖江浙反共救國軍移駐八罩、大嶼等島，江浙海上突擊支隊部移駐馬公。
2. 營房調配如附件（二）所訂辦法實施。
3. 調駐澎湖之各中隊，由聯勤總部先發給水桶各三擔，並積極清理原有水井及增掘水井，爾後再購淡水機配發使用。

（四）關於人事處理部份

1. 編餘及老弱機障人員之處理，照附件（三）所訂辦法實施。

2. 江浙反共救國軍老弱機障人員之處理，俟部隊集中後與整編同時實施，在不影響其調動時，亦可提前辦理，由聯勤總部負責協辦。
3. 原指揮部眷管組十人撥歸聯勤眷管處新增編制內安置。
4. 幹部及隊員之核階，按附件（三）所訂辦法，並按下列原則實施：
   （1）原係反共救國軍幹部（現任幹部及已編餘之幹部）並在國防部有案者，按其所擔任之職務，核予相當官階後，納入編制或編入軍官隊。
   （2）原在大陸曾任國軍軍官具有證件（學經歷證件或原屬長官證件均可），而現為隊員者，可辦理無職軍官登記，仍以隊員（即士兵）任用。
5. 國軍軍官，如志願調反共救國軍服務者，准予調用，仍保留國軍官額。

（五）關於補給部份
1. 反共救國軍支援體系，仍照本部四十四軍二月廿四日（44）梁松字 229 號命令頒布辦法實施。
2. 所有反共救國軍原有武器先予清點，於整編後就原有及西方公司移交者調補外，其不足之數，儘庫存國械整修補充。

（六）關於保養部份
1. 改編後之第一、二總隊設置修船所各一，第一總隊修船所位於馬公，第二總隊修船所位於金門。
2. 船艦一、二級保養由船艇本身負責，修船所擔任三級保養。至四級以上之保養，由海軍修船所擔任，其所需經費專案報部核發。

3. 修船所應補充之設備，列報本部，核由聯勤總部及海軍總部分別撥補。

（七）關於訓練部份

1. 部隊訓練照附件（四）所訂原則，由陸軍總部擬定計劃實施之。
2. 江浙反共救國軍之訓練，於整編完成後，即開始實施；福建反共救國軍於整編完成後，視情況許可時實施之。

（八）其他部份

1. 江浙反共救國軍事務經費，四月份仍按原有單位發給。
2. 江浙反共救國軍各單位因作戰損失之虧欠款項，准一次發給新台幣肆萬元，統籌分配彌補。
3. 江浙反共救國軍隊員與眷屬之通信聯絡，由總政治部調查協辦，其眷屬三個月以後之生活及就業輔導，亦由總政治部與台灣省政府洽催辦理。
4. 隊員眷屬如有私奔離異情事，報由國防部代為依法辦理。
5. 福建反共救國軍閩南、閩北兩敵後工作處及發展部隊（111-120 縱隊）改歸情報局指導。
6. 原補看護軍眷 166 人，仍予維持。

附件一　反共救國軍整編計畫概要

第一、立案目的

一、建立反共救國軍完整組織體系，使所有海島反共救國軍之一切行政業務，得以正常發展。

二、儘量保持原有戰鬥單位建制及組合關係，期於士氣上可資維繫而於未來發展亦可保持基礎。

三、裁併空虛機構及已失去保留價值之單位，以充實戰鬥部隊俾利於實施訓練及增強戰力。

第二、整編原則

四、於陸軍總司令部增設反共救國軍指揮部，負責策劃督導所有海島反共救國軍之編組裝備、訓練、保育、諸事宜，其運用依戰鬥序列之律定行之。

五、所有反共救國軍改編為兩個總隊，以江浙反共救國軍編為第一總隊，福建反共救國軍編為第二總隊，均不冠以地區番號，以增大運用上之彈性。

六、兩個總隊直屬中隊及所轄突擊大隊及支隊，就原有單位改編其組織系統如附表，其餘空虛單位悉予裁併。

七、主要戰鬥單位，賦予大隊及支隊之番號，陸上部隊稱為大隊，船艇部隊稱為支隊，大隊採統一編組，支隊則按其船艇之多少，確定其編制。

八、所有反共救國軍之編制，參照陸軍及海軍部隊編制，及反共救國軍現有人員，重新修訂，使組織較為健全，員額臻於充實。

九、裁撤單位之人員，撥補充實保留部隊，江浙反共救國軍多餘官長，臨時編組軍官隊，歸第一總隊直轄。

第三、實施要領

十、江浙反共救國軍於部隊集中後，即實施改編，福建反共救國軍之改編，亦同時實施。

十一、江浙反共救國軍之改編，由陸軍總部擬定辦法，督導實施之。

十二、福建反共救國軍之改編，由福建反共救國軍總指揮部擬定辦法督導實施之。

十三、福建反共救國軍總指揮部於部隊改編完成後，撤銷機構，保留〔後缺〕。

附件二　江浙反共救國軍營房調配辦法

項目	辦法
現有營房調配	一、將飛龍計劃進駐澎湖本島之游擊部隊 753 人，移駐八罩、大嶼等島，原駐漁翁島之第七軍搜索團 1,300 人回台歸建及充員部隊約 1,600 人遷駐澎湖 二、漁翁島全部交由本案之游擊部隊進駐，該島現有房舍，連同約一個連之空舍與增設雙層舖位，共可駐 3,400 人。
又敷營房籌建	一、增建班掩蔽部式營房一個營（800 人駐）及籌造鋁床 150 台。 二、右項未籌建完成以前，為應急用，鋁床暫由崑崙計劃案已作妥之鋁床內墊撥，飛龍計劃備用之校舍 20 間，函教育廳繼續留用。 三、前項籌建經費，經核示共需新台幣四十二萬元，此項經費，將金門建庫餘款十九萬元撥用，並將院令歸墊之工程備繕費撥用二十三萬元。

附件三　反共救國軍人事處理辦法

項目	辦法
一、反共救國軍編餘及老弱機障人員處理	甲、編餘部分 一、獨立支隊長以上各級正副部隊長，縱隊以上各級幕僚長，總指揮部各處長，屬於高級官長，以各該總隊高參、參議名義派各該總隊服務。 二、除右項高級長官外，部份校級編餘人員，賦予若干配額附員安置之。 三、成立軍官隊，收容編餘尉級人員。 乙、老弱機障部份 一、初檢 1. 各部隊現有老弱機障不堪服役人員，先由各該單位派員核檢。 2. 檢定合格後，必須處理者，造冊封報本部。 二、複檢 本部根據各單位呈報之名冊，依本部（42）佈任字第226號令規定，由總政治部及第一、四廳軍醫署，各派人員組成複檢處理小組，指定地點集中前往複檢處理。 三、標準 1. 年齡在四十五歲以上，體力衰老不堪服行部隊及機關、學校、雜勤工作者（官長依退役後年齡）。 2. 傷殘、痼疾、機障，體力不支，經醫療無治癒希望，已失去服務能力者（不限年齡）。 右 1、2 項標準，係依據本部通字第八十二號令國軍慢性疾病分類處理表規定檢查，及本部（42）任佈字第 1352 號令老弱機障標準規定辦理。 四、處理 1. 官長送輔幹大隊，按規定辦理假（退）除役。 2. 士兵送收容總隊，依其志願及體力程度，辦理退除役轉業或送榮譽國民之家。 3. 患病者送院治療，治療後仍回原單位服務，其不堪服務者按右列 1、2 項處理。
二、反共救國軍幹部及隊員之核階	一、由本部第一廳及總政治部派員組織專案小組辦理游擊幹部人員核階。 二、幹部核階，參照卅九年部須清理校尉級無案人員審核辦法及福建總部游擊部隊人員撥編第四軍核階辦法，併第一廳此次對本案座談會任官決議，擬訂反共救國軍幹部核階辦法實施。 三、隊員（即士兵）核階，按照編制階級，視各員經歷、學識、年齡、服務成績、分別核予上、中、下士，及才能、經歷稍優、服務成績優良、編制有缺，核予上等兵外，其餘一律核予一等兵，均授權陸總部辦理，其核階辦法（標準），由該總部自行訂定。

附件四　反共救國軍訓練綱要

第一　訓練方針

一、為提高反共救國軍之戰力，增強戰鬥技能，加深政治認識，於整編後進入基地實施訓練。

第二　訓練目標

二、突擊大隊：以完成大隊以下之兩棲作戰及海島防禦之訓練為主，並特重登陸、反登陸作戰、突擊作戰，以及政治教育與體能訓練。

三、海上突擊支隊：以完成艇隊以下之海上作戰及巡邏與兩棲登陸之支援掩護之訓練為主，特應注重海上之突擊訓練。

第三　實施要領

四、訓練方式：第一總隊突擊大隊於澎湖設置訓練基地，同時實施訓練，第二總隊突擊大隊，為免影響防務，以就地實施訓練為原則，列各總隊海上突擊支隊之訓練由陸總斟酌情形辦理。

五、訓練時間：以不超過二個月為原則。

六、訓練教材：由陸總部會海軍總部選定。

七、訓練權責：第一總隊由陸軍總部擬訂訓練計劃，設置訓練基地督導實施，第二總隊可授權金門防衛部辦理。

第四　訓練行政

八、所需訓練用油料、彈藥及經費，隨同計畫報部專案核發。

◎ 國防部第五廳簽請陸軍總部增設反共救國軍指揮部編制（民國 44 年 3 月 18 日）

（簽呈）於第五廳

一、案由：為陸軍總部增設反共救國軍指揮部編制，簽乞核示由。

二、說明：

1. 查於陸軍總司令部增設一個反共救國軍指揮部，負責所有海島反共救國軍編組、裝備、訓練、保育等事宜之策劃督導一節，已訂入反共救國軍整編計劃，並呈報總統核示中。
2. 茲陸軍總部第五署擬送反共救國軍指揮部編制，計設四個科、官長 47 員，所有組織、員額、編階等，核尚可行，擬准照辦。
3. 關於江浙反共救國軍之整編，遵照本（三）月十 五日整編會議指示，即依裁決事項，先行實施，已辦稿呈核中。至陸軍總部增設反共救國軍指揮部編制一節，究應即予頒行，抑待總統批示後，再予頒行？乞示。

擬俟總統核定後再發佈。

參謀次長馬紀壯

三、十九

如擬。

緝

三、廿一

◎ 各單位簽辦狀況

1. 編餘及老弱人員安置處理

臨時指揮部夏主任：請軍醫儘速前往檢查，以免影響整編，檢查與整編同時實施。

2. 幹員人事處理

夏：1. 過去擔任官長，現在是士兵，想恢復官階。

2. 副分隊長過去是准尉，而現在是少尉。

3. 國軍部隊承認過去官階，維持現在身分及待遇。過去是游擊幹部現在是隊員，如編制可以安置，儘量安置，如無法安置，編入軍官隊。（約十分之二）

決議：

過去是游擊幹部，按過去身分核階，編入軍官隊（以胡先生整編有案者為準）；過去是國軍軍官，現在是隊員，如有證件可辦理無職軍官登記，維持現在身分（證件限制放寬）。

3. 居地及營房問題

營房修理費照發，儘速調整赴馬公，如四廳擬辦。

運輸由海軍派 LST 兩艘，以高雄為集結出發。

夏：影響部隊集中移動：

1. 官兵眷屬到台後，官兵與眷屬未取得聯繫，該部官請求與眷屬見面。

2. 虧累。

3. 駐地勉強可敷用，飲水問題須先解決。

4. 兵眷生活（兵眷祇維三日），官眷、兵眷能否於馬公建舍。

指示：

1. 總政治部調查兵眷駐通信與省府會商協助輔導就業（兵眷除發給三日生活費外）。

2. 虧累發給四萬元。

3. 駐地飲水、發錢、發器具，就地解決。

◎ 簽呈於第五廳

調動日期：本月廿五日

兵眷身分證、兵眷逃跑，報國防部解決。

編制表須先發，下月經費按新編制發，免再虧累。

改編前後由夏濟平負責。

四月份經費照原單位發。

武器清理調配：如第四廳擬辦。

訓練：陸總：時編十四週。

　　　重點：射擊、游泳。

總長指示：按三個月計劃，必要時只兩個月，四月至五月訓練。

訓練有關事項按本紀錄辦，正式整編命令另行下達。

游擊員額與正規員額原則分編，人員可互相調用。

游擊部隊人員，調入國軍部隊須慎正，國軍人員調入游擊部隊可按志願調用，保留正式底缺。

外島機帆船調用、修護、訓練：

1. 修船所保留江浙，原則設馬公，由該總隊計劃。

2. 不能修的交海軍，經費另報。

3. 器具材由海空軍分別撥用。

四廳建議：

總政部提案，由各有關單位：一個星期。

船艇俟集中後、整編後再調用：第五廳會同研辦

閩南、閩北發展部隊撥情報局。

● 國防部第五廳函陸軍總司令部更正反共救國軍編制表誤繕部份（民國 44 年 3 月 25 日）

（函）（44）純紋廳字第 311 號

受文者：陸總司令部

事由：更正 44 純紋字第 275 號令頒反共救國軍編制表誤繕部份

一、本部四十四年三月十九日（44）純紋字第 275 號令頒之反共救國軍各級部隊編制表諒同奉悉。

二、查上項編制表繕誤及編列部份如次：

1. 突擊大隊重兵器中隊編制表

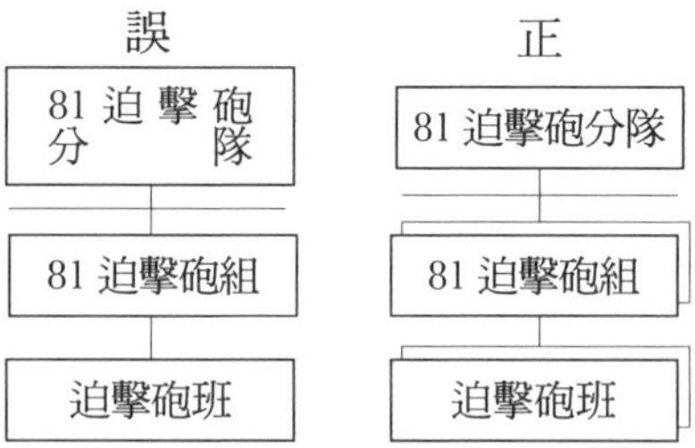

2. 海上突擊支隊編制表附記欄漏列：

「3.50 噸以下為丙種艇，50 噸以上至 100 噸為乙種艇，100 噸以上為甲種艇。」

三、請查照更正為荷。

四、本件副本抄送部長辦公室、總長辦公室、總政治部、第一、二、三、四、五（一、二、五組）廳、預算局、通信指揮部、福建反共救國軍總指揮部、江浙反共救國軍臨時指揮部、聯勤總部。

廳長陸軍中將胡獻群

● 總統蔣中正電復國防部兼代參謀總長彭孟緝所擬反共救國軍整編計劃原則可行（民國 44 年 4 月 2 日）

（代電）台統（二）虔字第 0295 號

國防部彭兼代總長勛鑒：

（44）純紋 244 號簽呈，為擬呈反共救國軍整編計劃乞鑒核一案悉，所擬整編原則可行，惟實施時事先應詳訂辦法，妥慎辦理。

蔣中正

（48）卯冬台統（二）虔

● 總統府第二局局長傅亞夫為反共救國軍整編計劃致函國防部第五廳廳長胡獻群（民國 44 年 4 月 4 日）

函胡廳長（第五廳胡廳長親啟）

粹民廳長吾兄勳鑒：

反共救國軍整編計劃已奉總統批示「原則可行」，正式公文已經發出，想即日可達，台察此事就集中力量與靈活運用而言，自屬合理舉措，弟亦極表贊同，但聞反共救國軍官兵對此反映殊不甚佳，其所持理由為：

（一）反共救國軍為一種地方武力組合，其原動力基於情感與道義，若整編為總隊，則以後生活、行動、紀律重於情感，非該部官兵所習慣，必致影響其情緒。

（二）游擊部隊中隊員多有曾任官長者，如予改編，勢須降為士兵，殊足使其心理不安，結果必不甚良好云云。

所言是否實在，不及詳知，惟此事關係頗鉅，不無足資參研之處，特為函告，即希參考卓裁為荷。專頌勳綏。

弟傅亞夫敬啟

四月二日

● 國防部參謀總彭孟緝簽報反共救國軍爭取美援裝備與訓練經過情形（民國 46 年 4 月 10 日）

（簽呈）

事由：為簽報反共救國軍爭取美援裝備與訓練經過情形由

一、四十六年三月二十三日（46）台統（二）實字第 0281 號代電奉悉。

二、謹將反共救國軍爭取列入美援單位，已獲得美援與訓練一案，經過情形簽報如左：

（一）基於非美援單位處理之原則，自四十五年九月十三日起，即經常與美軍援顧問團洽商，使反共救國軍能獲得美援以提高戰力，並減輕國庫之負擔，當初美軍援顧問團團長鮑恩少將，亦頗熱心支持，擬劃撥 6,000 員額容納反共救國軍以接受美援，但鮑恩團長之意見於本（46）年初向美軍太平洋區會議中提出時，未獲美陸軍部與美軍太平洋總部之同意，僅表示反共救國軍應在中美雙方經已獲致協議之陸軍兵力標準與既設單位內容納之。

（二）美軍顧問團嗣曾一度作非正式建議，於陸軍步兵師中裁撤兩個步兵團，騰出約 6,000 員額，用以容納反共救國軍。此項建議經研究後，認為不獨美援員額與裝備未能增加，且無形中將損失一個完整步兵師之實力，並影響部隊之管教運用，殊欠妥當，並以正式備忘錄致送美軍顧問團，請其考慮反共救國軍戍守外圍小島之戰術價值，與對防衛金馬台澎之重要性，並希望該團能支援反共救國軍所需之重要裝備與訓練。

（三）頃接鮑恩團長函復其要點為：

1. 以限於美國最高當局在軍援方案下對主要戰鬥部隊之限額，不可能以增加反共救國軍而增高其限額。

2. 將反共救國軍改編成正式部隊，亦難實施。

3. 裁撤正規部隊以容納反共救國軍，亦非妥善措施。

（四）反共救國軍爭取列入美援單位，及支援所需裝備一案，未獲顧問團同意，本部現正繼續請其協助反共救國軍之訓練，惟尚未獲正式答復，俟有結果，當另案簽報。

三、恭請鑒核。

謹呈總統

職彭孟緝謹呈

民國四十六年四月十日

原件呈閱

一、國防部本年 3/19 呈報與美顧問團本年二月份重要合作事項月報表內，列有彭總長 2/21 致鮑恩將軍函，請對反共救國軍（兩個總隊）所需美援裝備與訓練，惠予支持一案，奉批顧問團對此事如何答復查報，飭遵有案。

二、本簽呈稱自上年九月起，即經常與美方洽商，使反共救國軍能獲得美援，美顧問團長鮑恩將軍，初擬撥六千員額以容納反共救國軍，但未獲得美太平洋總部及其陸軍部同意，嗣以正式備忘錄，致送美顧問團，請其考慮反共救國軍戍守外圍小島之戰術價值，與對防衛金馬台澎之重要性，並希望其支持反共救國軍所需之重要裝備與訓練，鮑恩將軍函復要點如本件。「（三）」項下所列各條又稱現正繼續請顧問團協助反共救國軍之訓練尚未得覆，俟有結果另案簽報等語。敬請鈞閱。

職黃鎮球呈

四月十一日

閱。

蔣中正印

四、十二

● 國防部核定反共救國軍總隊及所屬單位事務經費給與（民國44年4月28日）

（令）（44）志恆字第3712號

受文者：陸軍總部

事由：為核定反共救國軍總隊及所屬單位事務經費給與希知照由

一、茲奉部長核定反共救國軍第一、二總隊及所屬單位事務經費給與，如附表。第一總隊自四十四年五月一日起實施，第二總隊自正式編成之日起實施。

二、希知照並轉所屬知照。

三、副本抄送聯勤財務署、帳審處、綜合財務處、內部審核組、第一收支處、預算局（第二組）。

附表　反共救國軍第一、二總隊及所屬單位事務經費給與表

單位：台幣元

單位名稱	事務經費		備考
	辦公費	臨時費	
總隊部	2,500	8,000	臨時費含直屬單位在內
本部中隊	360		
工兵中隊	360		
通信中隊	1,100		含所屬電台辦公費在內
偵察中隊	450		
野戰醫院	450		
修船所	360		
軍官隊	360		
突擊大隊部	450	1,500	臨時費含直屬單位在內
本部中隊	300		
步兵中隊	300		
重兵器中隊	300		
海上突擊支隊部	450	2,000	臨時費含直屬單位在內
本部中隊	300		
突擊運輸艇隊	300		
甲種艇	100		
乙種艇	80		
丙種艇	60		

◎ 國防部預算局擬定反共救國軍事務經費給與簽請核示（民國 44 年 4 月 26 日）

（國防部預算局簽辦單）

來文單位：預算局

來文要點：為擬定反共救國軍事務經費給與請核示由。

審查意見：

一、閩浙沿海各游擊部隊，業經本部從新改編，比照國軍編制核定以（44）德政字第 275 號令頒佈實施在案。

二、查反共救國軍編制頒佈實施後，飭即迅即編成具報，據第五廳告知，各游擊部隊正在編配中，編成日期尚未據報部等語。

三、為應事實需要，對於各反共救國軍總隊事務經費給與，根據本部核定編制情形，擬定所需事務經費給與，簽奉核定後，以便頒佈實施。

擬辦：

茲擬定反共救國軍各總隊及所屬單位公臨費給與如附表，並自四十四年五月一日起實施。當否？乞核示。

可。

緝

四、廿六

◎ 國防部預算局第二組擬具第一、二兩總隊事務經費預算統計表移請第一組參考（民國 44 年 4 月 20 日）

（便簽）

一、查反共救國軍在未整編前因人員編制與國軍不同，故事務經費支給標準與國軍亦不一致。惟目前正在整編，根據本部最近新頒佈（44）純紋字第 275 號編制（即照國軍編制），茲比照國軍事務經費支給標準，擬具反共救國軍第一、二兩總隊事務經費預算統計表（如附表），計日需 6 萬 5,780 元，擬俟整編完成後即照表列標準支給。

二、右項給與移請參考，請賜簽辦副知為荷。（四十四年五月份起）

此致第一組

附表　擬具反共救國軍第一、二總隊事務經費支給標準表

區分 部別	編制人數			辦公費	臨時費	備考
	官	兵	小計			
第一總隊部	64	14	78	2,500	8,000	全總隊計官 913，士兵 5,079，全計 5,992 人。臨時費含直屬單位。
本部中隊	20	134	154	360		
工兵中隊	8	100	108	360		
通信中隊	47	101	148	1,100		七個台與師通信連同。師通信連官 48，兵 149，共 197。
偵察中隊	42	90	132	450		
野戰醫院	18	52	70	450		
修船所	13	63	76	360		
軍官隊	16	24	40	360		
小計	228	578	806	5,940	8,000	
突擊第一大隊部	21	10	31	450	1,500	臨時費含直屬單位
本部中隊	23	142	165	300		
步兵第一中隊	9	156	165	300		
步兵第二中隊	9	156	165	300		
步兵第三中隊	9	156	165	300		
重兵器中隊	8	133	141	300		
小計	79	753	832	1,950	1,500	
突擊第二－五大隊	316	3,012	3,328	7,800	6,000	臨時費含直屬單位
海上突擊支隊部	35	17	52	450	2,000	臨時費含直屬單位
本部中隊	39	123	162	300		
突擊運輸艇隊	54	149	203	2,040		艇隊部月支 300 元 甲種艇 6，月各支 100 元 乙種艇 6，月各支 80 元 丙種艇 11，月各支 60 元 合計詳列上數內
突擊二－四隊	162	447	609	900		
小計	290	736	1,026	3,690	2,000	
第一總隊合計	913	5,079	5,992	19,380	17,500	
第二總隊	64	14	78	2,500	8,000	
本部中隊	20	134	154	360		
工兵中隊	8	100	108	360		
通信中隊	47	101	148	1,100		
偵察中隊	42	90	132	360		
野戰醫院	18	52	70	450		
修船所	13	63	76	360		
小計	212	554	766	5,490	8,000	
突擊大隊（三）	237	2,259	2,496	5,850	4,500	同第一總隊突擊大隊編制
海上突擊支隊	35	17	52	450	2,000	

部別＼區分	編制人數			辦公費	臨時費	備考
	官	兵	小計			
本部中隊	39	123	162	300		
突擊運輸艇隊（二）	197	582	779	2,460		艇隊部二月各支 300 元 甲種艇 7，月各支 100 元 乙種艇 7，月各支 80 元 丙種艇 9，月各支 60 元 合計併列上數內
第二總隊合計	720	3,535	4,255	14,550	14,500	
總計	1,633	8,614	10,247	33,930	32,000	合計 6 萬 5,870 元

較未改編前減少 1 萬 9,530 元，合併伸明。

● 國防部核定反共救國軍各總隊及所屬軍政工事業費、諜報費、額定教育經費給與（民國 44 年 5 月 21 日）

（令）（44）志恆字第 4426 號）

受文者：陸軍總部

事由：為核定反共救國軍各總隊及所屬軍政工事業費、諜報費、額定教育經費給與，希飭知照由。

一、茲奉部長核定反共救國軍各總隊及所屬軍務政工事業費，諜報費及額定教育費給與如下：

（1）總隊部及所屬單位政工事業費、月支金額詳如附表。

（2）總隊部、諜報費、月支新台幣貳千肆百元。

（3）額定教育費，士兵每人月支新台幣伍角。

（4）反共救國軍第一總隊，自四十四年五月一日起實施；第二總隊，自實際編成之日起發給。

二、希知照，並轉飭知照。

三、副本抄送聯勤財務署、帳審處、綜合財務處、第一收支處、內部審核組、預算局（三組）。

兼代參謀總長陸軍上將銜彭孟緝

◎ 國防部預算局擬具反共救國軍各總隊政訓、教育、諜報等費給與簽請核示（民國 44 年 5 月 16 日）

（國防部預算局簽辦單）

來文單位：預算局

來文要點：為擬定反共救國軍各總隊政訓、教育、諜報等費給與請核示由

審查意見：

一、閩浙沿海游擊部隊，照國軍待遇統一編制後，業經本部核定反共救國軍指揮部及所屬各總隊部編制頒佈實施在案。

二、反共救國軍指揮部及各總隊部事務經費給與，業經簽奉核定，以（44）志恆第 3712、4022 號令頒佈實施。至反共救國軍各總隊部所需政工事業費、教育費、諜報費等給與，為應事實需要，自應規定給與，以便實施。

擬辦：

根據右項審查意見，茲擬定如下：

（1）政工事業費，參照國軍政工單位給與標準，擬定如附表。

（2）諜報費，參照國軍給與。

（3）定額教育費，參照國軍給與規定支給。

右項給與，是否有當？敬乞核示。

擬如擬。

五、十四

參謀次長馬紀壯

如擬。

緝

五、十六

● 陸軍總司令部呈報反共救國軍指揮部編成單位報告表（民國44年6月11日）

（呈）（44）洪充字第479號

受文者：參謀總長

事由：為呈反共救國軍指揮部編成單位報告表請核備由

一、四月十三日（44）純紋字第三六二號令奉悉。

二、謹檢呈本部反共救國軍指揮部編成單位報告表一份。

三、恭請核備。

總司令陸軍二級上將黃杰

附表　陸軍總司令部反共救國軍指揮部編成單位報告表

番號 陸軍總司令部反共救國軍指揮部		主官 姓名		教職 駐地				
						台灣台北市上海路二段		
區分		編制單位					增設單位	總計
		指揮部	第一科	第二科	第三科	第四科	合計	合計	
編制表	官	3	9	7	9	11	39		39
	步	7					7		7
	兵	7					7		7
	合計	17	9	7	9	11	53		53
編成單位		指揮部	第一科	第二科	第三科	第四科			
現有數	官	2	8	7	9	10			36
	士								
	兵								
	合計	2	8	7	9	10			36
成立日期		中華民國四十四年五月一日							
核准文號		國防部（44）純紋字362號令核定							

附記：

一、指揮部指揮官一員，經本部建議核示中。

二、第一科缺上尉統計官一員，刻正遴員調補。

三、第四科缺海軍上尉參謀一員，已向海軍總部商調。

四、表列士兵計上士文書五員，上等傳達兵五員，上等炊事兵二員，列於本部勤務第二連；上士駕駛一員列於本部汽車隊，均正調配中。

二、編裝與整建

● 陸軍總司令部為遵照第三〇次軍事會議總統指示事項及第三三一次作戰簡報總長裁示事項辦理情形函復國防部（民國44年11月16日）

（函）（44）復拓字第058號

受文者：國防部第五廳

事由：為遵照三〇次軍事會議總統指示事項及第三三一次作戰簡報總長裁示事項辦理情形復請查照由

一、十月十九日（44）純紛廳字第1098號暨十一月八日（44）純紛廳字第1173號二函均敬悉。

二、茲將辦理經過情形函復如次：

（1）召開研討會議：本部為達成總統對該總隊之指示及總長之裁示，經於本（十一）月二日召集各有關單位會商研討救國軍第二總隊訓練事項，以利今後訓練。

（2）加強政治教育：除轉令國防部總政治部所頒第二總隊基地訓練政治教育加強辦法要點外，並經本部政治部針對該項要點詳加補充規定，及總政治部所頒第二總隊政工幹部業務講習計劃綱要令該總隊遵照實施。

（3）選調優秀幹部：本部除原派反共救國軍第二總隊協訓組軍事教官九員、體育教官乙員外，再行加派政治教官十員、戰鬥教練教官四員、兵器教練教官四員、通信教官一員、工兵教官一員、體育教官三員，及諜報、情報教官各一員，先後共計三十五員，以充實協訓工作，加強該總隊訓練。

（4）充實教育器材：除由第一總隊全部移交，並加該總隊自製之器材合併使用為原則外，並補充障礙超越場、擊刺場等體育器材，經本部有關單位會同該總隊承辦人業於本（十一）月八日在高雄完成招標訂約手續，預定十二月五日交製器材所需價款 5 萬零 182 元，於本月九日撥付。

（5）撥發教育經費：除該總隊額定教育經費外，經本部已另撥發教材補助費 8,000 元，教育器材整補費計 1 萬元，以俾預期配合訓練。

三、復請查照。

總司令陸軍二級上將黃杰

● 國防部呈復第三十次軍事會談指示反共救國軍第二總隊之督訓工作辦理經過情形（民國 44 年 12 月 12 日）

（大簽）（44）純紛字第 1309 號

受文者：總統

事由：呈復第三十次軍事會談指示反共救國軍第二總隊之督訓工作辦理經過情形恭請鑒核由

一、十月八日第三十次軍事會談，鈞座指示：「反共救國軍第二總隊抵達馬公後，對其整訓工作應特別注意，尤須加強政治工作，將來可使編列正規部隊內。目前應選調優秀幹部，至該總隊服務，以起領導作用，而使成為勁旅。」

二、遵奉指示，經飭陸軍總部辦理，茲據呈復「為達成鈞座對反共救國軍第二總隊之殷切期望，經對該總隊有關訓練之阻礙，分別研討協調予以解決」。目前對該總隊已辦理之重要事項摘呈如次：

（一）加強政治教育：除頒發國防部總政治部對第二總隊基地訓練、政治教育加強辦法要點，以及政工幹部業務講習計劃綱要外，並由陸軍總部政治部針對該項要點詳加補充規定，令知遵照實施。

（二）選調優秀幹部前往服務與協訓：陸軍總部除先後派遣軍事教官九員、體育教官四員、政治教官十員、戰鬥教練教官四員、兵器教練教官四員、通信教官一員、工兵教官一員、反諜報及情報教官各一員，共計三十五員，前往常期駐留協訓，加強該總隊之訓練外，並由國防部總政治部及陸軍總部調派保防軍官五員，及由陸軍總部另行專案選派政工幹部廿七員前往服務。

（三）充實教育器材及經費：除由原第一總隊全部移交，以及該總隊自製器材合併使用外，並由陸軍總部補充設置障礙超越場及擊刺場等設備，並另撥發教材補助費及器材整備費，以資配合訓練。

三、以上反共救國軍第二總隊之基地整訓辦理情形，恭請鑒核。

謹呈總統

職彭孟緝

● 黃龍計畫督導小組第一次會議指示事項（民國46年12月3日）

四十六年十二月三日黃龍計劃督導小組第一次會議指示事項

一、對黃龍計劃原則性方面，有以下幾點說明：

（一）各單位應將本計劃所規定之工作，視為份內工作，及明年之工作重心。

（二）策定本計劃之目的，除配合需要外，另一意義是將過去單獨的、個別的、臨時的工作配合起來，一方面求本單位之協調，另一方面使各單位，在同一時期，空間內實施，以加強成效。

（三）本計劃有時間、有空間，在時間上假定在明年五、六月間，在空間上決定在長江以南，因江南接近台灣，實施較易。

（四）本計劃是將空降、突襲、行動、破壞情報等工作配合起來實施，而以空降佔重要份量。

（五）本計劃之特性，一為主動，二為有準備，三為特別注意通訊聯絡，四為有關補給、器材、彈藥等在作業時應詳細規劃。

二、對各案之意見：

（一）第一案

應補給周部彈藥，並與泰方交涉，准我方飛機降落加油，以便於補給該部彈藥。

（二）第二案

1. 國防部所呈報總統各案中，有突襲目標案，總統甚為同意，事實上該案，就是本計劃第二案，國防部可調出該案，併本案研辦。
2. 反共救國軍一部份改編憲兵一事，是否可在一、二總隊中各抽取兩個大隊來改編，不完全將第一總隊改編，請國防部加以考慮。

（三）第三－八案

1. 所有人員之徵調、訓練、裝備、經費等，原則上均應包括在特種作戰總隊中，為單純起見，可以第一特種作戰總隊來編組，換言之，就是使用特種作戰第一總隊實施本計劃第三－八案。

2. 據悉國軍中邊境人員尚有四百餘人，可抽調出來編成幾個邊疆大隊；至於康藏地區之空降縱隊，可將邊疆大隊擴充編組。

（四）第九案

督導小組應詳擬計劃，所需武器請國防部撥發。

（五）第十－十二案

應列入明年工作計劃中。

（六）第十三案

1. 將人員訓練備用。

2. 粵漢、平漢、津浦等鐵路亦可計劃破壞。

（七）第十五案：列入明年工作計劃。

（八）第十六案：併入空降空投項目中實施。

（九）所有派遣經費，可以編列預算請撥。

● 反共救國第二總隊總長兼東引守備區指揮官陸軍少將羅鵬瀛率全體官兵敬致總統蔣中正華誕（民國 47 年 10 月 31 日）

（電文）

來電地點：東引

來電姓名：羅鵬瀛

來電日期：十月卅一日

台北總統蔣鈞鑒：

大哉領袖，龍德之光，英明神武，組述憲章，攘夷誅暴，澤披遐方，朱毛奸匪禍國殃民，賴我領袖，民族救星，生聚教訓，致力中興，謹獻戰備，一德一心確保東引湯池金城，待殲犯匪，掃穴潔庭，河山並壽，日月同明。

反共救國第二總隊總隊長

兼東引守備區指揮官陸軍少將羅鵬瀛率全體官兵謹叩

10.31

● 國防部令發廣東省反共救國軍總指揮部及該總部編組表（民國 47 年 12 月 1 日）

（令）（47）忠行（一）字第 0591 號

受文者：廣東省反共救國軍總指揮部

事由：為廣東省六個反共救國軍總指揮部編併成立廣東省反共救國軍總指揮部及核發該總部編組表由

一、奉總統（47）台統（二）英字第〇九一一號代電核准廣東省六個反共救國軍總指揮部應編併成立廣東省反共救國軍總指揮部暨廣東省游擊工作小組。

二、廣東省粵東、粵南、粵西、粵北、粵中、海南六個總部，均於本（47）年十二月卅一日結束撤銷，廣東省反共救國軍總指揮部應於四十八年元月一日成立。茲檢發該總部編組表如附件，希即依編組成具報，人令另案發佈，希知照。

三、本件副本抄送本部總政治部、總長辦公室、作戰參謀次長室、計劃參謀次長室、副官局，粵東、粵南、粵西、粵北、粵中及海南反共救國軍總指揮部（附件另發）、情報局（一、三、七廳，人事室、預財室）

參謀總長陸軍二級上將王叔銘

廣東省反共救國軍總指揮部編組表

區分	職稱	員額
總部	總指揮	1
	副總指揮	3
	參謀長	1
第一組（行政組）	組長	1
	組員	5-8
第二組（參謀組）	組長	1
	組員	5-8
合計		17-23

註：該總部定於四十八年一月一日成立，本表同是生效實施

● 國防部為反共救國軍改編案核復陸、海軍總司令部遵辦具報（民國49年8月29日）

（令）（49）嚴咨字第584號

事由：為反共救國軍改編案核復遵辦具報由

受文者：陸軍總司令部　海軍總司令部

一、陸軍總部四十九年七月十一日登理字第三四〇號呈暨附件均悉。

二、反共救國軍改編案經呈奉總統（49）台統（二）堅字第〇六一五號代電核定，其改編實施亦經於七月廿二日飭由本部作戰次長室派員，與反共救國軍第二總隊張總隊長協議。茲併核示如次：

（一）原陸軍總部幕僚組織之反共救國軍指揮部，及反共救國軍第一、二總隊，可用現員准併編為一個反共救國軍指揮部，執行突擊作戰及海島守備任務，指揮部本部組織系統如附表一，其所屬部隊組織系統如附表二。

（二）除依右項組織系統外並准按如左修正：

1. 指揮部編制，准增加副指揮官一員（連已訂者共

二員）。

2. 砲兵大隊所屬各中隊編制，按實有火砲之種類及數量編訂之。
3. 東引混合補給庫應改為東引混合補給組，納入反共救國軍指揮部建制，組長編階准提高為中校。
4. 指揮部工兵組增加中校工兵軍官一員。
5. 特種情報隊編制增加軍官隊員二十員。

（三）改編後之反共救國軍指揮部應擔任東引地區之守備任務，不再專設東引守備區指揮部。

（四）烏坵守備區指揮部，採馬祖守備區編制精神，由改編後之支隊長兼任地區指揮官，現設之指揮部仍保持為臨時編組單位，其人員可由支隊部派員兼任者，則採兼任，無適當人員兼任者，仍保持為專任，希準此原則修訂編組表報備。

（五）改編後之兵力配置

1. 東引：以一個海上突擊大隊、一個砲兵大隊（欠一個中隊）、三個步兵大隊，及指揮部直屬如技術勤務中隊之主力，由指揮部直轄，擔任東引守備。
2. 烏坵：以一個步兵突擊支隊部，率一個步兵突擊大隊、一個砲兵中隊，及指揮部直屬各技術勤務中隊之一部，擔任烏坵守備。
3. 東犬：以一個步兵突擊大隊，暫任東犬守備該區防務，俟協調顧問團同意，由正規部隊接替後，則將該大隊增配東引。
4. 澎湖：原任澎湖八罩離島防務之一個步兵突擊大隊，准解除其任務，改由陸總自行調整其所遺之防務。

5. 以一個步兵突擊支隊部，率一個步兵突擊大隊，控置於宜蘭整訓，以備輪調。

（六）改編實施與輪調

1. 反共救國軍各部隊於現駐地實施改編，限於九月底改編完畢。
2. 步兵以大隊為單位，輪調回宜蘭整訓，每期整訓時間五個月（含船運及交接防），在廿五個月內，各大隊均輪調一次。原駐澎湖之一個步兵大隊解除任務整編完畢，即開始與外島實施輪調。
3. 海上突擊大隊經常往返東引、台、澎間，不另行輪調。
4. 砲兵及各技術勤務部隊之輪調，由該指揮部另擬辦法實施。
5. 指揮部幕僚人員返台採個人輪調行之。

（七）編餘人員處理

反共救國軍現有官兵除老弱機障不能納入編制者外，其可用現員編為指揮部所屬，部隊因改編而產生之編餘人員，應擬訂編餘人員處理計劃妥為安置。

三、除烏坵守備區指揮部臨時編組，著由海軍總部，協調陸軍總部，研擬臨時編組表報核外，其餘各項著由陸軍總部辦理並規定如次：

（一）所呈砲兵大隊編制裝備表二份、特種情報隊編制裝備表一份（均含人員與裝備部份），原件發還，著按本令二（二）之2及5，另研擬編裝表，其餘單位編裝表十七份隨令發還，著按本令二之（二）修正印頒實施報備。

（二）本案改編實施計劃、編餘人員之處理、澎湖反共救國軍一個步兵大隊交接防日期，改編後之兵力配置及輪調實施計劃著分案分別報核（備）。

四、希遵辦具報。

五、本令分行陸軍總部（連附件及發還編裝表二十份）、海軍總部（連組織系統二份），副本連組織系統二份抄送聯勤總部、本部總政治部、總長辦公廳、人事、情報、作戰（一、二、三、七、八處）、後勤計劃次長室、主計長辦公室、人事行政局、通信局、動員局、史政局、軍法局。

參謀總長陸軍一級上將彭孟緝

附表一　反共救國軍指揮部本部組織系統表

四十九年八月廿九日國防部 49 嚴沓字第 584 號令

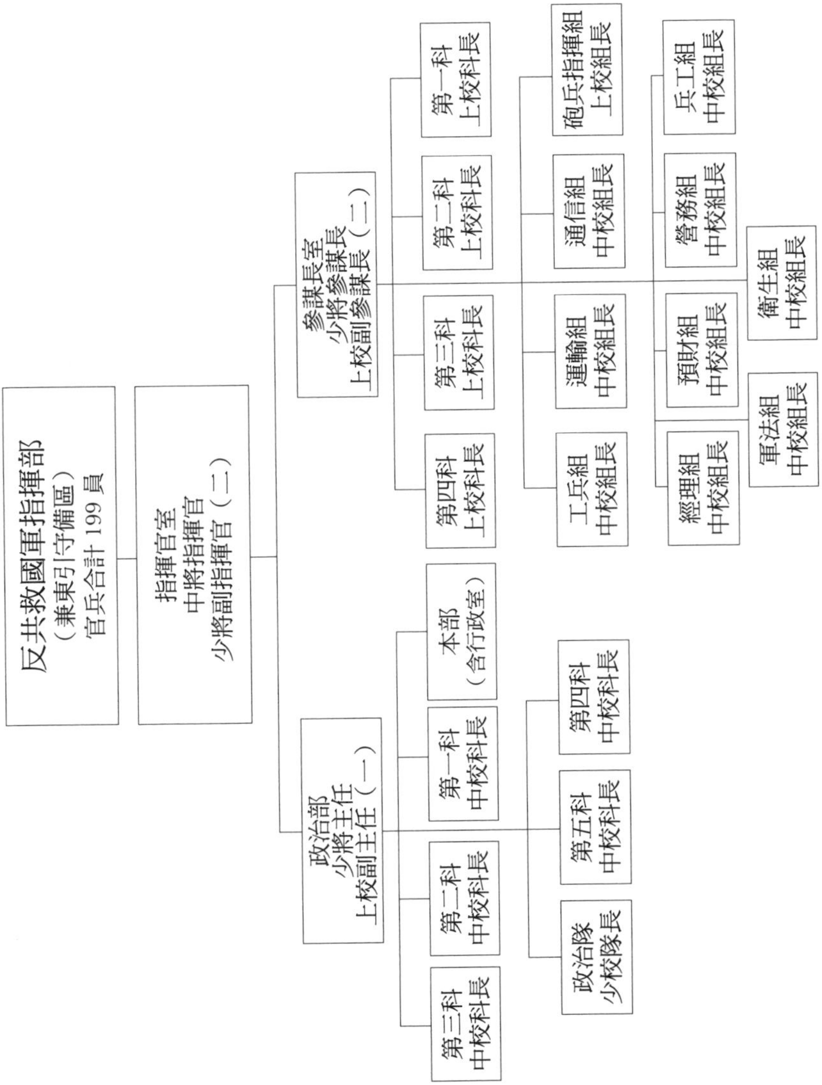

附表二　反共救國軍指揮部組織系統表

四十九年九月一日國防部嚴咨字第 594 號令更正

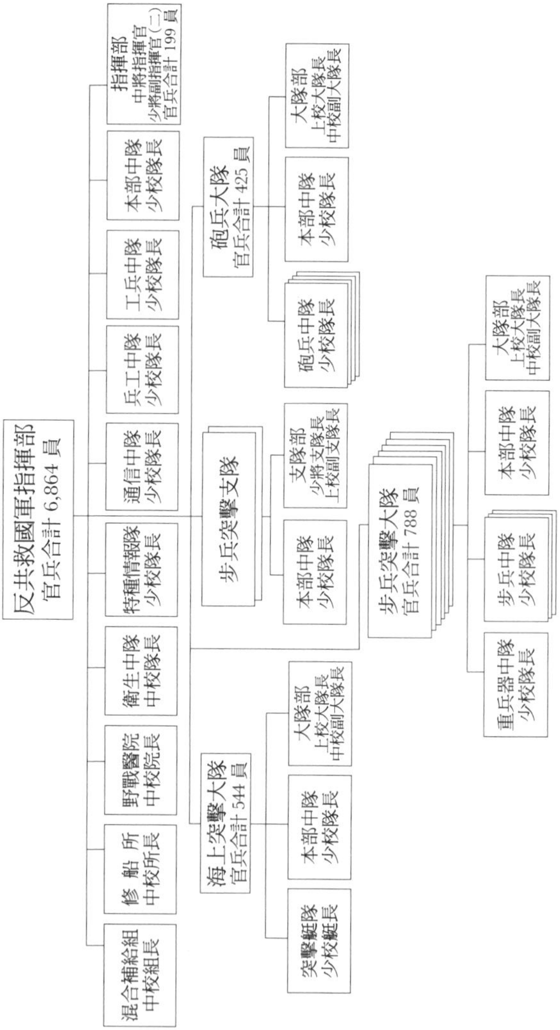

附記：改編後之步兵突擊支隊僅為戰術指揮單位，與大隊無固定建置關係。

● 救指部呈簽有關指揮部裁撤及業務移交、人員安置等事宜案（民國 49 年 9 月 7 日）

（簽呈）

案由：有關本指揮部裁撤及業務移交人員安置等事宜簽請核示由

說明：

一、反共救國軍整編命令，國防部業已下達，其中規定本指揮部併入第一、第二總隊予以整編，但國防部作戰次長室姚副處長於本（九）月六日本部編訓署召開之協調會議中稱：本指揮部既係總部一級幕僚單位，如能由總部籌得員額，另設立一幕僚機構，或將現有人員隨同業務撥編，納入總部各相關署、處等單位，國防部當予支持等語；但編訓署意見，以另籌員額困難，本指揮部仍須併入一、二總隊整編。

二、查救一、二總隊整編後，本指揮部自無存在必要，但亦無法併救一、二總隊整編，理由如左：

（一）在組織系統上，本指揮部係總司令部一級幕僚單位，與救一、二總隊向無隸屬關係，如硬性合併，困難實多。

（二）救一、二總隊併編後，官長溢餘甚多，尚感難以安置，而本指揮部官長 37 員，又多係職階較高人員，勉強派下，勢必增加部隊整編困難。

（三）本指揮部因係總部幕僚單位，對救一、二總隊整編時及整編後，有關人事、編訓、作戰、後勤等事項，負有協調、督導及承辦之責，此項責任，以及有關業務案卷，必須於兩總隊整編完成後，移交本總部各有關署、處、室、部等單位接替，如將本指揮部承辦人員撥入總隊，原有業務勢必脫節，不但接辦單位感到困難，對今後救國軍部隊之作戰、訓練及後勤支援（含船艇修護保養）影響尤大。

擬辦：本指揮如決定裁撤，似宜將現有人員隨同經辦業務及案卷，撥入相關單位（例如承辦救國軍訓練者，撥入編訓署；承辦船艇修護者，撥入運輸署……），並由編訓署會同本部及各有關單位，另案研究實施，以免業務中斷，並使大部人員可順利安插。可否？恭請核示。

擬由編訓署協調人事署、副官處及供應司令部研簽。

參謀長鄭為元

0908

如擬。

守治

九、九

● 陸軍總司令部令頒陸軍精誠演習計畫完成反共救國軍指揮部（含所屬單位）之整編（民國 49 年 9 月 23 日）

（令）（登理字 472 號）

受文者： 本部反共救國軍指揮部、反共救國軍第一、第二總隊

事由：隨令頒發陸軍精誠演習計畫一份，希遵照。

一、茲頒發陸軍精誠演習計畫如附件。

二、希遵辦具報。

三、副本暨附件抄（呈）送單位如附件二－分配表。

總司令陸軍二級上將羅列

◎ 陸軍總司令部編訓署擬呈反共救國軍整編計畫（民國 49 年 9 月 14 日）

（簽呈）

案由：反共救國軍改編案

說明：反共救國軍改編案，業經呈奉國防部核准到部，本部並曾派遣協調小組前往東引，與反共救國軍第一、二總隊完成協調。茲遵照總司令在簡報中裁示各點，擬呈反共救國軍整編計劃如附件。

擬辦：反共救國軍整編計劃，擬即令頒實施，附稿呈判。

（本計劃中各附件，已與各單位完成協調。）

呈總司令

擬可。先會副官處。

鄭為元

0917

同意。

莫京

四九、九、十七

擬如擬。

守治

九、廿一

如擬。

總司令羅列

四九、九、廿二

附件　陸軍精誠演習計畫

陸軍總司令部

四九年九月於台北本部

登理字 472 號

陸軍精誠演習計畫參考資料

附件一　國防部四十九年八月廿九日（49）嚴咨字第五八四號令

一、狀況

（一）陸軍現有一個反共救國軍指揮部，及第一、二兩個反共救國軍總隊，其中之第一總隊駐澎湖，第二總隊駐東引。

（二）上述各反共救國軍單位之現員，僅及編制員額約 63%。

（三）反共救國軍為非美援單位

二、任務

完成反共救國軍指揮部（含所屬單位）之整編。

三、執行

（一）編制

1. 陸軍反共救國軍指揮部組織系統表如附件之附表二〔編註：見頁 90 附表二〕。

2. 反共救國軍指揮部使用國防部（49）嚴咨字第 584 號令核准，本部（49）登理字第 472 號頒行之編制裝備表，其分配數量如附件二。

（二）部隊整編

1. 陸軍反共救國軍指揮部單位編成計劃如附件三。

2. 附件二所列各單位均於十月卅一日改編完畢。新編制自四十九年十一月一日生效。

3. 本部原有之反共救國軍指揮部及反共救國軍一、二總隊之番號，均於十月卅一日同時撤銷。

（三）防務調整計劃－如附件四。

（四）協調指示

1. 新編反共救國軍指揮部之整編總負責人為張雅山少將。

2. 有關精誠演習人員、裝備及部隊調撥之細部事項，由張雅山少將協調汪克剛少將實施之。

3. 裁撤（編併）單位原有之公物及公文檔案，均由新編之反共救國軍指揮部指定單位接收或呈繳。

4. 反共救國軍單位編成報告表應於部隊整編完成一週內，呈報本部四十份。

四、行政

（一）人事計劃－如附件五。

（二）運輸計劃－如附件六。

（三）裝備及補給品調撥計劃－如附件七。

（四）經費：各撤銷單位之辦公費、臨時費以及原任正副主官，因改編而調為非主管人員之主官職務加給，均發至四十九年十一月卅日止。

五、指揮及通信

（一）本部位於台北。

（二）陸軍精誠演習督導小組位於本部編訓署，電話四川一號631、632、633。

總司令陸軍二級上將羅列

附件

一、國防部（49）嚴咨字第 584 號令（抄件）。

二、反共救國軍指揮部編裝表、數量分配表

三、單位編成計劃

四、防務調整計劃

五、人事計劃

六、運輸計劃

七、裝備及補給品調撥計劃

簽證－編訓署署長陸軍少將王廷宜

附件二　陸軍反共救國軍指揮部編裝表分配表

區分	種類	單位											
		國防部	海軍總部	金防部	澎防部	國防部作戰次長室	國防部後勤次長室	馬祖指揮部	空軍作戰指揮部	海軍62部隊	海軍62.8部隊	澎湖港口指揮部	陸軍304運輸組
副本抄（呈）送單位	救國軍指揮隊	25		1	1			1					
	指揮部本部中隊	25		1	1			1					
	工兵中隊	25		1	1			1					
	兵工中隊	25		1	1			1					
	通信中隊	25		1	1			1					
	衛生中隊	25		1	1			1					
	野戰醫院	25		1	1			1					
	修船所	25		1	1			1					
	混合補給組	25		1	1			1					
	海上突擊大隊部	25		1	1			1					
	海上突擊大隊本部中隊	25		1	1			1					
	海上突擊艇隊	25		1	1			1					
	砲兵大隊部及本部中隊	25		1	1			1					
	七五山砲中隊	25		1	1			1					
	四二迫擊砲中隊	25		1	1			1					
	高射機關砲中隊	25		1	1			1					
	特種情報隊	25		1	1			1					
	步兵支隊部及本部中隊	25		1	1			1					
	步兵突擊大隊部	25		1	1			1					
	步兵大隊本部中隊	25		1	1			1					
	步兵大隊重兵器中隊	25		1	1			1					
	步兵中隊	25		1	1			1					
	編號	1-25		26	27			28					

區分	種類	單位									
		本部									
		政治部	一〇二單位	陸戰會	總辦公室	人事署	情報署	作戰署	編訓署	主計署	副官處
副本抄（呈）送單位	救國軍指揮隊	1	1	1	1	1	1	1	6	1	4
	指揮部本部中隊	1	1	1	1	1	1	1	6	1	4
	工兵中隊	1	1	1	1	1	1	1	6	1	4
	兵工中隊	1	1	1	1	1	1	1	6	1	4
	通信中隊	1	1	1	1	1	1	1	6	1	4
	衛生中隊	1	1	1	1	1	1	1	6	1	4
	野戰醫院	1	1	1	1	1	1	1	6	1	4
	修船所	1	1	1	1	1	1	1	6	1	4
	混合補給組	1	1	1	1	1	1	1	6	1	4
	海上突擊大隊部	1	1	1	1	1	1	1	6	1	4
	海上突擊大隊本部中隊	1	1	1	1	1	1	1	6	1	4
	海上突擊艇隊	1	1	1	1	1	1	1	6	1	4
	砲兵大隊部及本部中隊	1	1	1	1	1	1	1	6	1	4
	七五山砲中隊	1	1	1	1	1	1	1	6	1	4
	四二迫擊砲中隊	1	1	1	1	1	1	1	6	1	4
	高射機關砲中隊	1	1	1	1	1	1	1	6	1	4
	特種情報隊	1	1	1	1	1	1	1	6	1	4
	步兵支隊部及本部中隊	1	1	1	1	1	1	1	6	1	4
	步兵突擊大隊部	1	1	1	1	1	1	1	6	1	4
	步兵大隊本部中隊	1	1	1	1	1	1	1	6	1	4
	步兵大隊重兵器中隊	1	1	1	1	1	1	1	6	1	4
	步兵中隊	1	1	1	1	1	1	1	6	1	4
	編號	29	30	31	32	33	34	35	36-41	42	43-46

區分	種類	單位								受文單位	
		陸供部	工兵署	通信署	兵工署	經理署	運輸署	軍醫署	反共救國軍指揮部本部	反共救國軍第一縱隊	反共救國軍第二總隊
副本抄（呈）送單位	救國軍指揮隊	3	2	2	2	2	2	2	62-	1 63-66	4
	指揮部本部中隊	3	2	2	2	2	2	2	62-63	2 64-67	4
	工兵中隊	3	2	2	2	2	2	2	62-63	2 64-67	4
	兵工中隊	3	2	2	2	2	2	2	62-	1 63-67	5
	通信中隊	3	2	2	2	2	2	2	62-63	2 64-67	4
	衛生中隊	3	2	2	2	2	2	2	62-63	2 64-67	4
	野戰醫院	3	2	2	2	2	2	2	62	1 63-67	5
	修船所	3	2	2	2	2	2	2	62-63	2 64-67	4
	混合補給組	3	2	2	2	2	2	2	62-	1 63-67	5
	海上突擊大隊部	3	2	2	2	2	2	2	62-63	2 64-69	6
	海上突擊大隊本部中隊	3	2	2	2	2	2	2	62-64	3 65-70	6
	海上突擊艇隊	3	2	2	2	2	2	2	62-65	4 66-72	7
	砲兵大隊部及本部中隊	3	2	2	2	2	2	2	62-63	2 64-69	6
	七五山砲中隊	3	2	2	2	2	2	2	62-63	2 64-73	10
	四二迫擊砲中隊	3	2	2	2	2	2	2	62-63	2 64-70	7
	高射機關砲中隊	3	2	2	2	2	2	2	62-	1 63-70	8
	特種情報隊	3	2	2	2	2	2	2	62	1 63-67	5
	步兵支隊部及本部中隊	3	2	2	2	2	2	2	62-64	3 65-70	6
	步兵突擊大隊部	3	2	2	2	2	2	2	62-66	5 67-90	24

<table>
<tr><th rowspan="2">區分</th><th rowspan="2">種類</th><th colspan="8">單位</th><th colspan="2">受文單位</th></tr>
<tr><th>陸供部</th><th>工兵署</th><th>通信署</th><th>兵工署</th><th>經理署</th><th>運輸署</th><th>軍醫署</th><th>反共救國軍指揮部本部</th><th>反共救國軍第一縱隊</th><th>反共救國軍第二總隊</th></tr>
<tr><td rowspan="8">副本抄（呈）送單位</td><td rowspan="2">步兵大隊本部中隊</td><td rowspan="2">3</td><td rowspan="2">2</td><td rowspan="2">2</td><td rowspan="2">2</td><td rowspan="2">2</td><td rowspan="2">2</td><td rowspan="2">2</td><td rowspan="2">62-69</td><td>8</td><td>27</td></tr>
<tr><td>70-96</td><td></td></tr>
<tr><td rowspan="2">步兵大隊重兵器中隊</td><td rowspan="2">3</td><td rowspan="2">2</td><td rowspan="2">2</td><td rowspan="2">2</td><td rowspan="2">2</td><td rowspan="2">2</td><td rowspan="2">2</td><td rowspan="2">62-69</td><td>8</td><td>27</td></tr>
<tr><td>70-96</td><td></td></tr>
<tr><td rowspan="2">步兵中隊</td><td rowspan="2">3</td><td rowspan="2">2</td><td rowspan="2">2</td><td rowspan="2">2</td><td rowspan="2">2</td><td rowspan="2">2</td><td rowspan="2">2</td><td rowspan="2">62-75</td><td>14</td><td>33</td></tr>
<tr><td>75-108</td><td></td></tr>
<tr><td rowspan="2">編號</td><td rowspan="2">47-49</td><td rowspan="2">50-51</td><td rowspan="2">52-53</td><td rowspan="2">54-55</td><td rowspan="2">56-57</td><td rowspan="2">58-59</td><td rowspan="2">60-61</td><td rowspan="2"></td><td colspan="2" rowspan="2">每橫格下之數字係編裝表之編號</td></tr>
<tr></tr>
</table>

附記

一、第一總隊編裝表，除總隊部每種發給一份外，其餘均由該總隊轉發於該總隊負責改編之單位（詳附件三）。

二、第一總隊部之編裝表於部隊改編完成後移交新編之反共救國軍指揮部接收。

附件三　陸軍精誠演習單位編成計劃表

新編單位	編制人數			編成單位	編成地點	負責改編單位
	官	士	兵			
反共救國軍指揮部	153	46	2	一、第一總隊各幕僚單位 二、第二總隊部各幕僚單位	東引	第二總隊
本部中隊	32	71	13	除警衛分隊運輸分隊一、二總隊各編成一半外，餘以第一總隊本部中隊為基幹編成	東引	第一總隊
工兵中隊	17	72	25	以第一總隊工兵中隊三分之二，第二總隊三分之一編成之	東引（一部在烏坵）	第一總隊
兵工中隊	21	63	15	第一、二總隊遴員混合編成	東引	第二總隊
通信中隊	46	52	13	第一、二總隊通信中隊各二分之一編成	東引（一部在烏坵）	第一總隊
衛生中隊	21	42	9	第一總隊野戰區院編成	東引	第一總隊
野戰醫院	18	33	8	第二總隊野戰醫院編成	東引	第二總隊
特種情報隊	32	41	1	由一、二總隊（前鋒隊）遴員編成	東引	第二總隊
修船所	18	44	7	第一總隊修船所為基幹混合編成	澎湖	第一總隊
混合補給隊	17	10		由東引混合補給站為基幹改編	東引	第二總隊
步兵突擊第一支隊部及本部中隊	28	38	18	第一總隊編成	澎湖	第一總隊
步兵突擊第二支隊部及本部中隊	28	38	18	第二總隊編成	東引	第二總隊
步兵突擊第一、二、三大隊	402	1,347	615	第一總隊所屬步兵突擊大隊為基幹編成	一、澎湖 二、東犬 三、烏坵	第一總隊
步兵突擊第四、五、六大隊	402	1,347	615	一、第二總隊所屬步兵突擊大隊為基幹編成 二、其中一個中隊由第一總隊負責編成	東引	第二總隊

新編單位	編制人數			編成單位	編成地點	負責改編單位
	官	士	兵			
海上突擊大隊	176	211	157	一、第一總隊所屬海上支隊為基幹編成 二、第一總隊編成大隊部及突擊運輸艇隊各一（大隊部及運輸艇隊二總隊酌量編入） 三、第二總隊編成突擊艇隊一	澎湖	第一總隊
砲兵大隊	67	303	100	一、第一、二總隊砲兵人員 二、第一總隊編成本部中排一、山砲中隊一 4.2 迫砲中隊一 三、第二總隊編成山砲中隊二 四、大隊部及高砲中隊由一、二總隊混合編成	東引（一部在烏坵）	第二總隊
合計	1,478	3,764	1,622			
總計			6,864			

附記：
第一總隊負責改編之單位，應於部隊編成後，即向張雅山少將報到。

附件四　陸軍精誠演習防務調整計劃

<table>
<tr><td colspan="2">地區</td><td>東引</td><td>烏坵</td><td>東犬</td><td>澎湖八罩</td></tr>
<tr><td colspan="2">防務調整完畢時間</td><td>10 月 21 日</td><td>10 月 21 日</td><td>10 月 21 日</td><td>10 月</td></tr>
<tr><td rowspan="2">守備兵力</td><td>防務調整前</td><td>反共救國軍第二總隊
反共救國軍第一總隊第五大隊</td><td>反共救國軍
第一總隊第三大隊
反共救國軍
第一總隊工兵中隊
反共救國軍
第一總隊偵察中隊及海上支隊第一艇隊</td><td>反共救國軍第一總隊第四大隊</td><td>反共救國軍第一總隊（含工兵、偵察中隊第三、四、五大隊及第一艇隊）</td></tr>
<tr><td>防務調整後</td><td>反共救國軍指揮部步兵突擊第一、五、六大隊
砲兵大隊（欠砲兵一個中隊）
海上突擊大隊直屬各技勤（中）隊（欠工兵通信偵察各一個分隊）</td><td>步兵突擊第一支隊部（含本部中隊）
步兵突擊第三大隊砲兵第一中隊（含高砲）工兵通信偵察（含雷達）各一個分隊</td><td>步兵突擊第二大隊</td><td>由澎防部令飭守備師（五十七師）指派一個步兵連接替</td></tr>
<tr><td colspan="2">備考</td><td>一、反共救國軍指揮部擔任東引地區之守備任務，不再專設東引守備區指揮部。
二、步兵突擊第二支隊部（含本部中隊）步兵突擊第四大隊於東引整編完成後一個月內調至宜蘭整訓以備輪調</td><td>步兵突擊第一支隊長兼烏坵守備區指揮官</td><td>俟正規部隊接替防務後該第二大隊增配東引</td><td>步兵突擊第一支隊部（含本部中隊）調烏坵步兵突擊第一大隊調東引</td></tr>
</table>

附記

一、改編後之兵力配置係遵照國防部（49）嚴咨字第 584 號令核示調整。

二、步兵 113 大隊為單位輪調回宜蘭整訓，概定在二十五個月內各大隊均輪調一次。

附件五　陸軍精誠演習人事計劃

第一　目的

一、以原陸軍反共救國軍第一、二總隊現有可用之官兵編成一個反共救國軍指揮部及其部隊。

第二　依據

二、本計劃係依據陸軍精誠計劃附件（三）－單位編成計劃規定擬訂實施。

第三　實施要領

三、單位之編配

反共救國軍指揮部及其所屬部隊之編成，以原陸軍反共救國軍第一、二總部，及其所屬部隊，相同或相類似之單位編成之，儘量避免打破建制，務須維持固有團隊精神，其編成要領，應照陸軍精誠計劃附件（三）之規定辦理。

四、人員之編配

（一）反共救國軍指揮部及其部隊之編成，應以原陸軍反共救國軍第一、二總隊現有官兵編成之，如專長不合時，准予實施在職訓練。

（二）原反共救國軍第一、二總隊人員，除不適服現役，與有安全顧慮之士官兵外，一律不得編餘。

（三）反共救國軍之編成，其官長除新增編之兵工、工兵組專門人員，不得向外徵調，如人員不足時，俟改編完成後，專案向本部申請。

（四）反共救國軍之編成，其士官兵，應以原反共救國軍第一、二總現員儘量編足，如確不足時，准予作單位平均缺額編成（不得缺編單位），但缺員暫不補充。

（五）反共救國軍之編成，應就原反共救國軍第一、二總隊，相同或相類似之單位人員，以原職缺納入新編制為原則，儘量減少人事調動。

（六）在原有高階人員未能盡行編配前，其他人員不得佔高階缺。

五、編餘人員之處理

（一）本部原反共救國軍指揮部人員，除可納入新編組者，由本部選派外，其他人員，一律在台北（圓山）待命處理。

（二）原反共救國軍第一、二總隊編餘人員，除反共救國軍擬留用者外，由反共救國軍指揮部指定適當人員，分別在東引、澎湖集中，候令處理。

（三）編餘人員（原一、二總隊者）由反共救國軍造具名冊，建議本部（副官處政工送幹管處）處理。

（四）處理原則如左：

1. 官長

（1）因單位撤銷而超編之高級（副參謀長以上）官長由副官處（政工人員由政治部幹管處）就陸軍各單位查缺安置，如確無法安置者，依其個人資料，照規定以高參咨議委員增設副職服勤軍官等專案，呈報國防部派任。

（2）編餘官長凡不堪服現役者依規定程序辦理退役。

（3）編餘官長（不含第（1）項）由副官處（政工人員由政治部幹管處）查缺妥為安置，不能安置者報請國防部以服勤軍官派任，依其專長性質分配陸軍各單位任職。

（4）原本部反共救國軍指揮部幕僚人員，由副官處檢討依業務性質，編併本部及供應司令部各業務單位，無法編併者，照前第（1）、（2）、（3）項規定處理。

2. 士官兵

（1）編餘之士官兵如尚堪服役（不適宜反共救國軍服役者）而無其他顧慮者依其志願分配陸軍單位服役。

（2）求退心切人員辦理依額甄退。

（3）必須輔導就業之不適服現役人員：由副官處協調國防部人事行政局，完成檢定手續後，集中輔導總隊待命處理。

（五）編餘人員之分類鑑定處理，由本部副官處協調有關單位辦理之。

附件六　陸軍精誠演習運輸計劃

陸軍總司令部
民國 49 年 9 月
（49）字號 台北市

使用地圖
澎湖列島二萬五千分一 UTM 圖
馬公灘頭狀況圖
東引島二萬五千分一 UTM 圖
東引灘頭狀況圖
馬祖列島二萬五千分之一 UTM 圖
東犬灘頭狀況圖
烏坵灘頭狀況圖
參考資料：陸軍精誠演習計劃附件三及附件四

一、狀況

（一）敵情

如馬祖、東引、烏坵地區當面敵情。

（二）友軍

1. 海軍：負責本計劃所需艦船之適時支援，及海上運輸之護航，與作業港沃灘頭泊地之掩護。
2. 空軍：負責海上航行及作業港沃之空中掩護。

（三）假定事項

1. 台灣海峽天氣良好。
2. 所需艦艇能獲得適時支援。
3. 被輸送部隊裝卸作業，能按照計劃規定之進度順利完成。

二、使命

負責並協調海軍及督導所屬單位配合反共救國軍整編計劃，適時完成反共救國軍整編所需之運輸。

三、執行

（一）構想

1. 救指部含直屬部隊及第二支隊部，第四、五、六大隊，在東引編成，仍駐東引，其駐澎湖、烏坵地區之原第一總隊編入指揮部之直屬部隊，於 1014 分別由各該地區運東引（工兵中隊留駐烏坵一個分隊，免運）。
2. 第一支隊部及第一大隊，在澎湖望安編成，於 1019 將支隊部運烏坵，大隊運東引分別進駐。
3. 第二大隊在東犬編成，原駐東引待編之突擊第五大隊，於 1016 運東犬併編。
4. 第三大隊在烏坵就地編成，不需運輸。
5. 編餘人員就地待命，俟調職命令發佈後，再配搭便船運赴指定之地點。

（二）澎湖防衛部　馬祖守備區　東引守備區

1. 負責督導精誠演習運輸作業實施。
2. 對轄區內（外）調部隊之港口清（集）運，予以所需行政支援。
3. 東引守備部並負責協調有關單位，策頒並執行裝卸載計劃。

（三）澎湖港口指揮部　馬祖第 304 運輸組

負責演習艦艇之裝卸載作業，並協調有關單位策頒裝卸載計劃及督導其實施。

（四）本部運輸署

負責協調海軍及有關單位策訂運輸計劃，並督導其作業以完成本演習之運輸任務。

（五）協調及指示事項

1. 演習艦艇到離港時間及裝載狀況，應與本部運輸署（管制中心）保持密切聯絡

2. 本計劃第一梯次起運點，運輸單位應協調演習艦艇儘早發航，以期到達東引後，能於當日完成卸載及清運。

3. 本計劃第一、三梯次艦艇，請於發航先一日到達起運港，並與當地運輸單位完成所要之協調以利作業。

4. 澎湖港口指揮部就近向海軍第二軍區協調，如望安東安港適宜艦艇搶灘時，則將本計劃澎湖發航港口（馬公）變更於東安港，以節省駁運換乘作業，俾爭取時效。

5. 實施本計劃時應按照規定，加強保密措施。

6. 本計劃未規定事項，概依現行，作業程序辦理。

四、行政與後勤

（一）演習部隊到達澎湖港區之休息場地，碼頭清潔、通信支援、交通管制、艦船清潔及衛生設施等，均由澎湖港口指揮部負責。

（二）東引、烏坵及東犬地區有關裝卸場勤務，由各當地守備區指揮部分別負責。

五、指揮與通信

（一）指揮與應變措施於航行間由海軍統一負責，並應在演習部隊搭（卸）載完成後任務即行轉移。

（二）通信連絡，以現有之通信設施行之，並應遵照國防部（45）賦貸字第 459 號令，須保密規定及（49）嚴商字第 008 號令頒陸軍部隊輪調現行作業程序辦理。

總司令陸軍二級上將羅列

附錄：（一）精誠演習運輸計劃表
（二）精誠演習東引地區裝卸載計劃（另由東指部發佈）
（三）精誠演習澎湖地區裝卸載計劃（另由澎港部發佈）
（四）精誠演習東犬地區裝卸載計劃（另由馬指部發佈）

配佈：如配佈表

簽證：陸軍供應司令部運輸署署長陸軍少將張載宇

附錄一　陸軍精誠演習運輸計劃表

梯次	艦船名稱	部隊番號	人員	輜重	發航港口	發航時間	到達港口	到達時間
一	LST1	第一總隊部 通信中隊 本部中隊 野戰醫院 兵工保養組	450	225T	馬公	1014	東引	1015
	LSM1	工兵中隊 （欠一個分隊）	70	15T	烏坵	1014	東引	1015
	備考：工兵中隊留駐烏坵一個分隊							
二	LST1	待編突五大隊	389	70T	東引	1016	東犬	1016
	備考：LST1 到達東犬請卸及任務解除							
三	LSM2	第一支隊部 （含本部中隊）	168	64T	馬公	1019	烏坵	1020
	LST2	第一大隊 第二支隊一個隊	947	120T	馬公	1020	東引	1020
合計	LST 三艘次 LSM 二艘次							

附記
一、本表參照精誠演習防務調整計劃及救國軍整編需要等時間因素擬定之。
二、澎湖地區裝卸地點本表暫定為馬公碼頭，惟救國軍希望艦艇於望安東安港搶灘實施，希澎港部就近協調海軍有關單位，查明該港適宜搶灘時，權予變更。
三、編餘人員，配搭便船輸送至新服務地點。
四、本表可按實際需要，由各有關單位，直接與軍部運輸署協調作權宜修改。

附件七　陸軍精誠演習裝備及補給品調撥計劃

一、裝備調撥

（一）個人裝備，隨個人攜帶，部隊裝備，由新編成單位，依編裝需要，就第一、二兩總隊現有裝備，及東引、烏坵地區裝備，儘量調撥補足為原則，不足者，可以地區裝備程式性能相近者代用，或暫時缺編，隨後申請補充。

（二）現有地區裝備，其在澎湖區者，全部留交澎湖部，其在東引、烏坵地區者，除納入編裝外，多餘部份，仍留作地區裝備，並將調配情形報備。

（三）借（調）用裝備，憑借撥單或公文，轉移新編成單位繼續借用並報備。

（四）編餘裝備，應確實施行保養，除澎湖區交澎湖防部混命補給庫接收，由該庫完成包裝，待命處理外，其他地區，應加包裝，交新編成部隊，待命處理。

（五）編餘裝備所需包裝材料，應儘量利用前運軍品騰空之包裝材料，其不足部份，應分類提出需要數，向陸供部各技勤署申請撥發支援。

（六）第一、二兩總隊裝備，係前西方公司撥配，附件多有不全，編餘裝備，應以實際狀況收繳。

（七）配屬東引守備區混合補給組之現有裝備，除個人服裝隨個人服裝卡移交外，其餘裝備，由該組列造移交清冊七份（三份送接收單位，三份送陸供部，一份由移交主官留存），向新編成指揮部辦理移交。

（八）裝備另附件，應隨裝備轉移。

（九）新編成部隊，應於整編完成後，將裝備與軍品調撥及超缺情形具報，其編餘裝備與軍品，應按品名、程式、單位、數量，所在地等呈報（在澎湖區留交者，亦應列入），以便處理。

二、各類補給品處理：

（一）地區各類存量軍品，應留交各地區使用。

（二）第一總隊整編完成後，離澎湖時，應攜行軍品如左：

1. 第一類：由第一總隊協調澎防部辦理。
2. 第三類：除車輛油箱，准加足三分之二外，不另推攜帶。
3. 第五類，按攜帶槍砲數量，每支（門）按規定，攜行半個基數。
4. 第二、四類單位保養修護材料，部隊現有者，准予攜帶。
5. 多餘補給品，以原包裝檢整後，交澎防部。

● 陸軍總司令部令頒反共救國軍指揮部業務及人員處理原則（民國 49 年 10 月 4 日）

（令）

受文者：如文第四條

事由：令頒反共救國軍指揮部業務及人員處理原則由

一、本部（49）登理字第（472）號令計達。

二、茲將本部反共救國軍指揮部撤銷後之有關業務及人員處理原則核示如左：

（一）業務處理

1. 該部以總司令名義承辦之案件，其有保存價值者，可登記後逕送總辦公室歸檔；無保存價值或超過保存年限者，以及該部之單位文（含本部各單位發給該部文件）無保留價值者，均可自行銷燬。

2. 有關管制案件及未了案件，由該部按照政工、人事、情報、作戰、編訓以及後勤等項目，分案整理後，於十一月一日起，交由本部各有關單位接辦。

（二）人員處理：除該部副指揮官以上人員由本部（副官處）檢討簽核外，其他編餘人員，由救指部建議逕送副官處核簽處理。

（三）本部反共救國軍指揮部應遵照本部（49）登理字第 472 號令之規定，於四十九年十月卅一日撤銷，該部所有業務及人員均於四十九年十一月卅日以前處理完畢，有關該部事務經費及主官職務加給均發至十一月底止。

三、希遵照。

四、本令分行本部政治部、一〇二單位、陸戰會、總辦公室、人事、情報、作戰、主計、編訓（二、三、五組）署、副官處（第四組、經管室）、總務處、反共救國軍指揮部、陸軍供應司令部、兵、通、工、經、運、軍醫署、人事、補給處。副本及附件抄呈國防部，並抄送反共救國軍第一、第二總隊。

總司令陸軍二級上將羅列

◎ 陸軍總司令部副官處對救指部裁撤後人員及業務轉移案意見（民國 49 年 9 月 17 日）

一、對本部救指部裁撤後人員及業務轉移案，意見如次：

1. 為免該部業務中斷，人員處理適切，原救指部之結束時間，似可配合陸軍反共救國軍指揮部改編完成時間，至49

年10月31日前結束。

2. 該部人員處理方面，除指揮官與副指揮官由本處主動檢討簽核外，至該部各科科長之處理，應責成該部指揮官作適切之建議，其餘一般幕僚人員同時建議副官處處理。

3. 該部檔案處理部分，請加會總司令辦公室。

二、還請卓裁。

此致編訓署。

副官處莫京

九、十七

◎ 陸軍總司令部編訓署二組呈簽救指部裁撤後之人員及業務轉移案（民國49年9月23日）

（簽呈）

提要：救指部裁撤後之人員及業務轉移案

說明：

一、救指部簽請，將該部現有之業務隨同承辦人員，轉移本部各有關單位接辦，奉副總司令批示：「由編訓署協調人事署、副官處及供應司令部研簽。」

二、本案遵於九月十四日召集本部各有關單位開會協調，並已完成「反共救國軍指揮部業務移交表」草案。

三、本表擬訂完成以後，當經分發本部各單位與會代表，轉報其單位主官同意後，繼於九月十五日召開第二次協調會議，將原擬之「反共救國軍指揮部業務移交表」作第二次修訂。

四、上表修訂完成以後，復將原文送會本部副官處、救指部及供應司令部，各該單位均各同意在案。

五、本案呈奉參謀長批示：「加會總辦公室及副官處張處長，並由編訓署協調救指部，就總辦公室及副官處會簽意見研究後再呈」。又奉參謀長指示：（1）編餘人員除極少數必要人員隨業務移轉，其餘均由救指部建議副官處處理。（2）宜蘭基地之訓練業務，應轉移予新編之反共救國軍指揮部。

六，茲已遵照批示，重行協調各有關單位，其意見要點如左：

（一）副官處－編餘人員由救指部建議副官處處理。

（二）總辦公室－有保存價值之檔案，可登記後送總辦公室歸檔；無保存價值及該部之單位文，可自行銷毀。有關限期管制案件，移轉適當單位接辦，並通知本部總辦公室。

（三）救指部－1. 宜蘭訓練基地之綜合督導，仍由編訓署接辦。

2. 人員仍隨業務轉移。

3. 救指部單位文應轉移新單位接辦。

意見：查救指部業務轉移案之初稿，全係根據該部夏指揮官原簽意見，並經兩次會議、二次書面會稿，以及數次參謀間個人協調而擬定，但救指部與各單位間之意見未能完全一致，為使本案能速付解決，擬辦如左：

（一）人員處理－擬遵照參謀長指示及副官處意見，除極少數人員隨業務轉移外，其餘均由救指部建議副官處處理。

（二）宜蘭訓練基地有關業務，擬遵照參謀長指示，轉移新編之救指部接辦。

（三）業務轉移照附表實施。

以上，是否可行？恭請核示。稿併呈。

附件　陸軍總部反共救國軍指揮部業務移交表

政工

業務項目	業務移交單位
一、對救一、二總隊各項政工業務之協調。 二、宜蘭訓練基地部隊福利、康樂、慰勞事宜，及碼頭熟食之承辦。 三、宜蘭訓練基地部隊集訓問題，及進出基地時軍紀督導、考核及成績之登記。 四、總隊駐基隆修船人員及長虹中隊人員及前方返台，公差、休假人員之軍紀督案、考核與違紀違法案件之調查處理。	移交政治部

人事

業務項目	業務移交單位
一、救一、二總隊人事業務之協調、管制。 二、救一、二總隊所屬海上支隊，及修船所官士兵之送海軍學校受訓事宜。 三、對總隊重要人事問題之處理，及意見與資料之管理及提供。 四、本指揮部官兵，所有人事業務之承辦及資料管理。	移交副官處
五、法規業務與史政業務。	移交史政處

行政

業務項目	業務移交單位
一、本部官士兵薪餉、主副食、眷補及其他各項經費之領發。 二、被服裝具之領發及資料卡片之登記保管。 三、監督辦公用品之請領、轉發，本部財政業務及各項營產、營具業務之承辦。	移交總務處
一、檔案管理。 二、人員統計。	移交總辦公室
一、公文之收發及繕寫。 二、文書業務之承辦。	移交總辦公室
一、本部年度施政計劃綜合編訓。 二、施政計劃進度表之彙報。 三、顧問季報資料之綜合及年度中心計劃之彙編。	移交主計署

訓練

業務項目	業務移交單位
一、有關反共救國軍教育、訓練、計劃擬定、審核及建議。 二、訓練成果檢討及統計。 三、教育、訓練、視察、督導。	移交編訓署
一、宜蘭訓練基地工作。 二、教育訓練經費之編報，器材場地設施之維護。 三、反共救國軍教育器材之建議，保管、報銷、請領工作。	移交反共救國軍指揮部
教育訓練書籍領發與保管	移交副官處書刊中心

編裝

業務項目	業務移交單位
反共救國軍編裝業務	移交編訓署

作戰

業務項目	業務移交單位
一、反共救國軍作戰計劃之綜合 二、黃龍計劃案之擬訂修正。 三、凱旋演習計劃之擬訂（最高機密）	移交作戰署
一、作戰計劃命令策擬、審核、下達 二、部隊編替計劃之草擬與協調、督導實施。 三、年度工作計劃有關作戰部門之擬訂。 四、特定計畫（黃龍二案） 五、有關作戰空援、海援業務處理。 六、作戰指揮室設置整理。 七、戰法研究。 八、作戰艇艦調配。	移交作戰署
一、對外島作戰計劃之協調與督導。 二、戰備檢查、檢討後改進。 三、各種作戰資料之整理統計。 四、現地作戰得失之研究。 五、參謀日誌之記載。 六、作戰圖片書籍之申請、領發、保管。	移交作戰署

情報

業務項目	業務移交單位
一、情報蒐集計劃之擬訂。 二、敵後發展計劃之策擬與建議。 三、年度工作計劃有關情報部之擬訂。 四、情報綜合業務。 五、情報蒐集機關之督導與運用。 六、匪情研究。 七、地誌兵要業務。	移交情報署
一、情報訓練（含反情報訓練計劃）。 二、情報圖片書籍之申請、領發與保管。 三、偵察申請。 四、假情報、假想敵之計劃與運用。 五、各種情報資料之整理、統計與建立資料。 六、兵要資料之蒐集、整理與計劃。 七、情報保密業務之處理（含信息保密）。 八、資料室之設置與整理。 九、情報登記整理與分發。 十、情報基本資料與序列卡之蒐整建立。 十一、通信密語之保管領發。	移交情報署

通信

業務項目	業務移交單位
一、救國軍船舶通信。 二、救國軍無線電通信設施。	移交通信署

後勤

業務項目	業務移交單位	
一、後勤計劃之策定。 二、有關補給程序之建立及補給、協調（兵工、通信、軍醫） 三、後勤資料之蒐集與整理。 四、有關後勤部份年度中心工作計劃之擬訂。 五、反共救國軍部隊補給業務之綜合。	移交陸供部補給處	上校後勤參謀溫宗培
一、辦理船艇修護保養業務。 二、修船業務之綜合事項。 三、協助船砲使用狀況之檢查及修護、保養業務上技術之鑑定與監修。 四、有關船砲修護年度工作計畫之擬訂與施政計畫及進度紀錄之情報。 五、協助修船主官參謀之技術部份。 六、修船業務之預算管制。	移交運輸署	少校參謀胡振南 上尉海軍參謀羅良
一、承辦反共救國軍全般預財業務。	移交主計署	
一、有關裝備武器車輛之申請、調配與有關單位協調聯繫。 二、對鹵獲裝備、武器之鑑定與處理。	移交兵工署	中校一般補給官杜匯東
一、運輸計畫之策定。 二、有關艦艇運輸交通業務之處理	移交交通署	少校運輸參謀官韓輝光

備考：上列人員均隨業務轉移人員處理辦法，詳附記二。

附記

一、科長以上人員在業務移交過程中，仍負責業務之指導建議及備諮詢。

二、各隨同業務轉移人員，由接收單位儘量設法補實，不能補實時，待業務交接妥善以後，再報由本部（副官處）處理。

三、本部及反共救國軍，有關未了案件（含期限管制及非管制案件），均移轉適當單位接辦，並通知總辦公室登記。

四、本部反共救國軍，承辦以總司令名義發文（收文）稿件，有保存價值之檔案可登記後，逕送總辦公室歸檔，如無保存價值及超過保存年限者，自行辦理銷燬。

五、本部反共救國軍指揮部，單位文（含本部各單位發給該部文件亦為單位文）與整個業務有關者，隨同業務移轉交新接辦署處接收外，其餘可自行辦理銷燬。

● 陸軍反共救國軍指揮部特種作戰指揮部協調事項紀錄（民國52年）

一、協調目的

為協調反共救國軍，對實施海上滲透登陸敵後，有關人員選拔編組訓練運用，及行政支援諸問題。

二、協調事項

（一）人員選拔

1. 由反共救國軍步兵突擊第一、二、三、四、五、六，六個大隊，各選拔官兵40員，合計240員編成立之（訓練時加二分之一編成，以備汰弱留強及必要時之補充）。
2. 省籍：以浙江、福建、江蘇地區人員為主，不足時其他省籍人員均可。
3. 人員素質：以遂行戰鬥任務為主，程度不拘。
4. 為不影響反共救國軍之兵員及戰力，對派出之人員請上級適時予以補充。

（二）部隊編組

1. 所選拔之人員實施任務編組，集訓期間單獨實施管理。
2. 人員編組及所需裝備資料，請上級頒發。

（三）部隊訓練

1. 所經選拔人員之訓練，於東引地區實施訓練，在此地不能訓練之課目，派遣必要幹部前往台灣各有關基地實施訓練。
2. 訓練時在反共救國軍不能擔任之特種課目教官，請上級派遣支援。
3. 所需特種教材請上級供給。

4. 所需訓練場地設施，教育器材及經費等，按上級頒發之訓練計劃提出申請。
5. 應予足夠之訓練準備時間。

（四）運用

1. 將來以使用於福建三都沃以北至浙江境內為原則。
2. 已經訓練合格之人員仍在原部隊，爾後執行任務依命令及計劃派遣之。

（五）行政支援

1. 海上運輸工具：由本部海上大隊之船艇擔任，請撥發經費整修改裝。
2. 救國軍缺乏之裝備由上級補充。
3. 上項所需經費候接奉國防部之命令後，再行編列預算呈報。
4. 行政支援之細節候上級決定後另行提出申請。

● 總統蒞臨澎湖列島巡視政治軍事建設（民國55年10月16日）

《中央日報》民國55年10月18日

總統蒞臨澎湖列島　巡視政治軍事建設

並曾乘艦至七美島巡視　居民扶老攜幼歡呼致敬

中央社台北十七日電

蔣總統於近日曾巡視澎湖列島的政治建設、軍事建設和新社區發展的情形。

總統並曾於十六日上午乘艦蒞臨距離馬公二十七海里的七美島巡視。

當七美島五千多居民，看到總統蒞臨的時候，都喜出望外，紛紛燃放鞭炮，扶老攜幼，鼓掌歡呼。總統也慈祥親切的詢問他們每一個人的生活情形，和地方的農產量與漁獲量。總統看到大家都生活安定，身心健康，感覺非常愉快，一直在向他們連聲的說「好」！「好」！「好」！又和大家一次一次的共同攝影。總統每走到一個地方，就立刻揚起了一片歡欣鼓舞的掌聲、鞭炮聲和歡呼聲，大家真是比逢年過節還要快樂興奮，因為這是七美島多年以來的第一件大事。

總統隨後在七美鄉公所，聽取了七十六歲的老鄉長張輾，對鄉村建設的報告，接著又見了七美國民學校的校長和教師們，嘉慰他們對於社會文教的貢獻。

總統也曾遊覽了島上的古蹟七美人塚。相傳在明朝嘉靖年間，倭寇曾侵擾七美，島上有七位美人為著怕遭受倭寇蹂躪，所以投井全貞，塚上有長春花樹七株，常年不謝，充份顯示了我們民族氣節和倫理文化的光輝，而這也就是七美島得名的由來。當總統揮手將別的時候，民眾們向總統呈獻了當地的名產七美草，以恭祝總統嵩壽。總統已於十七日返回台北。

● 反共救國軍指揮官張兆驄具申反共救國軍整編意見（民國 59 年 1 月 26 日）

反共救國軍整編意見具申

整編方針：

精簡機構，合理編制，充實基層，增加戰力，使本軍能成為一名符其實反共救國軍。

一、裁減烏指部，以本軍支隊部接替－本軍有兩個支隊部，其一擔任澎湖基地整訓，另一可任烏坵守備區指揮。

二、平衡指揮部編組－一般參謀上校階科改為處，政戰參謀中校階科改為上校階組，使與一般軍編組同，員額無問題。
三、成立後勤指揮部，以應獨立作戰之需－本軍組織雖為軍型態，但仍需負後勤補給責任，故宜設後勤指揮部，以統一事權，有效發揮後勤能力。
四、步兵突擊大隊官長可裁減大隊附及分隊附等員額，士官可減少，增列士兵員額，以充實基層。
五、海上突擊大隊，依艇隊現況及將來換裝，可縮減為一中隊，下設五個艇隊。
六、依實際需要，宜增列一個砲兵中隊（目前有砲無人），及混合補給與保養單位。

指揮官陸軍中將張兆驄呈

● 陸軍總司令部賫呈反共救國軍整建案組織系統表擬案（民國59年1月27日）

（呈）（59）湖國字第○六七○號
受文者：國防部
分行單位：
正本：國防部
副本：政戰部　人事署　作戰署（二、四組）
　　　運輸署　馬防部　三九一三部隊
主旨：賫呈反共救國軍整建案組織系統表擬案二份如附件，恭請鑒核。
說明：
一、適應反共救國軍之任務需要，配合人員裝備，尤其舟艇現況，為使該部人員補充與裝備補給保養納入常軌，而利爾後輪調起見，基於精簡指揮機構充實基層實力之原則，謹研擬該部整建擬案要點如左：

（一）參照軍、師司令幕僚組織改進擬案，依據外島地區特性，精簡幕僚編組，將原參一－三科改稱為處，裁撤參四科，增編後勤支援指揮部，統一負責參四幕僚及後勤支援之作業。

（二）海上大隊改編為海上中隊。

（三）砲兵大隊，將原兩個七五山砲中隊改為三個一〇五榴砲中隊，四二迫擊砲及高砲中隊，仍予保留，員額酌予調整。

（四）步兵突擊大隊，組織型態及員額與輕裝步兵營同。

（五）編階配當：

1. 後指部指揮官上校（由原第四科科長編階轉用）、副指揮官及各組組長均為中校。
2. 經理補給庫庫長少校。
3. 海上中隊隊長中校。
4. 步兵突擊大隊及所屬中隊正副主官仍維持現行編階。
5. 其餘單位正副主官（管），均以不超過現行編階為原則，官士編額比例降低或暫採兩階制。
6. 本擬案共計員額五、二二六員，較整建計畫預定五、五〇〇員，計節約二七四員，由本部統一運用，支援航空部隊之整建。

二、有關該部爾後輪調辦法另案呈核。

陸軍總司令陸軍二級上將于豪章

● 陸軍計劃參謀次長室第四處呈簽陸軍反共救國軍整建擬案（民國 59 年 2 月 25 日）

主旨：陸軍反共救國軍整建擬案簽請核示

說明：

一、本案緣起：對反共救國軍，總統曾於五八年兩次指示：「反共救國軍應陸續裁撤。」

二、奉總長對反共救國軍整建之指示：

（一）反共救國軍番號應予保留。

（二）兵員補充照常規辦理。

（三）原有士官士兵儘量編併，充員士兵應編入戰鬥單位，原有幹部能用者仍應予留用。

（四）現有編制需另行檢討修訂，海上大隊有無存在必要應予研究。

本室遵照總長指示五八年十二月六日茂純室 2362 號函陸總提出具體方案。（如附案）。

三、審查意見如附表一、二。

擬辦：

擬如附表一擬辦欄所擬辦理。當否？恭請核示。

提作戰會報報告。

元〔高魁元〕

3.2

附表一　反共救國軍整建案擬辦表

陸總擬案及反共救國軍張指揮官建議	審查意見	擬辦
一、比照軍部型態辦理	該軍員額僅 5,226 人，概與一輕裝步兵師同，似不適於比照軍部之編組型態，為求能符合總統指示之原意，及貫澈國軍整建案與幕僚改進案之精神，宜參考輕裝步兵師之編組型態修正。	擬修訂為輕裝步兵師之型態
二、將原第一科－三科改稱為處	將科改為處，體制擴大，有違幕僚組織改進案之精神，且與政戰幕僚組織不一致（政戰幕僚組織為科，科長編階中校），似應仍恢復為科，並修訂科長編階為中校（原為上校）。	擬仍維持為「科」之名稱，並修訂科長為中校。
三、裁撤第四科，增編後指部，下轄行政、保養補給、勤務設施及港管等四組，指揮官上校，副指揮官及各組長均為中校。	該軍之後勤業務已由第四科承辦，其勤務支援部隊僅約三個中隊，編一支援大隊即可達成其後勤支援任務，工兵及通信中隊係屬戰鬥支援部隊，似仍由指揮部直轄為宜。	擬： 一、保留第四科，科長為中校。 二、偏設支援大隊，下轄本部中隊、補給勤務中隊、保養中隊、野戰醫院、修船所等五個單位，大隊長中校，中隊長少校。 三、工兵及通信中隊，仍由指揮部直轄。
四、海上大隊改編為海上中隊，隊長中校。	同意陸總擬案。	擬照陸總擬案辦。
五、砲兵大隊將原 75 山砲中隊兩個，改為 105 榴砲中隊三個，42 迫砲及高砲中隊仍予保留，大隊長維持現編階上校。	同意陸總擬案，惟大隊長之編階應修訂為中校，以與一般砲兵營同。	擬同意陸總擬案之編組，而將大隊長修訂為中校。
六、步兵大隊組織型態及員額與輕裝步兵營概同，大隊長仍維持現編階上校。	同意陸總編組擬案，但其大隊長應修訂為中校，以與現行之步兵營一致為宜。	擬將大隊長修訂為中校，餘照陸總擬案辦。
七、其餘單位正副主官（管）均不超過現行編階為原則，官士編階比例降低，或暫採兩階制。	同意陸總擬案。	擬照陸總擬案辦。
八、本擬案總員額 5,226 員，較現行編制裁減 607 員。	同意陸總所擬案。	擬照陸總擬案辦。
九、裁減烏坵指揮部，以反共救國軍之一個支隊部接替（反共救國軍指揮官張兆聰中將之整編建議）。	同意其建議，並可將原兼任該地區指揮官之少將副指揮官一員，予以裁減。	擬同意其建議，並將該軍原編之少將副指揮官二員，修訂為一員

附註：本部擬案與陸總擬案相較，計減少將官 1、上校 11、中校 10、少校 13，增加上尉 35。

◎ 總長對反共救國軍整建案裁示事項（民國 59 年 3 月 12 日）

一、採軍型態編組不贊同。

二、改輕裝師型態編組亦不贊同。

三、以現員能達成任務為著眼，將聯五意見交陸總再研究。

四、組織不宜龐大，官階不宜提高。

五、指揮官中將，可視同一獨立師辦。

六、船破人老，海上大隊可研究縮小，可用人員編入其他單位。

七、部隊不宜頭大尾小。

◎ 附錄：送第四處交辦案件分辦通知單（民國 59 年 3 月 14 日）

（交辦案件分辦通知單）

來源：作戰會報總長指示

日期：59 年 3 月 12 日

來文字號或會談（報）次數：第八次

承辦單位：主辦：聯五

　　　　　會辦：聯三

交辦事項：

一、聯五所報：「反共救國軍整編」一案，陸總建議比照現行軍部組成，而本部則擬參照輕裝師予以編組。如以指揮官係現階中將，即照軍部編制，顯屬錯誤；如以其部隊人數與輕裝師概略相等，則照輕裝師組成，亦屬不盡合理，故對兩案余均不表同意。查反共救國軍乃擔任東引、烏邱地區獨立防衛任務者，其編制大小應以能達成任務為主，在國軍既定精簡政策下，部隊既不能擴大，編階亦不能提高，尤其海上大隊，更應參酌目前突擊舟艇缺乏之實際情形，予以縮編。希陸總重行研擬具報。

● 陸軍總司令部賚呈反共救國軍整建案組織系統修正擬案（民國 59 年 4 月 3 日）

（呈）

受文者：國防部

行文單位：正本：國防部

副本：發本部政戰部　人事署

作戰署（二、四組）　運輸署

馬防部　三九一三部隊

主旨：賚呈反共救國軍整建案組織系統修正擬案二份如附件，恭請鑒核。

說明：一、本案係遵照參謀總長三月十二日指示原則而研究修訂。

二、有關該部編組及人員編階，均經檢討儘量緊縮降低，惟參一－四科科長、各大隊長及支隊長編階，適應外島任務特性，並為顧及該部幹部士氣，而利輪調起見，擬請仍維原編階。

陸軍總司令陸軍二級上將于豪章

附表一 反共救國軍組織系統表

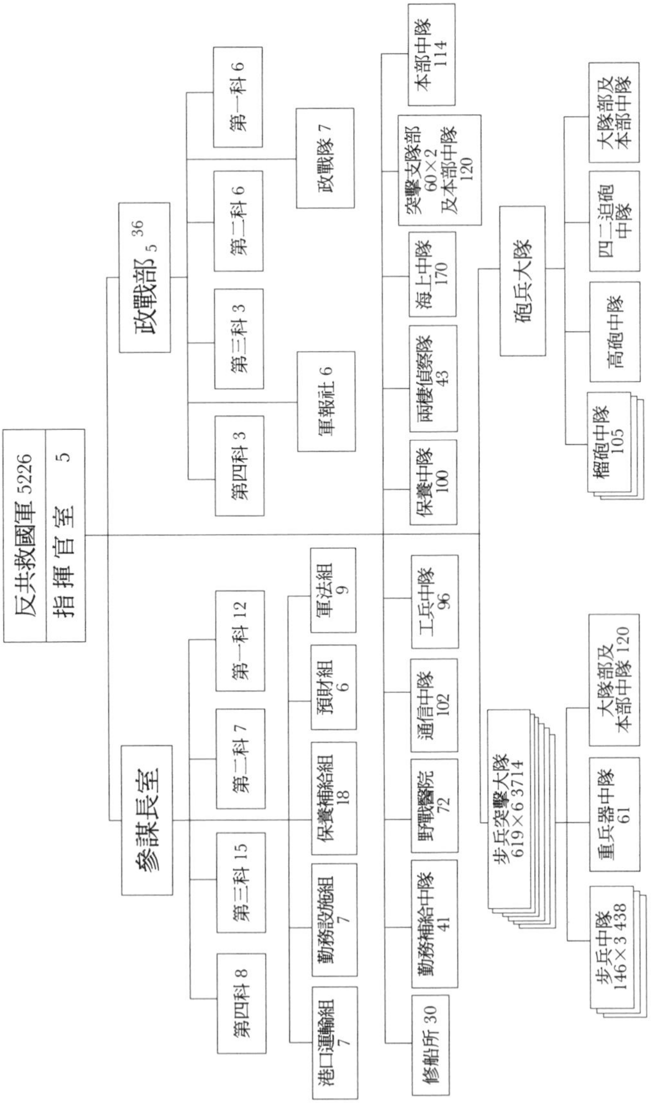

附表二　陸軍及反共救國軍員額統計比較表

〔原件影像檔下半部毀損〕

區分／階級		整建前		整建後	
		實有員額	核定員額	實有員額	核定員額
官	將官	7	7	6	6
	上校	20	20	6	6
	中校	44	44	32	32
	少校	142	142	143	139
	上尉	301	283	272	253
	中尉	429	375	197	176
	少尉	345	342	10	10
	准尉	193	193	2	2
	小計	1,481	1,406	668	624
士	士官長	101	92	104	104
	上士	1,081	1,069	569	522
	中士	1,112	1,091	590	521
	下士	1,475	1,337	534	478
	小計	3,769	3,589	1,797	1,625
兵	一等兵	1,614	801	2,208	1,822
	二等兵			1,799	1,135
	小計	1,614	801	4,007	2,977
合計		6,864	5,796	6,472	5,226

● 國防部核復陸軍總部反共救國軍編裝表（民國 59 年 6 月 4 日）

（令）（59）幄左字第 1079 號

行文單位：陸軍總部

主旨：核復陸軍反共救國軍編裝表希遵照。

說明：

一、步兵突擊支隊部之政戰處，應依照本部五八年十一月六日茂純字 2157 號令頒政戰幕僚組織改進案之規定編設。

二、步兵突擊大隊部及砲兵大隊部之上尉政戰官，應按規定編設一員。

三、餘准照所呈編裝表辦理。

參謀總長陸軍一級上將高魁元

三、各地整編情形—浙江

● 大陳防衛司令部呈報江浙反共救國軍臨時指揮部遵編完成（民國 44 年 2 月 22 日）

（呈）（旺弘字第 167 號）

駐地：台北

受文者：代參謀總長彭上將

一、二月廿一日（44）純紋字第 0192 號令奉悉。

二、江浙反共救國軍臨時指揮部遵編成如附表，並指定姜漢卿高參、蕭圭田參議為正、副主任，負責辦理返台江浙反共救國軍之一切事宜。謹將工作計劃摘要分呈於左：

（一）臨時指揮所主要任務：

1. 清理人事、經理、裝備等行政諸事項。
2. 裁併單位官長、擇優士兵全部（除老弱）併入各戰鬥單位，充實戰力，以利爾後訓練與作戰。

（二）實施辦法：

1. 江浙總部本部中隊、警衛中隊、工兵中隊及漁山、披山地區司令部、各本部中隊，本第（一）項之 2 原則，編併各突擊大隊。
2. 地區司令部及各發展部隊撤銷，士兵編入各突擊大隊，官長編成反共救國軍軍官隊。
該項軍官隊，請准編入軍官戰鬥團，再裁退老弱。
3. 部隊整編完成後，除留曾受訓官長及士兵，請由陸軍總部指派單位負責訓練外，其餘幹部，擬准帶職入各兵科學校受短期訓練。

4. 反共救國軍臨時指揮部於部隊整編完成後，在情況上確無需要時，再予撤銷。

5. 救國軍各部隊，懇予指定地點集中，以利整訓。

三、第二項業經回報陸軍副總司令李振清中將，並經簽署同意。

四、副本呈陸軍總部。

司令官陸軍中將劉廉一

附件　江浙反共救國軍臨時指揮部兼職人員名冊

調兼職務	姓名	原屬單位	級職
指揮部主任	姜漢卿	大陳防衛司令部	少將高參
指揮部副主任	蕭圭田	江浙反共救國軍	四級參議
政治室主任	張九如	江浙反共救國軍	六級附員
政治室科員	諸恆成	江浙反共救國軍	八級附員
	陳　銳	江浙反共救國軍	六級附員
	郭耀榮	江浙反共救國軍警衛中隊	九級幹事
	陳若源	江浙反共救國軍	七級附員
第一組組長	鄧　光	大陳防衛部第一處	中校副處長
第一組組員	李如彬	江浙反共救國軍	五級附員
	謝羣新	江浙反共救國軍	六級附員
	陳召雄	大陳防衛部	上尉參謀
	項　松	江浙反共救國軍	八級附員
	韋先哲	大陳防衛部	上尉參謀
	林邦駿	海上突擊總隊	十級文書員
	荊壽彭	江浙反共救國軍	八級附員
	范以任	突擊第五大隊	十一級軍需士
	馬普狗	軍醫院	十二級隊員
	周長玉	大陳防衛部	上尉文書
第二組組長	林　競	獨十四縱隊	五級參謀長
第二組組員	孫傳德	獨四十六縱隊	七級作戰軍官
第三組組長	王　樞	獨九縱隊	五級參謀長
第三組組員	鄭廈周	江浙反共救國軍	六級附員
	陶炎順	第九縱隊	七級作戰軍官
	陳　勛	獨廿七縱隊	十級工作員
	康梓華	大陳防衛部	上尉參謀
第四組組長	余　抒	大陳防衛部	中校參謀
第四組組員	歐陽倬	江浙反共救國軍	五級附員
	王世璦	軍官中隊	中尉副組長
	黃景岳	大陳防衛部	少校參謀
	徐慶光	大陳防衛部	上尉參謀
	徐建新	大陳防衛部	中尉軍需
	王謙文	大陳防衛部	上尉軍需
	孫　偉	大陳防衛部	同上尉醫官
	李永寧	獨四六縱隊	九級工作員
總務組組長	王開圭	大陳防衛部	少校軍需
總務組組員	劉文龍	江浙反共救國軍	八級附員
	李仰鈞	軍官中隊	中尉隊員
	顏　芳	江浙反共救國軍	八級附員
	董若望	江浙反共救國軍	八級附員
	鄭兆德	江浙反共救國軍	八級附員

● 國防部令復江浙反共救國軍臨時指揮部編成准備查（民國44年3月5日）

（令）（44）純紋字第238號

受文者：大陳防衛部司令官劉中將

事由：江浙反共救國軍臨時指揮部已編成准備查由

一、四十四年二月廿二日旺弘字167號呈悉。

二、奉部長核定如左：

1. 江浙反共救國軍臨時指揮部已於二日廿二日組成（編組名冊如附件），准予備查。
2. 該臨時指揮部之主要任務為人事、經理、裝備之清理及部隊之整理等行政事宜，並承陸軍總司令之命實施之。
3. 江浙反共救國軍各單位之整理辦法俟另專案核示。

三、特復知照。

四、本件副本抄送部長辦公室、總長辦公室、總政治部、聯合作戰指揮室，第一、二、三、四、五（一、二、五組）廳，通信指揮部、預算局及陸軍、聯勤兩總部。

兼代參謀總長陸軍上將衔彭孟緝

編組名冊抄送第一廳、預算局及陸軍總部。

● 陸軍總司令部令發江浙反共救國軍臨時指揮部反共救國軍各級部隊編制表及整編實施計畫希遵照具報（民國 44 年 3 月 31 日）

（令）（44）洪充字第 280 號

駐地：台北

事由：為附發反共救國軍各級部隊編制表及整編實施計畫希遵照具報由

受文者：江浙反共救國軍臨時指揮部

抄送副本單位：副本呈國防部

附件：整編實施計劃一全份

一、參謀總長三月十九日（44）純紋字第二七五號令副本計達。

二、茲附發反共救國軍各級部隊編制表（已交夏總隊長具領）及整編實施計劃如附件（一），希即遵照實施具報。

三、江浙反共救國軍之整編，由澎湖防衛部司令官劉中將就近督導實施。

四、本件副本及附件抄呈國防部，並抄送澎湖防衛部劉司令官及本部政治部，第一、二、三、四、五署，砲、工、通、經理、兵工、運輸、預財、軍醫、軍法、副官、總務各處。

總司令陸軍二級上將黃杰

附件一　江浙反共救國軍整編實施計劃

一、立案準據

一、本計劃係遵照國防部（44）純紋字第 243、275 號兩令之規定所策定。

二、實施要領

二、江浙反共救國軍全部及前大陸工作處、江浙通信支台現有人員裝備採用國防部訂頒之編制表，合併整編為反共救國軍第一總隊。

三、部隊於集結澎湖後即開始整編，並於四十四年四月十日前整編完成。

四、部隊整編由夏季屏少將負責，並由澎湖防衛部司令官劉中將負責就近督導實施。

五、整編實施時應注意之事項如下：

（一）部隊編成各突擊大隊賦予一－五大隊之番號，各大隊之步兵中隊賦予一－三中隊之番號，使各大隊編成時在組織上稍賦彈性，其海上突擊支隊，所屬突擊艇隊之番號，賦予比照步兵中隊辦理。

（二）關於人事處理，依照國防部之規定分別辦理報核。

（三）部隊整編前後之經費劃分及後勤補給事項，遵照國防部之規定辦理。

六、部隊整編完成一週內，應即呈報下述資料：

（一）部隊編成報告表（其格式如附件二）五份〔編註：缺〕

（二）官長編配各冊分將校尉級、正副主官、一般校級人員，各造冊五份（格式如附件三），政工人員另造。

（三）士兵編成名冊（按箕斗冊格式）二份。

（四）官長定現員分階分科統計表（格式自訂）一份。

（五）武器車輛、觀材、防毒器材程式數量統計表（格式如月報表）二份。

（六）攜行彈藥報告表（格式同月報表）二份。

（七）通信器材數量統計表參份（季月報表）。

（八）工兵器材及船艇數量統計表二份（分列表格自訂）。

（九）服裝現有數量報告表（如附件四）一份。

三、附則

七、部隊整編完成即開始訓練，關於訓練計劃及訓練上之設施，另案辦理。

八、部隊編成後，由劉司令官負責點驗，本部得派小組參加工作。

九、本計劃如有未盡事宜，以命令補充之。

本計劃於頒佈之日實施，並呈報國防部核備。

附件三　將校尉級編配名冊

（全銜）將校尉級編配名冊

單位區分	編制				原屬單位及級職	本人		專長令文號	姓名（軍籍號碼）	籍貫	出生年月日	出身	略歷	人令文號	審核意見	批示
	科別	階級	專長	職稱		科別	專長									

附件四　現有數量報告表

（全銜）（　　　　　　　）現有數量報告表

中華民國　　年　　月　　日　　　　第　　頁

庫存號碼	項次	品名	單位	配賦數量	現有數量				待補數量	待繳數量	備註		
					新品	堪用	待修	合計			領用來源	年	月

主官　　　　主管官　　　　承辦人

附記：

一、本表長短由各單位根據實際需要自由紳編。

二、按個人裝備、團體裝備及美援，個人裝備分類填報。

三、配賦數欄按編制應需數填報。

● 陸軍總司令部令復江浙反共救國軍臨時指揮部改編為反共救國軍第一總隊部准予備查（民國44年4月15日）

（令）（44）洪充字第317號
駐地：台北
受文者：江浙反共救國軍第一總隊部
抄送副本單位：副本呈國防部
事由：為江浙反共救國軍臨時指揮部改編反共救國軍第一總隊部准予備查由
一、三月三十一日（44）宗鼎字第015號呈悉。
二、原江浙反共救國軍臨時指揮部，改編為反共救國軍第一總隊部，並於三月三十日在澎湖漁翁島正式成立進行整編事宜一節，准予備查。
三、本件副本抄呈國防部，並抄送本部政治部，第一、二、三、四、五署，運輸、經理、兵工、軍醫、軍法、預財、砲兵、通信、工兵、副官各處，及澎防部。

總司令陸軍二級上將黃杰

● 國防部令復反共救國軍改編後原有各番號一律撤銷（民國44年4月16日）

（令）（44）純紋字第75號
事由：令復江浙反共救國軍改編後原有各番號一律撤銷由
受文者：反共救國軍第一總隊代總隊長夏少將
一、四十四年四月四日宗鼎字第020號呈悉。
二、所請撤銷漁山、披山、南麂等三個地區司令部，及各發展縱

（支）隊司令部番號以利整編一節，奉部長核定所有江浙反共救國軍各部隊番號自改編後，一律撤銷。

三、希遵照實施整編具報。

四、本件副本抄送部長辦公室、總長辦公室、總政治部、第一廳、第三廳、預算局、陸軍總部。

兼代參謀總長陸軍上將銜彭孟緝

◎ 國防部第五廳擬令飭江浙反共救國軍改編後原有各番號一律撤銷案原簽（民國 44 年 4 月 14 日）

（令）

一、反共救國軍第一總隊夏代總隊長四月四日呈，請儘先撤銷漁山、披山、南麂等地區司令部及各發展縱隊（支）隊司令部，以利整編。

二、查上述地區及縱（支）隊司令部，均屬江浙反共救國軍組織系統，部頒反共救國軍整編計劃第五條已說明：「所有反共救國軍改編為兩個總隊，以江浙反共救國軍編為第一總隊」，該地區及縱隊司令部，自應包括整編之列。

三、擬飭遵照實施整編具報，所請毋庸議。

當否？附稿乞示。

（一）再明確指復改編後所有江浙救國軍原有各部隊之番號一律撤銷，以利其執行。

（二）重簽稿併呈。

第五廳第一組組長劉雲灝

四、十四

● 陸軍總司令部檢呈反共救國軍第一總隊編成報告表（民國 44 年 5 月 5 日）

（呈）（44）洪充字第 370 號

駐地：台北

事由：為檢呈反共救國軍第一總隊編成報告表

受文者：參謀總長

附件：編成報告表乙份

一、謹檢呈反共救國軍第一總隊編成報告表一份。

二、恭請核示。

三、本件副本及附件抄送本部政治部、第一、三、四署，預財處、副官處。

總司令陸軍二級上將黃杰

反共救國軍第一總隊本部中隊編成報告表

番　　號：反共救國軍第一總隊本部中隊

主官姓名：吳錫麟

駐　　地：澎湖漁翁島

成立日期：民國四十四年四月十日

區分		編制單位		
		中隊部	勤務分隊	補給分隊
編制數	官	5	1	11
	士兵	4	26	37
	小計	9	27	48
編成單位		前海上突擊總隊 警衛中隊	警衛中隊 及本隊士兵	前四十六縱隊 海上突擊總隊 十四縱隊 大陳防衛部軍官隊 警衛中隊及本部官兵
現有數	官	4	1	11
	士兵	4	26	37
	小計	8	27	48

區分		編制單位	
		警衛分隊	運輸分隊
編制數	官	1	2
	士兵	39	28
	小計	40	30
編成單位		前警衛中隊	
現有數	官	1	2
	士兵	39	28
	小計	40	30

反共救國軍第一總隊工兵中隊編成報告表

番　　號：反共救國軍第一總隊工兵中隊

主官姓名：丘德新

駐　　地：澎湖漁翁島

成立日期：民國四十四年四月十日

<table>
<tr><td colspan="2" rowspan="2">區分</td><td colspan="4">編制單位</td></tr>
<tr><td>中隊部</td><td>第一分隊</td><td>第二分隊</td><td>第三分隊</td></tr>
<tr><td rowspan="3">編制數</td><td>官</td><td>5</td><td>1</td><td>1</td><td>1</td></tr>
<tr><td>士兵</td><td>13</td><td>29</td><td>29</td><td>29</td></tr>
<tr><td>小計</td><td>18</td><td>30</td><td>30</td><td>30</td></tr>
<tr><td colspan="2">編成單位</td><td>七縱隊
原本隊官兵</td><td>原本隊官兵</td><td>原本隊官兵</td><td>原本隊官兵</td></tr>
<tr><td rowspan="3">現有數</td><td>官</td><td>5</td><td>1</td><td>1</td><td>1</td></tr>
<tr><td>士兵</td><td>13</td><td>29</td><td>29</td><td>29</td></tr>
<tr><td>小計</td><td>18</td><td>30</td><td>30</td><td>30</td></tr>
</table>

反共救國軍第一總隊通信中隊編成報告表

番　　號：反共救國軍第一總隊通信中隊

主官姓名：鄔錫瑛

駐　　地：澎湖漁翁島

成立日期：民國四十四年四月十日

區分		編制單位		
		中隊部	器材補給保養組	文電中心組工作分隊
編制數	官	5	2	8
	士兵	10	7	26
	小計	15	9	34
編成單位		披山地區司令部 江浙支台砲兵大隊 漁山地區司令部	江浙支台砲兵大隊 披山地區司令部	江浙支台 披山地區司令部 漁山地區司令部 獨立第九縱隊 南麂司令部
現有數	官	5	2	8
	士兵	3	5	25
	小計	12	3	33

區分		編制單位		
		前線電分隊		無線電分隊
編制數	官	1		31
	士兵	26		32
	小計	27		63
編成單位		大陳防守部直屬中隊	砲兵大隊 南麂司令部 披山司令部 江浙支台	江浙支台 第五大隊
現有數	官	1		24
	士兵	25		14
	小計	26		38

反共救國軍第一總隊偵察中隊編成報告表

番　　號：反共救國軍第一總隊偵察中隊

主官姓名：梁星原

駐　　地：澎湖漁翁島

成立日期：民國四十四年四月十日

區分		編制單位			
		中隊部	諜報分隊	偵察第一分隊	偵察第二分隊
編制數	官	6	8	14	14
	士兵	15	29	23	23
	小計	21	37	37	37
編成單位		前特種工作大隊軍官隊	前特種工作大隊漁山司令部	前特種工作大隊官兵	前特種工作大隊無線電隊
現有數	官	5	6	9	8
	士兵	14	29	22	22
	小計	19	35	31	30

反共救國軍第一總隊野戰醫院編成報告表

番　　號：反共救國軍第一總隊野戰醫院

主官姓名：

駐　　地：澎湖漁翁島

成立日期：民國四十四年四月十日

區分		編制單位
		野戰醫院
編制數	官	18
	士兵	52
	小計	70
編成單位		軍醫院 披山、南麂、漁山司令部 砲兵大隊 後補工兵隊
現有數	官	12
	士兵	35
	小計	43

反共救國軍第一總隊修船所編成報告表

番　　號：反共救國軍第一總隊修船所

主官姓名：袁建農

駐　　地：澎湖漁翁島

成立日期：民國四十四年四月十日

區分		編制單位
		修船所
編制數	官	13
	士兵	63
	小計	76
編成單位		原修船所編成
現有數	官	9
	士兵	62
	小計	71

反共救國軍第一總隊軍官隊編成報告表

番　　號：反共救國軍第一總隊軍官隊

主官姓名：陳兆良

駐　　地：澎湖漁翁島

成立日期：民國四十四年四月十日

區分		編制單位		
		隊部	第一分隊	第二分隊
編制數	官	8	66	66
	士兵	20	1	1
	小計	28	67	67
編成單位		披山、漁山地區海上突擊總隊五十三縱隊	披山、漁山、南麂各大隊獨立縱隊編成	披山、漁山、南麂各大隊獨立縱隊編成
現有數	官	7	84	83
	士兵	20	1	1
	小計	27	85	84

區分		編制單位	
		第三分隊	第四分隊
編制數	官	66	
	士兵	1	66
	小計	67	
編成單位		披山、漁山、南麂各大隊獨立縱隊編成	披山、漁山、南麂各大隊獨立縱隊編成
現有數	官	84	82
	士兵	1	1
	小計	85	83

反共救國軍第一總隊海上突擊支隊編成報告表

番　　號：反共救國軍第一總隊海上突擊支隊

主官姓名：丁祖培

駐　　地：澎湖漁翁島

成立日期：民國四十四年四月十日

區分		編制單位		
		支隊部	本部中隊	第一艇隊
編制數	官	35	39	52
	士兵	17	123	153
	小計	52	162	205
編成單位		原海上總隊 披山、漁山、南麂地區江浙支台	原海上突擊隊 特種工作大隊 江浙支台	海上突擊總隊 青雲、長江艇 運輸艇隊 漁山地區江浙支台
現有數	官	34	28	51
	士兵	15	88	152
	小計	49	116	203

區分		編制單位		
		第二艇隊	第三艇隊	第四艇隊
編制數	官	56	44	59
	士兵	153	125	146
	小計	209	169	205
編成單位		本部原有官兵一、三、四艇隊 五艇隊 運輸艇隊 二、四大隊 修船所	前四、三、五艇隊總隊部江浙支台	前三、運輸艇隊 獨二十八縱隊 突三大隊
現有數	官	54	43	57
	士兵	135	123	135
	小計	189	166	192

反共救國軍第一總隊突擊第一大隊編成報告表

番　　號：反共救國軍第一總隊突擊第一大隊

主官姓名：程霖

駐　　地：澎湖漁翁島

成立日期：民國四十四年四月十日

區分		編制單位		
		大隊部	本部隊	步兵第一中隊
編制數	官	21	23	9
	士兵	10	142	156
	小計	31	165	165
編成單位		原本部二中隊	本大隊部本部一中隊、三中隊、四中隊披山地區砲兵大隊	本部一中隊、四中隊砲兵大隊
現有數	官	18	16	8
	士兵	8	131	156
	小計	26	147	164

區分		編制單位		
		步兵第二中隊	步兵第三中隊	重兵器中隊
編制數	官	9	9	8
	士兵	156	156	133
	小計	165	165	141
編成單位		本部二中隊、三中隊 直屬隊大隊部	砲兵大隊 本部一中隊、四中隊、二中隊、直屬隊	砲兵大隊 本部直屬隊、一中隊、二中隊、三中隊、四中隊
現有數	官	8	8	3
	士兵	154	152	132
	小計	162	160	139

反共救國軍第一總隊突擊第二大隊編成報告表

番　　號：反共救國軍第一總隊突擊第二大隊

主官姓名：楊錦玉

駐　　地：澎湖漁翁島

成立日期：民國四十四年四月十日

區分		編制單位		
		大隊部	本部中隊	第一中隊
編制數	官	21	23	9
	士兵	10	142	156
	小計	31	165	165
編成單位		大隊部官兵 砲兵大隊 南麂地區司令部	大隊直屬隊及砲兵大隊 江浙支台漁山地區	一中隊官兵 南麂地區本部 直屬隊三中隊
現有數	官	19	18	9
	士兵	10	125	103
	小計	29	143	116

區分		編制單位		
		第二中隊	第三中隊	重兵器中隊
編制數	官	9	9	8
	士兵	156	156	133
	小計	165	165	141
編成單位		本部二中隊官兵 南麂地區本部直 屬三中隊	本部大隊部 南麂地區本部中隊 特勤大隊無線電話隊	前砲兵大隊本 部三中隊官兵 直屬中隊
現有數	官	8	9	6
	士兵	125	143	106
	小計	133	152	112

反共救國軍第一總隊突擊第三大隊編成報告表

番　　號：反共救國軍第一總隊突擊第三大隊

主官姓名：王樞

駐　　地：澎湖漁翁島

成立日期：民國四十四年四月十日

區分		編制單位		
		大隊部	本部中隊	第一中隊
編制數	官	21	23	9
	士兵	10	142	156
	小計	31	165	165
編成單位		砲兵大隊 大隊部原有官兵	披山地區部 漁山地區部 砲兵大隊原直屬隊	前披山地區部 砲兵大隊 原第二隊官兵
現有數	官	20	18	8
	士兵	10	105	114
	小計	30	123	122

區分		編制單位		
		第二中隊	第三中隊	重兵器中隊
編制數	官	9	9	8
	士兵	156	156	133
	小計	165	165	141
編成單位		前披山地區部 砲兵大隊 原第二隊官兵	前披山地區 原第三大隊官兵	前披山地區本部連 砲兵大隊 本部第一隊官兵
現有數	官	8	7	7
	士兵	114	104	106
	小計	122	111	113

反共救國軍第一總隊突擊第四大隊編成報告表

番　　號：反共救國軍第一總隊突擊第四大隊

主官姓名：吳志剛

駐　　地：澎湖漁翁島

成立日期：民國四十四年四月十日

區分		編制單位		
		大隊部	本部隊	步兵第一中隊
編制數	官	21	23	9
	士兵	10	142	156
	小計	31	165	165
編成單位		本部原有官兵 南麂地區司令部 砲兵大隊	本部原有官兵 南麂地區砲兵大隊	本隊原有官兵 南麂地區
現有數	官	20	18	8
	士兵	8	125	122
	小計	28	143	130

區分		編制單位		
		步兵第二中隊	步兵第三中隊	重兵器中隊
編制數	官	9	9	8
	士兵	156	156	133
	小計	165	165	141
編成單位		本隊原有官兵及 砲兵大隊	本隊原有官兵 南麂地區砲兵大隊	砲兵大隊
現有數	官	6	9	7
	士兵	113	112	130
	小計	119	121	137

反共救國軍第一總隊突擊第五大隊編成報告表

番　　號：反共救國軍第一總隊突擊第五大隊

主官姓名：王富善

駐　　地：澎湖漁翁島

成立日期：民國四十四年四月十日

區分		編制單位		
		大隊部	本部隊	步兵第一中隊
編制數	官	21	23	9
	士兵	10	142	156
	小計	31	165	165
編成單位		砲兵大隊 南麂地區本部連 原本大隊官兵	砲兵大隊 原本大隊官兵	漁山地區本部連 本大隊 南麂地區司令部
現有數	官	19	18	8
	士兵	10	128	122
	小計	29	146	130

區分		編制單位		
		步兵第二中隊	步兵第三中隊	重兵器中隊
編制數	官	9	9	8
	士兵	156	156	133
	小計	165	165	141
編成單位		漁山地區司令部 原本大隊官兵		砲兵大隊 南麂地區司令部 漁山地區司令部 本大隊官兵
現有數	官	8		3
	士兵	123		95
	小計	131		102

四、各地整編情形—粵東、福建

● 粵東反共救國軍總指揮部呈復對駐金突擊大隊整編意見（民國 44 年 2 月 13 日）

（呈）建大多字第 0204 號

駐地：台北

事由：為呈復對本部駐金突擊大隊整編意見由

受文者：兼處長鄭轉呈兼代總長彭

一、宜守字第 0119 號令奉悉。

二、本部駐金突擊大隊現有之兩個中隊擴編為直屬隊及第一、二中隊共三個隊，本部完全同意，惟為顧慮人地相宜，安定軍心起見，似宜保留原建制為妥。至於將精壯隊員抽撥一節，本部歉難同意。

三、謹〔原件缺〕。

粵東反共救國軍總指揮張炎元

● 國防部大陸工作處為粵東大隊整編案移請第三廳卓辦（民國 44 年 2 月 21 日）

（國防部移文單）

來文單位：粵東總部

文別：呈

來文字號：建大多字第 0204 號

受文單位：第三廳

案由：粵東大隊整編案

移文原因：

查福建總部直一大隊調金門與粵東大隊整編併作短期訓練後，再行調烏江接防一案，係根據劉司令官要求貴廳承辦，總長英苗字第五八號令復准照辦者。現劉兼總指揮已下令整編，張總指揮又歉難同意，如何之處，相應移請查照，卓辦為荷。

● 國防部第三廳為粵東反共救國軍總指揮張炎元呈復駐金突擊大隊整編意見移請第五廳卓辦（民國 44 年 2 月 26 日）

來文機關：粵東救國軍總部

日期：44 年 2 月 13 日

案由：粵東反共救國軍總指揮張炎元呈復對該部駐金門粵東大隊整編意見

本案辦理情形：

福建反共救國軍兼總指揮劉玉章，請以服役大隊調烏坵接替該部直一大隊防務，直一大隊調金門與粵東反共救國軍總部駐金門之粵東大隊整編，本廳經承辦英苗字第 58 令復「如無問題可准照辦」。惟劉兼總指揮所頒整編辦法規定，直一大隊與粵東大隊年齡在四〇歲以下健康精壯人員儘先編入直一大隊，老弱機障不堪服務人員均編入粵東大隊。粵東反共救國軍總指揮不同意該項整編辦法，並呈報本部。

本廳意見：

一、為顧及各游擊部隊之地域性及爾後之發展，並保持其平衡戰力，對該兩大隊之整編，似宜平衡編組較為合理。

二、關於游擊部隊之整編案屬貴管，相應移請查照卓辦為荷。

此致第五廳。

第三廳

四四、二、廿六

● 福建省反共救國軍總指揮部附呈整編方案乞核示（民國 44 年 3 月 7 日）

（呈）（44）字祖字第 0007 號

受文者：國防部

一、茲為適應狀況、簡化機構、配合現階段之軍事情勢以充實戰力起見，謹擬具本部整編方案五份如附件。

二、恭請鑒核示遵。

福建省反共救國軍兼總指揮陸軍中將劉玉章

附件　福建省反共救國軍整編方案

一、目的

為適應當前情況，配合現階段之軍事情勢，以充實戰力，並簡化機構。導部隊入制度以節約國庫開支，而俾收指揮掌握確切靈活之實效起見，特訂定本方案實施之。

二、實施辦法

1. 為期易於接近部隊了解部隊，使業務處理迅速適切而有效，並對國際及政治上之號召仍起作用起見，將總指揮部之機構撤銷（保留原番號以作國際及政治上之號召），以現有之部隊另行編組，成立「突擊總隊」，以承其事，直接指揮游擊部隊，及策劃發展各項游擊工作，該突擊總隊受兼總指揮指揮。

2. 充實現有之直一、二大隊，及粵東大隊等，以擔任沿海突擊及外島守備。
3. 以現有之 41、46 兩個船艇支隊，合編為一個船艇大隊，就現有船艇（計機帆船鐵殼 2、木殼 20）積極加以修理，以使擔任近海游擊。
4. 為易於管理及形成一有關連之戰鬥體計，以現有之「特種」、「通信」、「偵察」、「爆破」隊等重新加以調整、充實，並另成立「勤務中隊」合編成為一「特勤大隊」以擔任沿海小型突擊、反摸哨與勤務派遣等工作。
5. 閩南、北兩敵後工作處撤銷，將所屬 111 －120 各縱隊劃歸國防部情報局指揮運用。
6. 組織指揮系統如附表。

三、編餘幹員處理

A. 幹部

1. 願繼續服軍職者報請核階撥國軍單位安插。
2. 非軍人出身不願服軍職者，請政府依個人志願輔導予以轉業。
3. 能自行謀生而自願請長假者，准予長假自謀生活。

B. 隊員

1. 老弱機障報請按國軍處理辦法處理。
2. 請准撥聯勤總部所屬各收容機構。

四、其他

1. 編制裝備除突擊大隊暫照現行編制（裝備）編成外，總隊部編制擬參照現行陸軍師（比師略小）編制辦理，船艇大隊編制參照突擊大隊及實際需要訂編之。

2. 整編時各級幹員遴選原則以才能稱職、汰弱留強為主。
3. 整編完成後各部應即施以嚴格之短期訓練。
4. 擬經常爭取港沃之忠貞難胞及在台判處勞役與由外嶋撤台義胞等之來部投效，以保持部隊之新生力及遂行政治上之號召。

國防部突擊總隊組織指揮系統表

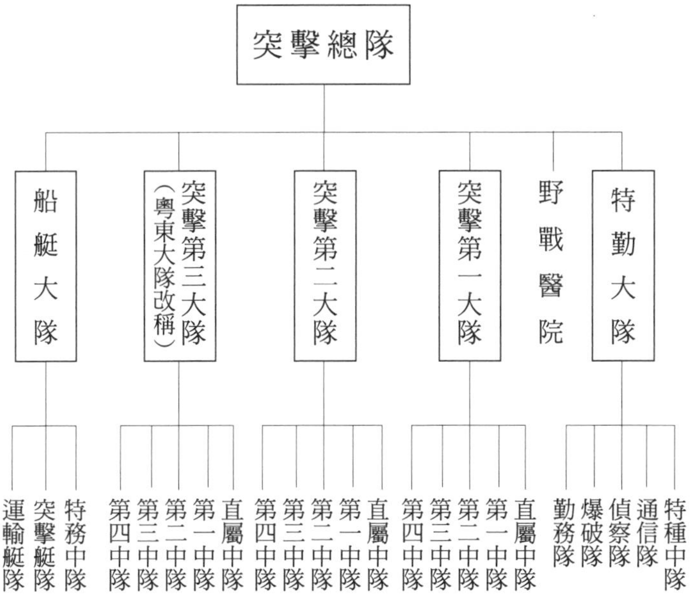

附記
1. 總隊部編制參照國軍陸軍步兵師修正編成。
2. 船艇大隊部編制及各艇隊編制參照突擊大隊編制及實際需要修正編成。
3. 閩南、北敵後工作處撤銷後，所屬各縱隊劃歸國防部情報局，不另列編制。

● 國防部第五廳呈福建總部建議整編計劃案研辦意見（民國 44 年 3 月 12 日）

（簽呈）於第五廳

一、案由：福建總部劉司令官建議整編方案，簽請核示由。

二、說明：1. 劉司令官呈為適應狀況，建議整編該總部反共救國軍一案，研討結果，內容與本部簽呈總統核示中之反共救國軍整編計劃，大部吻合。

2. 茲將該整編方案要點、本部計劃要點及研辦意見，表列如附件。

三、擬辦：擬俟本部反共救國軍整編劃案奉總統核示後，參酌頒布實施，並復劉司令官。

當否？附研辦意見表乞示。

附件　福建總部整編方案研辦意見表

項次	福建總部 整編方案要點	本部整編計劃要點	研辦意見
一	以現有部隊編成「突擊總隊」仍受兼總指揮指揮。	以現有部隊編成「反共救國軍第二總隊」（江浙總部所屬改編為第一總隊）隸屬於陸軍總部歸「反共救國軍指揮部」指導。	1. 福建總部與本部對部隊整編為總隊之意見一致，但番號不同，擬照本部計劃所定，以資統一。 2. 為指揮運用具有彈性指揮系統，擬照本部計劃辦理，但為適應狀況，該總隊可列入金防總部戰鬥序列。
二	撤銷福建總部指揮機構，但仍保留番號，以作國際及政治上之號召。	福建總部，俟所轄部隊改編完成改隸後，無保留必要時，報行政院撤銷。	福建總部機構撤銷番號保留，擬同意劉司令官意見，俟部整編完成後辦理。
三	以直屬一、二大隊及粵東大隊充實，編成三個突擊大隊，大隊轄直屬中隊及四個步兵中隊。	以現有官兵，編成三個突擊大隊，大隊轄「本部」與「重兵器」中隊各一個及三個步兵中隊。	編成三個突擊大隊，與本部計劃一致，惟大隊編制，本部所擬較為健全，擬照本部計劃辦理。
四	以現有 41、46 兩個船艇支隊，合編為一個船艇大隊	兩個船艇支隊仍保留，番號改為「海上突擊支隊」	擬同意劉司令官意見，合編兩船艇支隊為一個船艇大隊，但番號與本部計劃所定。
五	以現有之「特種」、「通信」、「偵察」、「爆破」等隊，及另成立一個「勤務中隊」，編成「特勤大隊」，此外並有「野戰醫院」一所。	總部直屬單位為：「本部」、「工兵」、「通信」、「偵察」四個中隊，及「野戰醫院」、「修船所」各一。	1.「通信」、「偵察」、「戰區醫院」與本部計劃同，「勤務」、「爆破」、「特種」中隊，其性質與任務，與本部所擬「本部」、「工兵」中隊亦屬相同，至「特種」中隊任務，可分由「工兵」、「偵察」中隊任之。 2. 勤務部隊，各因特性不同，均屬單獨運用，無成立特勤大隊必要。 3. 擬照本部計劃辦理。
六	撤銷閩南、北敵後工作處，所屬 111-120 各總隊，劃歸國防部情報局指導運用。	敵後工作處及發展部隊（即縱隊），撥歸情報局指導。	敵後工作處之撤銷與否，擬照本部計劃撥歸情報局後，由該局研辦。
七	編餘幹員處理： A. 幹部 1. 願續服軍職者，請核階安置。 2. 非軍人出身者，請依志願輔導轉業。 3. 自請謀生者，請准予長假。 B. 隊員 1. 老弱機障，請按國軍法辦處理。 2. 請准撥聯勤機構收容。		原則似可同意，擬請第一廳併江浙反共救國軍人員處理一併研辦。

如擬。

參謀次長馬紀壯代

三、十四

● 國防部第五廳為撤銷福建反共救國軍總指揮部機構保留番號呈報行政院（民國44年4月23日）

（簽呈）

一、案由：為撤銷福建反共救國軍總指揮部機構，保留番號，擬呈報行政院核備由。

二、說明：

1. 反共救國軍整編計劃案，經奉總統四月二日代電核可，並於本（四）月十三日下令陸軍總部，及福建總部，分別實施在案。
2. 查福建反共救國軍總指揮部現行編制，為遵照行政院台（40）內10184號訓令及附件訂頒之軍政統一編制，並於四十一年十一月六日，會內政部以季機字第470號呈報核備有案。現福建反共救國軍整編改隸陸軍總部後，撤銷該總指揮部機構保留番號，似應呈報行政核備，方合程序。

三、擬辦：擬將撤銷福建反共救國軍總指揮部機構，保留番號一節，呈報行政院核備，當否？附稿乞核判。

● 福建省反共救國軍總指揮部令派張晴光上校代理反共救國軍第二總隊長（民國44年4月29日）

（令）（44）宇學麒字0725號

駐地：金門

事由：派張晴光上校代理反共救國軍第二總隊長並希著手整編由

受文者：張晴光上校、粵東大隊、直屬第一、二、三大隊

抄送副本單位：國防部

一、茲派金門防衛司令部上校高參張晴光代理反共救國軍第二總隊總隊長，除另案報請核示外，希按奉頒編制表逐步編成具報其整編準據及方式為左：

1. 福建省反共救國軍總指揮部、遵照國防部（44）純紋字第 275 號及 362 號令暨附件之規定改編為反共救國軍第三總部隊。
2. 部隊編組，盡量保持大隊戰力之平衡，並力求以大隊或中隊為單位維持其原建制及組合單位。
3. 部隊之改編在不影響目前防務原則下，分兩期實施，駐金門區各部隊為第一期，駐馬祖、烏坵區部隊為第二期。
4. 第一期整編即開始至五月十日完成其編成單位，為總隊部、直屬部隊及突擊第一大隊。
5. 第二期整編馬祖區以就地整編，烏坵區以調回金門整編為原則，其開始及完成日期另令之。
6. 第二總隊部，限五月五日前編組成立，福建總部各部處、組、業務同時移交並限五月十日前移交完畢。
7. 整編隊編餘幹部，悉編組臨時軍官隊容納，直轄總隊部。
8. 閩南、北工作處及各發展縱隊，另案撥編情報局，俟另令處理。
9. 原 41、46 支隊，仍維持現狀暫不整編。

二、有關整編事宜，希逕洽金防部一、三處辦理。

三、希遵照。

四、副本抄呈國防部，並分送陸軍總部、金門防衛部各部處、組，本部軍事處，41、46 支隊，閩南、北工作處，及本部直屬各單位。

兼總指揮陸軍中將劉玉章

◎ 國防部第五廳呈閱福建總部派張晴光上校代理第二總隊長並開始改編（民國 44 年 5 月 6 日）

（便簽）

一、本件為福建總部令，派張晴光上校代理反共救國軍第二總隊長，並著手整編之副本。

二、該總部有關整編規定，除第 7、9 兩項，與部令稍有出入，並另案請求，容再簽核外，其餘各項與部頒規定原則，尚無不符。

三、擬呈閱後存。

存。

第五廳廳長胡獻群

五、十三

● 福建省反共救國軍總指揮部呈請准予第二總隊照第一總隊編成（民國 44 年 5 月 7 日）

（呈）（44）宇祖字 002 號

駐地：金門

事由：如文

受文者：參謀總長彭

一、本部整編業經開始，遵照鈞部前頒發之反共救國軍整編計劃，本部第四十一支隊及四十六支隊應合編為一個海上突擊支隊。

二、按該項整編計劃第一總隊所屬之海上突擊支隊以三個突擊艇隊、一個運輸艇隊編成，惟本部改編之第二總隊所屬之海上突擊支隊，限以一個突擊艇隊與一個運輸艇隊編成。

三、查本部四十一支隊及四十六支隊合計現有幹員 800 餘員，各船艇 24 艘共 1,309 噸，以人數及船艇數量與噸位計，約與第一總隊相等。擬請援照該總隊之規定，准予本部改編後所屬之海上突擊支隊，亦以三個突擊艇隊與一個運輸艇隊編成。

四、敬請鑒核。

五、本件副本抄送陸軍總部。

兼總指揮劉玉章

● 福建省反共救國軍總指揮部呈報粵東大隊改編情形（民國 44 年 5 月 7 日）

（呈）（44）宇祖字 003 號

駐地：金門

事由：如文

受文者：國防部

一、查本部於（43）七月奉鈞部令撥補國軍員額 4,000 員名時，曾將粵東大隊精壯之第一、二、三中隊，隨撥國軍赴台，該大隊僅保留大隊部及老弱機障之直屬中隊與第四中隊，惟因其他各部尚有編餘之老弱機障人員，以是另行編組成立直屬第一大隊，使其任防烏坵。迨去年十一月間，烏坵發生戰事時，該第一大隊因素質過差，戰鬥力弱，為期發揮戰力，使能達成確保烏坵起見，乃於本年二月，將第一大隊由烏坵調回，與粵東大隊相互調整編配，將粵東大隊之較為精壯人員，抽撥第一大隊，而第一大隊之老弱機障，撥歸粵東大隊，並經於 0207、0800 以指成金及 0314、0945 以宇祖金兩電報備在案。

二、現本部奉令改編，總隊所轄三個大隊，除第二、三大隊現任外島守備、素質較優，第一大隊，經已調整就緒，現正積極整訓外，粵東大隊現僅三個中隊，均係老弱機障人員（已檢查待遣撥中），毫無戰力可言，為免虛耗公帑，以充戰力計，擬將該大隊予以裁撤歸併。

三、除將該部編餘幹部，儘先擇優安置其他單位及整編詳情另案呈報外，恭請鑒核示遵。

四、副本抄送陸軍總部。

兼總指揮劉玉章

● 國防部令准粵東大隊改編辦法備查（民國 44 年 6 月 25 日）

（令）（44）純紋字 594 號

受文者：福建總部兼總指揮劉中將

事由：為復粵東大隊改編辦法准備查由

一、四十四年六月九日（44）宇祖珍字第 042 號呈及附件均悉。

二、所呈反共救國軍第二總隊商討粵東大隊改編座談會議紀錄，有關粵東大隊改編辦法，奉部長核定准予備查。

三、復希知照，並速實施具報。

四、本件副本及附件抄送總長、部長辦公室，總政治部、第一、三、五（一、二組）廳，預算局、通信指揮部、陸軍總部

參謀總長陸軍二級上將彭孟緝

◎ 國防部第五廳呈簽福建總部粵東大隊改編辦法（民國 44 年 6 月 14 日）

（簽呈）

一、案由：為福建總部案呈粵東大隊改編辦法，簽乞核示由。

二、說明及意見：

1. 福建總部前擬將粵東大隊裁撤歸併一案，奉批「派員與劉司令官面商擬案具報」。當經簽准派職於六月七日赴金，與該總部副總指揮曹振鐸中將（劉司令官因公來台）、第二總隊總隊長張晴光上校、粵東大隊大隊長莫華等有關人員會商結果，獲致粵東大隊改編辦法四項，並由該總部案呈來部。

2. 粵東大隊改編辦法要點如左：

（1）粵東大隊以現有幹員，編成一個完整步兵中隊，與該大隊前撥直一大隊人員及直一大隊，併編為一個大隊。

（2）直一大隊以現編成之一個步兵中隊，撥編第二大隊。

（3）大隊番號，以抽籤方法重新決定。

（4）粵東大隊編餘官長及士兵，由該大隊報由總隊部，以一部安置於新編成之大隊，其餘儘量安置適當職位。

上述辦法，係經會商人員熱誠討論後，一致表示同意者。根據該辦法，今後粵東大隊人員 90% 以上（約 300 員），可得集中於同一大隊，官長及士兵獲得適當之安置，此與該大隊一般官兵之願望及本部對反共救國軍之整編原則，大致符合，而福建總部之改編工作，亦較簡單，同時可消除粵東大隊被直一大隊併編之錯誤觀念。統而言之，該辦法尚屬切實可行。

3. 查粵東大隊之改編，由於福建總部過去將該大隊精壯人員抽撥直一大隊，因此引起粵東總部及該大隊若干官兵不表同意，以致遷延數月，未能解決。惟現欲將直一大隊全部從新編組，經實際體察後，不無困難，同時粵東大隊現有幹員，亦不足編成一個完整大隊。故為顧慮福建總部之困難，並使改編早日完成，及維持粵東大隊幹員士氣起見，福建總部所呈粵東大隊改編辦法，擬請准予實施。

三、擬辦：粵東大隊改編辦法，准予備查。

右擬當否？附稿乞核示。

第五廳廳長胡獻群

六、十六

附記：第四九軍撥交福建總部安置之 1,602 員，到達金門前後，少數擅自離隊。接受編組者，迄十日止，據第二總隊統計，僅得 1,146 員，現正由該總隊積極處理中。詳情待報，合併呈明。

第五廳第二組副駐長王亮儒

● 國防部令撤銷福建總部及第二總隊改隸陸軍部（民國 44 年 6 月 25 日）

（令）（44）純紋字 596 號

受文者：陸軍總部黃上將、福建總部兼總指揮劉中將

事由：為撤銷福建總部及第二總隊改隸陸軍總部由

一、四十四年四月十三日純紋 362 號令及附件計達。

二、奉行政院轉奉總統四十四年五月廿六日台統（二）虔字第 0570 號代電核定：福建反共救國軍總指揮部，自七月一日

起，撤銷機構，保留番號。

三、反共救國軍第二總隊，除海上突擊支隊須儘速改編外，其餘部隊應於六月卅日前改編完成，並自七月一日起改隸陸軍總司令部，仍配屬金門防衛司令部使用。

四、希即分別遵照具報。

五、本件分行陸軍總部、福建總部，副本分送部長辦公室、總長辦公室、總政治部、聯合作戰指揮室、第一、二、三、四、五（一、二、五組）廳，預算局、通信指揮部，海軍、空軍、聯勤總部情報局

參謀總長陸軍二級上將彭孟緝

◎ 國防部第五廳呈簽撤銷福建反共救國軍總指揮部機構及第二總隊改隸陸軍總部案（民國 44 年 6 月 17 日）

（簽呈）於第五廳

一、案由：為撤銷福建反共救國軍總指揮部機構及第二總隊改隸陸軍總部，簽乞　核判由。

二、說明及意見：

1. 福建反共救國軍總指揮部機構撤銷保留番號一案，經呈奉行政院轉奉總統核准，並簽奉核可俟與劉兼總指揮商定後，再行下令實施各在卷。

2. 職於本月八日在金與福建總部副總指揮曹振鐸中將（劉兼總指揮因公來台）會商粵東大隊問題時，曾將撤銷福建總部機構問題提出請示意見，據曹中將稱，「自五月五日起，福建總部已將一切行政及指揮權責移交改編成立之第二總隊部接替，總部何時撤銷，實無問題」，復查第二總

隊部現確能負起其行政及指揮權責，並於本月底可將地面部隊全部改編完成（海上突擊支隊如能集中金門，亦可同時編成），故福建總部機構，現已實無存在必要。擬即下令於七月一日撤銷，同時反共救國軍第二總隊按原計劃改隸陸軍總部，使整個反共救國軍之改編，得以如期完成。

三、擬辦：

1. 福建反共救國軍總指揮部自七月一日起，撤銷機構，保留番號。
2. 反共救國軍第二總隊，限於六月卅日前改編完成，並自七月一日起，改隸陸軍總部。

右擬當否？附稿乞核判。

● 陸軍總司令部呈請修正反共救國軍指揮部正副主官編階為中少將（民國 44 年 6 月 29 日）

（呈）（44）洪充字 535 號

事由：為請修正反共救國軍指揮部正副主官編階為中少將由

受文者：參謀總長

一、查本部反共救國軍指揮部編制指揮官為少將，副指揮官為上校，其編階似嫌過低。按反共救國軍第一、二總隊之正、副總隊長編階均為少將，為應需要，本部反共救國軍指揮部指揮官編階請修訂為中將，副指揮官為少將。

二、恭請核示。

總司令陸軍二級上將黃杰

◎ 國防部第五廳呈簽陸軍總司令部呈請修正反共救國軍指揮部正副主官編階為中少將案（民國 44 年 7 月 14 日）

（簽呈）於第五廳

案由：陸軍總部請求提高該總部反共救國軍指揮部指揮官副指揮官之編階為中將少將由

二、說明：

（1）反共救國軍指揮官、副指揮官現行編階係少將、上校。

（2）陸總請求將指揮官、副指揮官，分別提高為中將、少將，其理由為反共救國軍第一、二總隊之正副總隊長，編階均為少將，故指揮部之指揮官、副指揮官應比照提高。

（3）查該指揮部係陸軍總部幕僚單位之一，其對第一、二總隊並無直接指揮隸屬關係，指揮官編階高低，似無礙其業務之推行，且如予提高為中將，恐與其同為該總部幕僚單位之其他各署，亦將援例申請。至如以該指揮部性質特殊，並便於督導起見，陸總所請予提高編階，自亦可行。

三、擬辦：

甲案：准如所請，指揮官提高為中將，副指揮官提高為少將。

乙案：指揮官仍維現狀，副指揮官提高為少將。

右以何案為宜？謹簽祈核示。

第五廳廳長胡獻群

七、十四

擬照乙案。

參謀次長馬紀壯

七、十六

副參謀總長余伯泉

44.7.16

照（甲）案辦。

緝

七、廿一

● 國防部核復反共救國軍第二總隊編成准予備查（民國 44 年 7 月 2 日）

（令）（44）純紋字第 631 號

受文者：反共救國軍第二總隊總隊長張上校

事由：核復反共救國軍第二總隊編成准予備查由

一、四十四年六月九日宇學惕字第 297 號呈暨附件及十九日（44）宇祖忠字第 058 號呈均悉。

二、所呈反共救國軍第二總隊改編各節，奉部長核示如下：

1. 總隊部及所屬直屬部隊於五月五日編成，突擊第一、二、三、四大隊於六月十日編成，准予備查，並速補呈突擊第一、二、三、四大隊及第一、二、三收容中隊等編成報告表。
2. 本部核定合格老弱機障人員，准予暫行編組獨立第一、二、三收容中隊，並應妥為集中管訓，候令運台處理後，即行撤銷。
3. 海上突擊支隊，應就現地儘速改編具報。

4. 該總隊編成後，自七月一日起，改隸陸軍總部，並配屬金門防衛部，已另令飭遵。

三、復希遵照。

四、本件副本及附件抄送總、部長辦公室，總政治部、聯合作戰指揮室，第一、二、三、四、五（一、二、五組）廳，預算局、通信指揮所，陸軍、海軍、空軍、聯勤總部，情報局及金門防衛司令部。

參謀總長陸軍二級上將彭孟緝

附件　反共救國軍第二總隊編成報告表

番　　號：反共救國軍第二總隊代號(0590)

主官姓名：總隊長張晴光

駐　　地：金門溪邊

編制單位	編制數			編成單位	現有數		
	官	士兵	小計		官	士兵	小計
總隊部	64	14	78	原福建總隊編成	82 *58	14 *14	96 *72
本部中隊	20	134	154	原福建總部，野戰醫院多餘隊員及老弱隊員編成	20 *20	134 *134	154 *154
工兵中隊	8	100	108	原爆破中隊編成	8 *8	94 *932	102 *101
通信中隊	47	101	148	原福建總部通信隊編成	44 *47	90 *97	134 *144
偵察中隊	42	90	132	原特種中隊，偵察隊，合併編成	37 *38	78 *77	115 *115
野戰醫院	18	52	70	福建總部野戰醫院編成	16 *16	52 *52	68 *68
修船所	13	63	76	原 41 及 46 兩支隊修船班，混合編成	12 *11	60 *63	72 *74
軍官隊	16	24	40	原福建總部編餘幹部編成	147 *198	24 *20	171 *218
成立日期	四十四年五月五日						
突擊第一大隊	79	753	832	原直二大隊為基幹編成（另以四九軍撥交本部士兵之一部編成一個隊補足之）	*77	*507	*584
突擊第二大隊	79	753	832	由金防部服役大隊編成	*74	*604	*678
突擊第三大隊	79	753	832	由粵東大隊及之直一大隊混合編成	*75	*607	*682
突擊第四大隊	79	753	832	由第四九軍撥交之原游擊隊員編成	*73	*719	*792
成立日期	四十四年六月十日						
海上突擊隊				尚未編成			

＊字係根據 2CD（44）6 月 30 宇學愓 418 呈之編成報告表

附記

1. 本表根據第二總隊六月九日宇學愓字第 297 號呈附件及十九日（44）宇祖忠字第 58 號資料彙成。
2. 突擊第一、二、三、四大隊編成詳情及現有人數，該總隊尚未具報。
3. 海上突擊支隊，由 41 及 46 海上支隊改編，尚未完成。
4. 軍官隊及老弱機障獨立第一、二、三收容中隊，均屬臨時編組性質者，於六月十日編成，等候運台後，即行撤銷。

◎ 國防部第五廳呈簽核復反共救國軍第二總隊編成報告案（民國 44 年 6 月 27 日）

（簽呈）於第五廳

一、案由：為核復反共救國軍第二總隊編成報告，簽乞核判由。

二、說明：

1. 反共救國軍第二總隊五月十二日呈以總隊部及各直屬單位編成，請核備案，當以未具編成報告表，飭補報憑核在卷。現該總隊先後補呈總隊部暨各直屬單位編成報告表及突擊第一、二、三、四大隊改編完成到部，請求核備。

2. 報告要點如左：

（1）第二總隊各單位之編成如附件。

（2）總隊改編完成後，何時改隸陸軍總部。

三、審議意見：

1. 編組原則：該總隊各單位編成，除以服役大隊編成突擊第二大隊與部令稍有不符（原令撥編充實各大隊），惟據該總隊長報稱：「該大隊訓練良好，戰力甚強」擬予照准外，其餘各單位編成，大致均能保持原有戰鬥單位建制及組合關係，核與部頒原則，尚屬相符。

2. 編成單位：除海上突擊支隊因任防馬祖，尚未編成，及為集中管訓老弱機障人員，增編獨立第一、二、三收容中隊屬臨時性外，其餘係按編制單位，編成總隊部及所屬直屬部隊與突擊第一、二、三大隊，並另以第四九軍撥交人員，編成突擊第四大隊，核與部頒原則相符。

3. 編成日期：總隊部及各直屬單位為五月五日，突擊第一、二、三、四大隊為六月十日，核與部令規定原則相符。

4. 編成人員：突擊第一、二、三、四大隊尚未報部，餘如附件。

5. 該總隊改隸陸軍總部，日期已另令飭遵（自七月一日起）。

四、擬辦：

為期如時完成反共救國軍之改編，及配合七月一日該總改隸陸軍總部，擬辦如左：

1. 總隊所屬各單位之編成，准予備查。

2. 老弱機障人員，准予暫行編組獨立第一、二、三收容中隊。

3. 海上突擊支隊，飭就地儘速改編具報。

4. 總隊編成後，自七月一日改隸陸軍總部（已另令飭遵）。

右擬，當否？附稿敬乞核判。

第五廳廳長胡獻群

六、廿八

擬如擬，老弱收容中隊，驗定後移台收容轉業。

參謀次長馬紀壯

六，廿九

擬可。

副參謀總長

余伯泉

44.6.29

如擬。

緝

六、卅

● 反共救國軍第二總隊賚呈整編編成報告表（民國 44 年 8 月 10 日）

（呈）總公恩字第 752 號

駐地：金門

受文者：國防部

事由：賚呈整編編成報告表乞核備由

一、0805、0940 純紋電奉悉。

二、遵查本總隊整編編成報告表業於 0630 以宇學愓字第 418 號呈報核備在案。

三、奉電前因，謹再補呈本總部整編編成報告表二份。恭請核備。

總隊長陸軍步兵上校張晴光

附件　反共救國軍第二總隊編成報告表

番　　號：反共救國軍第二總隊代號

主官姓名：總隊長張晴光

駐　　地：金門菴前

核准文號：民國四十四年七月二日（44）純紋字第 631 號令准予備查

編制單位	編制數			編成單位	現有數		
	官	士兵	小計		官	士兵	小計
總隊部	64	14	78	原福建總隊編成	58	14	72
本部中隊	20	134	154	原福建總部多餘隊員及第四軍返金士兵編成	20	134	154
工兵中隊	8	100	108	原爆破隊及各單位優秀隊員編成	8	93	101
通信中隊	47	101	148	原福建總部通信隊編成	47	97	144
偵察中隊	42	90	132	原福建總部特種中隊及偵察中隊編成	38	77	115
野戰醫院	18	52	70	原福建總部野戰醫院編成	16	52	68
修船所	13	63	76	原四一、四六兩支隊修船班及各單位有技術隊員編成	11	63	74
軍官隊				原福建總部及粵東大隊超階與不適任隊職及特科超階之幹部編成	197	20	217
成立日期	四十四年五月五日						
突擊第一大隊	79	753	832	原直屬第二大隊及由第四軍返金隊員編成	77	507	584
突擊第二大隊	79	753	832	原金門防衛部服役大隊編成	74	604	678
突擊第三大隊	79	753	832	原直屬第一大隊及粵東大隊之幹員編成	75	607	682
突擊第四大隊	79	753	832	由第四軍返金隊員編成	73	719	792
成立日期	四十四年六月十日						

增設單位	編制數			編成單位	現有數		
	官	士兵	小計		官	士兵	小計
第一收容中隊				鑑定合格之老弱機障隊員組成		185	
第二收容中隊						215	
第三收容中隊						92	
成立日期	四十四年六月十日						

待編單位	編制數			編成單位	現有數		
	官	士兵	小計		官	士兵	小計
原閩總四一支隊					115	416	531
原閩總四六支隊					95	349	444
成立日期	正整編中						

附記

1. 三個老弱機障收容中隊共 492 名（另有 97 名在馬祖區白肯島）係臨時編成，待運台後即行撤銷。
2. 海上突擊支隊以 41、46 兩支隊改編尚未完成續編■後將行報核。
3. 軍官隊隊員 197 員係臨時編組，多係超階級行政人員，本部無法安置。

● 反共救國軍第二總隊呈報海上突擊支隊編成（民國 44 年 8 月 27 日）

（呈）（44）總嚴字第 219 號

駐地：金門

受文者：總長彭

事由：為呈報本部海上突擊支隊編成由

一、（44）六月廿五日純紋字第 0596 號令奉悉。

二、原屬福建反共救國軍總指揮部所屬海上突擊第 41、46 兩支隊合併編成為海上突擊支隊，已遵令於八月廿五日編成，同時改隸本部，並於（44）八月廿七日以總嚴忠電報備在案。

三、編成情形，計駐金門船艇編為突擊第一艇隊，運輸艇隊留駐白犬船艇編成為突擊第二艇隊。

四、謹祈鑒核。

總隊長陸軍上校張晴光

五、各地整編情形—雲南及緬北

● 雲南省反共救國軍撤離留緬來臺部隊腹案（民國42年7月1日）

雲南省反共救國軍撤離留緬來臺部隊腹案

甲、方針

一、為適應當前國際局勢，減少政府外交困難，擬分三批撤離，第一批擬在八月間，第二批擬在九月間，完成撤退第三批，視季節及進展之情形而定。

乙、談判要領

二、須顧全政府在聯合國處境，盡可能實施預定之撤離計劃。

三、利用與緬方有關係之華僑或同情於我之美泰人士，絕對祕密向緬方探討，由我方保證克、蒙兩族與緬當局合作，以取得緬方諒解，為本軍之有利目的。

四、本軍在緬方與克、蒙兩族祕密合作之情況下，劃定緬東北沿滇邊地區，為本軍防區，阻止中共侵入緬境以安定東南亞之局勢，保證拒不干預地方行政，更無領土意圖。

五、對美、泰兩方應由促使本部隊之撤離，而轉使對三、四兩項之達成。

丙、預定撤退人數

六、第一批預訂撤離約 150-200 人。第二批部隊約 150 人，眷屬 50-100 人。第三批依當時情況另訂之。

丁、預定撤退人員

七、第一批撤退人員：

1. 已奉核准來台受訓人員。
2. 行政隊全部（雜兵送至大其力附近後，即行返校）。

3. 總部直屬單位及廿六軍暨所屬兩師，堪以深造暨作戰有功官兵。

4. 各部隊員傷官兵及表面痊癒，而內有子彈碎片尚未取出前方無法醫治者。

5. 總部直屬單位及廿六軍甫師馬守一部不便隨部隊行動之眷屬。

6. 眷屬一律不准攜帶雜兵。

八、第二批預定撤退人員：

1. 各軍區路司令部及各縱隊獨立支隊各依其現有人數為比例，選派堪以深造之優秀幹部及有功官兵，併老弱一部編成預定數目位原則。

2. 第一批未撤離完了眷屬。

3. 其他部隊之眷屬（欠一、二兩軍區）。

九、第三批人員：

俟第一、二批人員撤退後依當時情況另訂之。

戊、撤退時間

十、第一批人員預定撤退時間如左：

1. 部隊—七月中旬—向猛撒集中。

七月下旬—由猛撒徒步至大其力。

八月上旬—進去泰國米賽，乘汽車至昌萊集中。

八月中旬—由昌萊空運到達台灣。

2. 眷屬—七月中旬—向蚌八千學校集中。

八月初旬—由蚌校車運至清邁集中。

八月中旬—併部隊同時分別空運來台。

十一、第二批九月間撤退，詳細日程另定之。

十二、第三批撤退時間另訂之。

己、武器處理

十三、撤離部隊所需攜帶之武器，必須祕密設法先將泰方扣留我方械彈交涉發還，始能抽調部隊武器。

十四、第一批撤離人員所攜帶武器預定如左：

步槍六十枝。

半重式機槍四挺。

馬克沁重機槍兩挺。

八二迫擊砲兩門。

以上武器由總部廿六軍及所屬兩師與總部附近部隊抽調湊足之（擇損壞待修者）。

十五、第二批撤退人員所攜帶武器預定如：

雜色步槍六十枝。

雜色損壞輕機槍四挺。

半重式機槍兩挺。

八二迫擊砲兩門（俘獲品）

以上均由各部隊擇損壞待修者湊足之。

十六、第三批撤退人員攜帶武器，另案指示。

庚、運輸

十七、部隊：

1. 由猛撒撤至大其力——徒步。

附錄：對外談話要點

一、在全球戰略上，民主集團對共產集團包圍圈上，在東南亞亙中東地區尚屬空防地帶邊緣，是為東南亞反共之最前哨。東南亞華僑八百萬，百分之九十九均屬協助擁護各住在國之政府，堅決反共立場與本部隊息息相關，本部隊實屬促成此項力量團結反共之橋樑。

邇來鐵幕內多發生反抗暴動，中國大陸尤甚，本部隊橫亙中緬邊境，實為唯一策應及解救中國西南大陸鐵幕內反抗暴動者及自由人民之唯一力量。今而後屏藩盡除，赤禍將不知伊於胡底也。

二、強調自由泰活動情形，已日形龐大，越盟已侵入寮國，近迫湄公河畔，本部隊撤離後，不但泰國北部門戶洞開，且泰國西部薩江中下游地區反共之克倫族，亦將隨本部隊之撤離，無法支持，使中、緬、馬共勢力尾隨竄入呵成一氣，是則不僅泰國之三面受敵已也。

三、本部隊純為反共生存而奮鬥，故在不得已時，曾有若干部隊退入緬境，但大部分仍在國境之內，有機可乘即行進入國內，向無侵略佔據之野心，中國人仁愛和平最講信義，例如緬軍疊次向我進攻，我軍一再退讓，而歷次衝突完全由於本部隊無法退讓危及生存所引起者，時至今日實為仇者所快親者所痛。

四、撤退人數——本部隊自三十九年由大陸撤出之二十 六軍及第八軍各一部僅兩千人，經三年來對匪緬作戰之傷亡所餘無幾，其餘部隊均係當地土著，自動組織之反共力量，馬匹武器多屬私有，故使之「前進容易撤離實難」但李彌將軍自當遵照政府之意旨，儘力之所及，使之撤退，其人數自然多多益善，惟恐無法裹脅相從斯為憾耳。

五、撤退時間——本部隊防區遼闊，駐地分散且雨季已屆，交通隔阻，通信傳達復欠靈活，故實施困難，然當儘影響力所及依其到達先後分批使之撤退，其第一批人員擬儘速在下月內實施撤離。

六、對李彌將軍

1. 因病重滯台，現行動仍感困難，尚須作相當時期療養。
2. 脫離部隊已半年，由於病重不宜勞動，對部隊事務早已交由委員會處理，其本人早已不過問矣。

雲南省反共救國軍兼總指揮陸軍中將李彌

中華民國四十二年七月

● 雲南反共救國軍由緬撤離來台部隊暨眷屬安置辦法（民國 42 年 7 月 8 日）

甲、安置原則

一、準備撤離來台部隊均屬各部隊中選拔之精幹青年幹部，對邊區人民號召力頗強，一俟反共開始，仍以遣回邊區工作為原則，俾作收復雲南之基本幹部。

二、邊區民族風俗習慣特殊，如分散其他單位不但生活不便，且將影響不能撤離之部隊的士氣，故所有撤離來台者應請集中一個單位管訓俾資維繫軍心。

三、為示政府德意，對安置眷屬所需之住宅及補給等均請先作妥善之準備，使到台後即有所歸宿，俾官兵無後顧之憂，可專心為反共抗俄而效命。

四、雲南逃出青年甚少，且邊區文化水準較低，為造就反共大陸各種幹部擬請撤離來台，官兵擇優選送各軍政警等單位受訓，並請援華僑來台受訓辦法，降低標準收訓，以示政府培植邊區人才之要意。

乙、部隊安置

五、對部隊安置避免使用雲南反共救國軍番號，轉移外界視聽起見，擬請給予一個戰鬥團番號下轄軍官大隊一、學生大隊二，集中管訓之。

丙、眷屬安置

六、對眷屬之安置，因邊區風俗習慣特殊，以集中一地居住為原則，以利聯絡補給及管理。

丁、補給

七、經費：部隊擬請按國軍待遇眷屬擬請比照二十六軍待遇按月發給已是體恤。

八、眷屬均係由國內隨隊撤出窮困至極，擬請從優發給補助金，並按人口配給布匹及日用品等救濟。

戊、準備完成時限

九、部隊撤離緬境來台人員，預定第一批八月底可到達，第二批九月可到達，部隊所需營房眷屬所需住宅及補給等，請予提早準備完妥。

己、其他

十、本辦法呈奉核定後即帶前方向準備撤離之部隊眷屬宣佈，以利撤退之訓利實施。

十一、本辦法如有未盡事宜，得續由本軍隊之指揮官隨時報請核示。

十二、本辦法業於七月四日呈報總長周一級上將核示。

兼總指揮陸軍中將李彌

42 年 7 月

批示：交周總長核對其所希望的盡量設法辦理為要

中正

42 年 7 月 7 日

● 周至柔呈蔣中正有關邵毓麟報告處理李彌游擊隊檢討及提對策面對聯大討論附蔣廷黻於聯合國緬甸控案聲明提要，外交部整理美國要求李彌部立即撤離相關電文（民國 42 年 11 月 28 日）

事由：我方處理李彌游擊隊之檢討及聯大討論之今後趨勢（邵毓麟謹呈）

甲、竊毓麟奉命前往泰緬勸導李彌部隊返台經實地視察結果，發現此一問題：（一）為共匪東南亞整個陰謀中對緬甸之一環。（二）解決此一問題之焦點在撤退人數。（三）共匪利用作為政治會議之資本並打擊我代表權。

九月初於鈞座主持會報時，毓麟曾詳加說明，對撤退人數一項，並建議葉外長請強調兩點：（一）中國游擊隊一千七百人之數字，係緬甸外長於向聯大控訴時所自行提出者。（二）中國政府派代表前往說服後，華籍反共游擊隊全數撤台，至其他原屬吉仁禪族欽等緬甸反共土人為緬甸內政問題非中國政府所能影響，惜葉外長僅部分採納。

乙、毓麟訪晤美助理國務卿羅柏生談話經過，除函電呈報外，並曾報告顧大使及書面向蔣代表提出建議七點備作我方在聯大會議中辯論之原則。

一、說明李部在緬兩年相安無事，年來所以發生問題乃係共黨欲使緬政府軍與李部互相消耗以收漁利之陰謀。

二、李部非正規軍非中國政府所能控制，其理由（一）曼谷四國會議所以停頓係因游擊隊領袖與中國政府代表意見不一致。（二）如為正規軍中國政府亦不必派代表前往勸導。（三）中國之戰略為反共抗俄，李部與緬軍衝突顯與此戰略相違。

三、中國政府努力之方向：（一）中國為聯合國會員國，決心執行聯大之決議案。（二）中國政府為有效反共計，不願李部陷入共匪陰謀，故勸其返台。

四、中國政府努力之結果：（一）派員說服結果，游擊隊已允全部華籍人員一千七百人撤回台灣。（二）李彌已允於華籍人員撤完後，立即宣布解散「雲南反共救國軍」。

五、善意警告緬政府不可墮入共黨陰謀，並要求聯大會員國注意東南亞整個共黨陰謀。

六、感謝美、泰兩國政府協力。

七、建議本屆大會通過決議案，認為前屆大會決議已經滿意執行。

惟以上各點蔣代表未能整套採用，其整個演辭，較美、英代表尤為軟弱，使蘇、印集團有機集中攻擊，甚至與我友好國家，亦發不利於我之言論，最後會議以五十票對三票，決定延至十一月二十三日以後討論，以觀撤退之成效。

丙、依大會空氣觀察，不論撤退如何圓滿，勢將另行通過決議，要求中國政府及四國委員會，除此二千人外，應再繼續努力，完全撤退，果爾，則更增外交上之困難矣。

本案經過討論結果

一、政府首長意見不一致，外部與代表團聯繫不夠，外部所派主管本案人員，對問題無深刻研究，蔣代表又自有主張。

二、游擊隊人員談話及被俘文件均於我不利。

三、葉外長聲明中如「不願撤退者，政府將與之斷絕關係」、「不予救濟」等語句，均被緬、印、澳等國據以反證我政府過去「確有關係」、「確曾救濟」。

四、無整個外交作戰計劃，以致國內外無一貫配合說法，及證件佈置，而毓麟此次僅係代表團「顧問」身份地位在「代表」與「副代表」之下，既未能說服蔣代表，更無在大會發言機會與資格。

總之，此案本屆大會既未能了結，明年緬甸既必提出，聯大亦需討論，今後困難重重，我方自須早擬對策。

（謹按：此為第三信，因本件涉及人事，擬請免抄交，萬一必須抄交時，亦請節略有關人事部分）。

◎ 美國國務院致其駐華大使館訓令譯文（民國42年11月28日）

茲訓令即速催請撤退在緬中國部隊並希著重以下數點：

（一）根據可靠消息，最近中國部隊對緬軍攻擊次數漸形增加，過去此類事件係屬個別性質，中國部隊似亦避免與緬軍衝突，但自1952年12月起中國部隊對緬軍似已採取攻勢。

（二）雖然緬方報導不免誇張，但自各種不同來源獲有充分可靠情報，明白指出中國部隊集中攻擊緬軍，反而不攻擊共軍。

（三）由於中國部隊攻擊緬甸城鎮及緬方軍隊，故緬軍因此轉而不進攻共黨叛軍，其結果使緬甸對共同反抗共黨敵人所作之努力被削弱，緬軍不與共軍作戰反與中國軍隊作戰。

（四）美國政府確信對於一個非共政府的敵對行動予以支持，且不顧其主權，此決非中國政府之政策，美國政府亦不能了解中國部隊既深入緬境從事擾亂行為，何以能夠予雲南共黨之抵抗以有效的支持，故此相信從緬境撤退中國部隊，其結果不致削弱雲南對中共之抵抗。

（五）美國政府對於緬甸之目的係求其穩定，此為防制該國成為共黨帝國主義下犧牲者的重要條件，留緬國軍之目的，雖稱係加強雲南人民對中共之抵抗——美國政府對於此種目的亦充分同情——惟據可靠證明顯示中國部隊匪特未達成此種目的，反嚴重威脅了緬甸的安定，因此不管緬境國軍的任務可有何項價值，緬甸情形的迅速惡化目前必須立即採取行動以求補救。

（六）必須著重說明美國政府要求中國政府合作解決此項問題，此事與對共產主義採取主動之政策，並無不協調之處，但美國之政策自不能削弱一個友好非共國家如緬甸之力量。

故此必須獲得蔣總統之確切允諾於洽商緬甸及泰國政府，如何使中國部隊撤離之方法後，立即對在緬之中國部隊頒發撤退令，且必先獲得此種允諾後，方可向緬、泰兩國政府提出明白的建議。

請求蔣總統合作以實現撤退計劃，其重要性並非全然在撤退部隊之多少，乃在蔣總統之合作可向緬、泰兩國政府表明中國政府重視恐留緬國軍危及該區之穩定與安全，故中國政府願合力以求減輕此種局勢。

中國政府願意合作之具體證明，應以如下數事出之，即：

（一）立即對中國部隊發布命令，停止一切對緬甸城鎮及緬軍之攻擊。

（二）同意撤軍，其數目儘可能的多。

（三）制止自緬境以外對中國部隊之補給。

緬甸政府頗有可能在聯合國大會本會期內將此事全盤提出——除非中國立即明顯表示願採取合作之方法——故請求蔣總統對此事採取行動乃屬刻不容緩者。

◎ 顧維鈞電呈蔣總統（民國 42 年 11 月 25 日）

台北。總統鈞鑒：

頃羅伯森外次與鈞談我在緬游擊隊問題，謂：迄至現在實行撤退者僅一千一百餘人，而所交三國委員會械彈，祇來福槍四十枝、子彈一百六十餘顆，緬方指證我無誠意，現去年十二月一日撤退限期已近，聞緬政府將於廿六日向聯合國大會再行提出此問題，恐致美與我國同遭困難，時機緊迫，亟盼我政府迅飭李軍攜帶武器從速照原定數撤退，以作事實表証，免使聯合國中發生於我極不利之嚴重影響云，詳情由外交部轉呈，統乞鑒察。

顧維鈞

戌敬

● 蔣中正電令柳元麟轉告各將領如期由緬邊撤回臺灣集中反共力量（民國 42 年 12 月 5 日）

致周總長轉柳參謀長元麟：

弟亥未電悉，李總指揮近日患病沉重，無法遠途飛行，而且國際情勢亦決不許可，務希轉告各將領，必須依照政府命令如期撤回台灣，集中力量方可貫澈反共雪恥之志願，否則內外環境與事實所在決不能在緬邊單獨之存在，與其將來陷於進退維谷之絕境，不如早定撤退最後之決心，以免後悔莫及，中對此事熟籌再四，為革命前途與我將領事業計，認為唯有出此撤退之一著，故不得已作此最後之令，忍痛以告我忠勇諸將士，如能聽命來台，正有成功之道，否則決無生存之理，希詳察之。

中正

令微

● 周至柔呈蔣中正查獲李彌給其妻龍慧娛和留緬人員信函內容大違政府政策（民國 42 年 12 月 4 日）

事由：查李彌總指揮歷來發往前方及曼谷之電報，均係由本部二廳譯發者，十一月卅日，曾送來發致曼谷電報一份，略謂：「符漢存君於亥東乘 CAT 民航機返曼，攜要函，希赴機場接取轉交龍淑娛」。經飭保安司令部加以檢查，當即在松山機場查出符漢存攜有偽造之外交郵袋一件，復經外交部促請扣留，檢查內儲致龍淑娛函一件，送來本部經職親自啟封，其中有函十二件，均係李彌及其妻龍慧娛親筆，有九件係發致前方者，其內容與政府之政策完全相左，並指示前方絕對不能全部撤退，高級人員均不能來台，言詞之間相當激烈，並指示其親信務對各高級人員聯絡運用，但其意並非共謀生存，乃恐彼等來台後壞事，尤以留住柳元麟係用之以對付政府，殊非所當。另就其函中可窺見該部甚不團結，如對呂國銓、李文彬均頗懷疑，竟疑職與呂國銓暗有聯絡，該部如不全撤，將來可能先有分裂而後消滅，殊堪深憂。渠更認為全部撤退之決策乃職所促成，故因之對職之憤恨毀謗已無以復加。另有三函係致其親屬者，內容與前各函件概同，查李彌如此行為，意在教唆部屬違抗政府意旨，採取反對行動，並對部屬侮辱長官，依法自應重辦，惟曾聞渠之神經平日即不甚正常，加以全部撤退又不合其意，則氣憤之下採過激之言詞，抱反對之態度，似尚情有可原，所幸李彌對鈞座尚無異言，故雖誤犯過失，似尚有寬宥之餘地，惟渠身為高級將領而偽造外交郵袋，有辱國家體面及信譽擬請鈞座面予訓戒，至其親筆函十二件擬併乞賜交其本人，期能改過自新協助全部撤退之達成，亦黨國之大幸也，是否有當恭乞鑒核。

謹呈總統

復呈原件及抄件

抄件　李彌致柳元麟函

伯谷兄祕密留交，元麟兄一人看過之後即刻焚燒勿留。

元麟兄：弟命途多舛，致團體於艱難困苦之境，逼吾兄於進退維谷之地，南望雲天感慨曷已，惟古人有言：「即至山窮水盡也有路走」，吾人苟非意志動搖，當不至於山窮水盡也，茲將本月所得之重要關鍵扼述如次：

第一，八日十六時半先生召見示諭：你在目前回防不論如何均屬有害無益（弟曾請求回至泰緬邊境執行順利撤離兩千人），如果他們不服從命令，我只有再也不管他們……你們撤足兩千人之後，如果聯合國還有問題，我就說我已不能影響，只有叫李彌自己去勸說，到那時你可提出你已無法影響，請求免除本兼職務到美國去，當然美國人不會不歡迎你……（因為十月二十八日介民先生告訴我，總長說，老先生要你全部撤退，我當時表示做不到，恐兩千人都有問題。他說你趕快去見老先生報告清楚，你們有生存的辦法，吉倫族軍有把握連絡，不宜全撤，且事實辦不到全撤，所以我去見先生的，你看他老人家並沒有強逼我們全撤啊。）

第二，你看他的一個副本，一道命令，竟如此出入，十一月十九日二十時，經國先生到弟住處，問我那些部隊有把握，我說都有把握，如果是撤退回台，則無把握。他問總共有多少人？我說壹萬陸－壹萬八千人，他說今天總長下一個命令，要你們全部撤退，我當時發一陣牢騷……我說撤兩千都是總統的德威感召，否則一個也撤不出來……二十二日我接杜顯信們，在機場碰到，他又說你見了總長嗎？命令最後一條你看清楚了嗎？我說是的，兩個意旨，他不說什麼就分手了，我們從一月至現在研究先生意旨，始終沒有要我們全撤，這是不言而喻的事實。

第三，全撤的意思完全是總長搞的，他說你們借詞要挾，即要錢要械彈，他採取做好做歹的辦法去報告先生，他們既無法生存，只好全部撤回。同時他將來好對付立、監兩院及其他民意機關的質問，就是他可以將你們叫苦的不能生存的電報，做他下全撤命令的根據，再將你們呈覆願全撤不願全撤的呈覆來向天下人公佈，即全撤是你們怕無法生存而甘心願意的，不全撤而是你們甘願被消滅的，都不是他參謀長的事。這非司馬昭之用心，故路人無法窺見耳。

第四，事到如今，當然只有自力更生節流開源，當前不要政府一切接濟，撤足兩千人銷案了事，其餘還有什麼話說。除了在叢林中死中求生一條路外，未嘗都不是死路，自然政府必有一天反攻大陸，但政府反攻大陸那天，能有一小彪人馬向後門殺進，未曾不是好的。如果這小彪人馬都餓死了，那也只能怪他們的命運了，我想皇天無絕人之路吧。

兄既發出願意自力更生無法全撤之覆電後，此問題即可暫時告一結束，弟亦可以脫身矣，否則長夜漫漫，殆無天亮之時也。

第五，呂振雄兄不宜由他來台，增加枝節橫生，兄必設法將他留住，朱家才、楊世麟、罕裕卿、方克勝諸國代，宜用正式出入泰境手續來台，以免將來不易回泰緬，能不來為最好。王少才不必來台，邱耀東如要回台就任令他回來，因他的雙老年世過高，其餘不在撤退之列的，一律不准再發電來台請求受訓，引起總長懷疑，大家都願意來台，就是少數幾個人在搞鬼（包烈說的，包完全小人，趨淵附勢，我們此次就是吃了他的大虧，是他主辦我們的業務）。凡出賣團體搗亂團體的害馬，都不要准他來台壞事。（註：此間另有一行餘，係用墨筆劃去，看不清楚）

第六，老周明年二月任期屆期，弟決計再等他三個月，他的戍皓 2100 挺推電是對我斬草除根的辦法，最低也是動搖我們上下意志，使我們這群孤臣孽子陷於分崩離析一敗塗地，好狠的心腸喲。

第七，如全體團結奮鬥，請兄即貫澈吾人共同奮鬥之初衷，領導到底，即使分裂四散，亦請領導忠貞而甘願久居叢林游擊到底之部隊，不論多寡從事奮鬥，弟不論在任何時間，只要沒有斷氣，總是為團體服務到底之一員。

第八，今後對弟不必再來電報，能以外交郵袋寄信則寄，如不能即不寄，並請囑各忠貞部屬，不可寫信付郵寄候，免啟疑竇。

即頌勛安

看後付火，千萬勿給第四去看。

附國防部 42 挺推 01575 令一件

抄件副本一件

弟李彌
四十二、十一、廿九
午於日月潭

● 李龍慧娛致蔣宋美齡函

夫人鈞鑒：

謹將本部無法撤離滇緬邊區理由及本部生存條件，分呈如次敬懇明察。

甲、本部隊無法撤離理由

一、成分複雜非正規軍可比：

本部隊由正規軍三千餘人及雲南省屬邊區土司卡猓黑阿卡瓦等種族，以及馬幫行商等兩萬餘人所組成，所有人員馬匹械彈大多係各部隊首長私人湊合，經費亦自行籌墊，並非正規軍編組、正規軍裝備、正規軍給與，其思想與訓練自非正規軍可比，尤非歐美文化水準所可比喻。渠等因急於國破家亡之義憤而參加反共，期能在我政府領導之下收復桑邦，重回故土，最低限亦期能救出深陷匪軍中之家屬，故驅其衝鋒殺賊則義無反顧，相與勇邁前進，如迫其後退撤離背離鄉井，則啼笑皆非，裹足不前，際茲全面反攻撻伐暴虐之秋，勢不難揭竿一呼而為雲合響應之聚合。但若強其所不欲為而為之，則必群情憤激，大可相與作鳥獸散之呼嘯而去。

二、打擊士氣影響整個大陸游擊隊之發展

美解除台灣中立後，本部隊士氣益形旺盛，僉以從此即可獲得裝備壯大充實，長驅回滇實現我總統所昭示之反攻復國神聖之使命，情緒沸騰可格神天。若不詳察而迫其繳械撤退，是不僅打擊與消滅官兵之反共意志，且使革命有為之師淪為亙古未有之囚犯，甚至可能迫使此為國奮鬥之孤軍挺而走險，製造東南亞愈形混亂之局面，並將影響整個大陸游擊部隊之發展，削弱全面反攻之力量，實不啻為匪張目，為虎作倀。尤有進者卅九年秋，孤軍不過千餘，苦戰大其力，為時兩月尚不為所屈服，於今實力已廿倍於往昔，欲其繳械撤離其可得乎。

三、影響民心並使中南半島華僑失望

自本部隊於四十一年一度進入國境，一時陷區民心振奮紛紛來歸，復經三年來本部隊艱難締造歷盡辛竣，始終控制滇邊，鎮越車罣、佛海、南嶠、寧江、瀾滄、滄源、耿馬、孟定、鎮康、騰衝、龍陵、潞西、瑞麗、梁河、盈江等十七縣，局與匪保持接觸格鬥，給予西南陷區民眾以脫離鐵幕之機會，與反攻在即之極大希望，尤其給予中南半島（緬、泰、越、馬各國）八百萬華僑以精神上莫大之鼓舞與安慰，若不幸而被迫撤退，不但西南民眾對反攻絕望，而中南半島華僑對政府反攻復國之信念不獨為之沮喪，且將遭受各該國官吏如水愈深如火愈熱之壓迫與凌辱。

四、將遭受中外反共輿論之嚴重指責

自本部隊活動滇緬邊區以來，舉世反共報章一致讚揚，均認為本部隊為自由中國反攻之前驅，若一旦撤離，我政府必將遭受舉世輿論之嚴重指責，並將影響我總統反攻復國之神聖號召。

乙、本部隊生存條件

本部隊三年來均秉承總統自力更生訓示奮鬥圖存，現緬軍不斷增兵向我圍攻，滇區陳兵邊境與緬政府協力，謀我越盟大舉進犯寮國，雖形勢岌岌，但只需政府給予左列最低之械彈及經費補充，本部決可生存保此力量，以配合將來之全面反攻。

一、懇在聯合國休會期間，爭取時間務在雨季前，盡一切手段迅予空投本部所需最低限度之械彈七十噸（前請空運五十架次合計約七十噸），除復興公司最大限在雨季前可運十五架次，約計二十噸，其餘五十噸請速另派機空投。

二、業經核准本部之每月經費五十五萬銖，懇按月並盡可能提前發給。

丙、在外交上若能策動聯合國由中、美、泰、緬等非共國家組織代表團前往實地調察，亦可獲得如下效果：

一、使反共國家明瞭本部守備寮北，接近附近亙湄公河以迄，八暮密支那滇緬邊境直接警戒緬甸，間接屏障泰馬，使中緬馬共匪無法呵成一氣，並牽制滇匪陳賡兵團十三、十四、十五三個軍，另十六、五十軍、邊防九個團、援越志願軍兩個縱隊，計約廿萬以上兵力，使其不能抽調之實際情形。

二、使國際明瞭本部隊是否有如緬代表及共產集團所云打劫民眾，製造緬混　亂局面，促成東南亞危局之組織。

三、使聯合國明瞭自緬政府誤友為敵，對本部採取軍事行動後所給予匪共第五縱隊（羅桐部係緬喀欽族），及地下份子以滲透及瀰漫緬北得與紅白旗軍連成一氣之大好機會之實情。

以上所呈均屬實情伏乞夫人俯念本部隊革命力量，締造之艱難恩賜培育，俾能為國生存致力反共。

上報總統上報夫人實所至禱，敬叩崇安

職眷李龍慧娛呈

四月廿九日

● 雲南反共救國軍副指揮官柳元麟呈撤退意見案（民國 42 年 12 月 26 日）

台北。總統鈞鑒：

亥微手令奉悉，謹遵命令辦理，經於亥灰呈復在案，當盡量撤退以解決政府外交困難，惟鑑於：

（一）滇緬邊區乃我國西南門戶，惟蒐集匪情策應將來反攻似宜祕密留置一部人員及電台從事地下工作。

（二）擬留兩千人於車里、佛海、南嶠邊境（由彭程等率領），相機滲入國境活動。

（三）留兩千人於瀾滄、滄源、耿馬、鎮康邊境，由段希文率領，相機滲入活動。

（四）設祕密聯絡站於泰緬邊境山地，仍由李彌負責，職及李國輝協助之。

（五）連絡站及所屬改隸資料室祕密派員督導。

（六）所留人員均用化名，改著便衣從事地下工作以不刺激緬泰影響外交為原則。

（七）上項倘蒙默許，當另將詳細計畫呈核示遵。

職柳元麟

亥寢

● 呈報李彌部隊撤退來台人員編組概況（民國 43 年 1 月 8 日）

事由：為呈報李彌部隊撤退來台人員編組概況，請核備並呈報對其續撤人員之編配腹案乞核示由

一、奉交下雲南游擊總指揮部柳元麟四十二年十二月四日於猛撤

呈之報告一件，為李不來台人員請永久使用「忠貞部隊」名義，並予調訓案敬悉。

二、查李彌部隊回台人員之編組前奉交下李彌於四十二年七月十四日擬呈之「來台部隊及軍眷安置辦法」一件，請求將回台人員及中編成一個戰鬥團（下轄軍官大隊一個、學生大隊二個）眷屬集中安置，奉鈞座批示「對其所希望的盡量設法辦理為要。」經飭將實際可能來台人數報部憑辦，未據呈復，故其編組未能及早確定。

三、李部人員撤台雖於四十二年十一月九日開始，為其人數素質仍難預知，為使能迅速編組管訓，經於十一月十四日令頒編組辦法飭以實際到達官兵人數為基準，分別編成軍官戰鬥大隊及步兵營等基本單位，並暫行賦予「忠貞部隊」名義歸本部直轄，待撤退完畢再計畫調配運用，迄至十二月九日止先後以飛機四十四架次運回2258人，其編組及安置概要如左：

（一）軍官985員，於十二月一日至十五日分別核定編成兩個軍官戰鬥大隊暫歸本部直轄。編餘將校105員專案核階後分別任職。病患軍官102員已送醫院醫療。

（二）士兵796員於十二月十五日核定編成步兵第一營暫歸本部。

（三）其餘軍眷、義民、僑胞477人已分別由聯勤總部軍眷管理處或大陸救災總會接管安置。

四、李部人員撤退來台後之番號及組訓概要如左：

（一）來台人員所賦予之「忠貞部隊」名義原為鼓舞士氣及在撤退過渡時間之代號，如撤退完畢正式編成部隊似應納入三軍序列，此項特殊名義即無永久保留必要。

（二）來台人員之編組如以政治方面著眼為維繫西南各省在

台人士信心或有集中編為獨立單位之必要，為國軍現況為缺員甚多，如陸軍按蔡斯建議之軍團組織改編則更應裁撤甚多單位，另軍官戰鬥團已奉軍座核定裁撤三或四個團，正令由陸軍總部計畫辦理市則似不宜增加營以上新單位。李部到台人員素質甚低，如獨立編成單位因幹部亦不健全在教育實施及部隊運用上均甚困難。

（三）來台人員給與受訓機會一項，因是項人員一般軍事基本教育甚為欠缺，編成部隊後應先完成基本教育方宜實施調訓，否則即予調訓亦難有成效，至素質優秀之幹部事予調訓當按一般規定辦理。

五、李部現仍計畫續撤，惟到台官兵人數仍難預知，除將已到台人員編組情形呈祈核備外，對續到者之編組處理謹擬腹案如左：

（一）繼續來台士兵仍先以營為單位編成，爾後視三軍需要情形逐予核定撥補，海軍訓練為接收新艦之用或撥補陸軍充實支援部隊。

（二）右項編組多餘軍官仍先編成軍官戰鬥大隊，爾後視實際情形再行簽請核定編成一個軍官戰鬥團或以大隊分別撥隸於現有各團。

（三）軍眷、義民、僑胞仍按前例分別交由軍眷管理處及大陸救災總會接收安頓。

六、右擬是否有當謹呈乞核示。

謹呈總統

◎　李彌部隊到台官兵編制表　43年1月8日

次	冊列人數		
	官	兵	小計
1	76	73	149
2	28	23	51
3	49	44	93
4	40	28	68
5	51	27	78
6	78	23	101
7	52	27	79
8	27	24	51
9	53	36	89
10	89	42	101
11	64	76	140
12	50	53	103
13	75	48	123
14	79	63	162
15	33	85	118
16	39	52	91
17	102	72	174
總計	985	796	1781

● 周至柔總長呈雲南反共救國軍副指揮官柳元麟呈撤退意見案（民國43年1月）

一、雲南總部副指揮官柳元麟呈

鈞座之亥寢電略稱：

為蒐集情報策應反攻擬留四千人於滇緬邊境，由彭程、段希文等率領相機滲入國境，另設祕密聯絡站於泰緬邊境，由李彌負責，由柳元麟及李國輝協助，均用化名，改著便衣以不刺激緬泰影響外交為原則，並改隸鈞府資料科組等語（原電附呈）。

二，經對柳元麟來電縝密研究，深感該部事實上已不可能生存於緬境，尤不可能滲入大陸，且緬方早已預料我必置主力，繼續控制緬北地區。倘准其所請，則非但將來使彼等消滅，淺顯見我所宣示繼續全部撤退乃是騙局，對我政府信譽影響殊大，同時李彌不可能回防，故認為柳元麟所呈辦法絕不宜實施。

三，根據長久之經驗，確信該部極乏革命精神，對其本身利益遠較對國家利益為重視，不可能處於艱苦之情況下為黨國奮鬥，此次又請求留緬，其出發點亦在為經濟利益著想，蓋彼等販售鴉片、開採鎢礦獲利甚厚，故不願捨棄而來台，並可斷言該部目前係以利而聚，將來必因利而散，且軍紀廢弛內部離析，如望其反攻大陸殆不可能之事，倘不能全部撤退將來必歸消滅殆無疑義。

擬請鈞座覆柳元麟一電（電稿附呈）是否有當奉乞示遵

謹呈總統

附電稿

限即到猛撒副總指揮柳元麟：

密亥寢電悉該員所呈祕留人員、電台各項辦法，志在報國，忠貞可嘉，為審度事實，該部既不可能繼續生存於緬境，更不可滲入大陸，希貫徹執行全部撤退事宜，所請應予免議，特覆。

蔣

◎ 參軍長桂永清核閱意見案（民國 43 年 1 月）

一、關於緬境全部撤退來台案已奉鈞座四十二年十二月五日手令電飭有案，柳元麟於十二月十日（亥灰）與二十六日（亥寢）呈復之兩電文，均已由機要譯呈鈞閱。

二、茲周總長根據柳元麟四十二年十二月二十六日（亥寢）簽議之意見及為鈞座擬被電稿一件，如上簽及附件請核示前來。

擬辦：

查所呈核議意見，似值考慮，擬准照周總長所擬電稿（原文請參閱附件）復飭柳元麟辦理。

職桂永清（參軍長）43 年 1 月 11 日

如擬。

中正

43 年 1 月 14 日

● 參軍長桂永清呈李彌部隊來台安置情況（民國 43 年 1 月 18 日）

去年（42）七月李彌擬呈由緬來台部隊暨軍眷安置辦法，其大要為：（一）對來台官兵請降低收訓標準擇優選送受訓。（二）請給予一個戰鬥團番號，下轄軍官大隊一、學生大隊二集中管訓。（三）眷屬以集中一地居住為原則。奉批「周總長核辦。對其所希望的盡量設法辦理為要。」嗣又據 12 月四日柳元麟報告內稱：（一）邊區反共人士不願撤出，我政府不宜向國際提出全部撤離來台之保證。（二）不撤出之部隊仍有生存之道。（三）來台官兵不願編散如果戰鬥團不能配合撤台時，請將忠貞部隊名已改作永久名義，按照實情另訂編制。（四）懇飭李彌祕密回防。（五）來台多數有為青年請賜予受訓機會。奉鈞批「閱」，此批件並由第一局送周總長閱。

二、茲據周總長來呈謹核議如左：

（一）由緬撤離來台官兵軍眷、義民、僑胞截至 42 年十二月九日共 2258 人，際軍官 985 員除編成兩個軍官戰鬥大隊暫轄於國防部外，編餘將校 105 員專案核階後任職，病患軍官 102 員已送醫院醫療，士兵 796 員除內有幼年兵 83 員郵政工幹部學校教導隊（即幼年兵大隊）階領受訓外，餘編成步兵第一營暫歸國防部直轄，其餘軍眷、義民、僑胞 477 人已分別由聯勤總部軍眷管理處或大陸救災總會接管安置核與鈞批「盡量設法辦理」之指示符合，似可准予備案。

（二）所呈我在緬編部隊已決令繼續撤退，李彌無回防必要，即撤來官兵正式編成部隊後應納入三軍序列，無永久保留忠貞部隊名義必要。與來台官兵之編組因國軍需照美制軍團關係不能增加營以上新單位，暨該部隊來台人員素質較低，除素質較優勢餘調訓之幹部可按一般規定辦理外，餘應先完成基本教育方宜調訓各節核無不合。

（三）所擬對續到之士兵仍先以營為單位編成，爾後視三軍需要情形核定撥補，編餘軍官仍先編成軍官戰鬥大隊，爾後視實際在與核定編成一個軍官戰鬥團或以大隊分別撥隸各團，至軍眷、義民、僑胞則仍按潛力辦理各節經核亦屬妥善可行，但為使官兵心理安定與實施教育便利將來撥補實原則上應以營（連）為單位，不宜過於分散，至編餘軍官亦似已編成一個軍官戰鬥團為宜。

擬復：由緬來台部隊、軍眷、義民、僑胞編配安置情形准予備案，餘准如擬辦理。

桂永清

43 年 1 月 18 日

● 行政院長陳誠呈有關呂國銓子篠意見（民國 43 年 1 月 27 日）

據呂副總指揮國銓子篠電：「竊忖在緬各部隊政府命令權徹自當恪遵，然目睹今後事態由此引起之必然惡劣演變未忍默視，謹掬誠上陳意見以供參考：（一）查各部雖遵令撤台，但據估計無法撤退者人槍總計在四千以上即騾馬千餘匹，如此數目來源培植頗不容易，若有在此戰略要地維繫領導，將來反攻情報蒐集可生極大作用，倘領導非人或任其散漫流竄影響必鉅。（二）滇緬邊境山峻林密且薩江以東官民對我軍具好感，如我經費有著，對緬不再刺激，則潛伏求存待機壯大絕無問題，政府亦無任何責任。（三）將我留置人員移至邊界作泰緬屏籓改變過去錯誤政策，運用外交敦睦鄰邦自易取得緬方諒解。（四）對無紀律部隊及思想欠正確者應強令一律撤台，並依優良一部作基幹留置控制一切則徹後局勢單純整理容易以後政府指揮自無掣肘之虞。（五）職在此間頗有人事基礎各幹部係舊屬及知好，泰緬對職亦向友善，並已向緬方進行國民外交頗有成就，如蒙接受不以愚庸見棄留職負此收拾統率之責，自信可能控制一切苟利黨國，生死不辭以圖報鈞座及層峰培植於萬一。」

謹報請鑒察

行政院長陳誠

● 參軍長桂永清核辦撤退緬境意見呈請核示（民國43年1月30日）

關於撤退緬境游擊隊事鈞座已迭有指示一月二十二日，復奉批示「應限該部自二月一日起在一個月內撤退完畢。」並已令周總長轉飭遵照。

呂副總指揮國銓刻已來台已向周總長面報。

陳院長轉呂員子篠（一月二十七日）電請留該員及一部份部隊在緬之意見，周總長作何處理尚未具報。

四、呂國銓所請關係政府決策之變更似值考慮。

擬辦：交周總長核議具報，當否，乞示。

職桂永清

1月30日

如擬，並召見呂國銓。

蔣中正

2月4日

● 蔣中正指示柳元麟（民國43年8月16日）

柳部整備應遵守之原則

一、總指揮部行政業務應定為合議制，即以柳元麟、曾力民、孫超、徐汝揖四員並增加該部原有副總指揮一員組織行政委員會，以柳元麟為主席，以徐汝揖兼祕書，凡財務稅收與機場管理對外運貨購物等業務，必須經由該委員會公決實施，絕對禁止售運毒品。

二、該部經費收支應澈底改正，其軍需必須由主計長室派員督導，建立軍需獨立制度。

三、第五軍與第三軍駐區附近孟龍等地，應增建一或二個訓練基地為要，餘可如擬。

中正

八月十六日

● 蔣中正指示彭孟緝崑崙計畫案及大陸西南地區空投人員於六個月內挑選組訓完成（民國 49 年 7 月 16 日）

崑崙計劃案

本案構想以收復雲南全省為反攻復國之第二基地，所擬之六個地區可與以前所訂之武漢計畫並不衝突，並將可聯成一氣，故前定各計劃與其地區仍可照常進行，乃不必因此有所變更。

所付六個地區各地名應用百萬分一地圖配標，及由台南至各該主要目標之空中里程附記在內，從速呈報。一面從速設計，限一個月內報告。

前令武漢計畫與美方天馬計畫，應於下周再作一次全盤的檢討，又緬北江拉機場完成後，對於該大陸第一反攻基地之鞏固，以及運輸設備與油料存儲，並將其部隊編訓之積極加強與限期（六個月至十個月）完成必須確立具體計畫，現乘柳元麟同志在此期間，務照以上指示，切實商討以便期限實施。

中正

附　計畫

一、康定、瀘定、金湯、漢源、寶興等縣，為第一區。以康定為目標，先派偵察組在金湯或漢源空降。

二、西昌、寧南、會理、勉寧、越嶲、昭覺等縣，為第二區。以西昌為目標，先派偵察組在越嶲或勉甯、甯南空降。

三、保山、騰衝、龍陵、梁河、福貢、瀘水、碧江、蘭坪、中甸、維西、德欽與西康之德榮、鹽井、稻城、定鄉、寧靜諸縣，為第三區。以保山或騰衝為正副目標，先派偵察組在德榮或瀘水或福貢、碧江空降。

四、昭通、大關、彝良、鹽津、永善、鎮雄、威信、綏江、四川之筠連、拱縣、高縣、慶符、宜賓、屏山，為第四區。以昭通為第一目標，宜賓為最後目標，先派偵察組在鹽津或威信、筠連附近空降。

五、寧洱、鎮越、思茅、墨江、景谷、鎮沅、六順、元江、江城、石屏、箇舊、建水、蒙自、屏邊，為第五區。以元江為第一目標，以箇舊、蒙自為最後目標，先派偵察組在鎮遠或思茅附近空降。

六、廣南、富州與廣西之西林、西隆、田西、凌雲、百色與貴州之安龍、開亨、興仁、興義、貞豐，為第六區。以西隆、西林為目標，先派偵察組在西隆或安龍附近空降。

以上各地區空投人員，務望於六個月內挑選組訓完成。

中正

七月十六日

● 彭孟緝呈蔣中正奉示提出崑崙計畫柳元麟部整備計畫及關於目標地區里程表暨空運航路圖請鑒核（民國 49 年 7 月 27 日）

事由：謹呈崑崙計畫目標地區空中里程表暨空運航路圖恭請鑒核

一、奉鈞座本（四九）年七月十六日手令指示：

（一）武漢計畫與天馬計畫，應於下週再作一次全般檢討。

（二）按指定之六個目標地區，策訂崑崙計劃，限一個月內完成。

（三）對柳元麟部之編訓與運補，擬訂具體計劃，限六至十個月內完成。

（四）將六個目標地區所列各地名，標繪於百萬分一地圖上，並以台南及江拉為啟航基地，計算並附註空中里程，從速呈報。

二、謹遵指示除武漢天馬計劃檢討報告，預定於本（七）月二十八日向鈞座提出簡報。崑崙計劃及柳元麟之整備計劃，另案呈請核示外，關於目標地區空運能力之研究，謹分析檢討報告如左：

（一）目標地區距離如附表一：崑崙計劃目標地區空中里程表及附圖——崑崙計劃目標地區空運航路要圖。

（二）我現有空運機之正常航程半徑，C-119為七八二浬（九〇〇哩），C-46 機為五九一浬（六八〇哩），依據空中里程之計算，如以台南為起降基地，執行本計劃六個目標地區之作戰，均超出我空運機航程半徑。

（三）江拉機場因受地形限制，現有跑道長度僅一三五〇公尺，C-119 機不能使用，C-46 機亦不能作全載重起飛，故無法使用江拉為起運基地。如於台南或屏東起飛，至各目標地區空投後降落，江拉可使用 C-46 機加裝機身八〇〇加侖油箱，除第一目標區外，其餘二至六目標區，均可到達。惟以機身內加裝油箱後，每架飛機僅可裝載空降人員十員。

三、恭請鑒核。

謹呈總統

附表一　崑崙計畫目標地區空中里程表

中華民國四十九年七月二十七日

（49）嚴向字第一五八號呈附件

崑崙作戰地區	起訖地點	戰術航線距離（浬）	以台南為基地之直線距離（浬）
第一目標區（康定）	台南－康定－台南	2,598	1,066
	台南－康定－江拉	1,927	
	江拉－康定－江拉	1,256	
第二目標區（西昌）	台南－西昌－台南	2,394	997
	台南－西昌－江拉	1,654	
	江拉－西昌－江拉	914	
第三目標區（保山）	台南－保山－台南	2,590	1,190
	台南－保山－江拉	1,595	
	江拉－保山－江拉	600	
第四目標區（畢節）	台南－畢節－台南	2,140	908
	台南－畢節－江拉	1,571	
	江拉－畢節－江拉	1,002	
第五目標區（蒙自）	台南－蒙自－台南	2,054	933
	台南－蒙自－江拉	1,332	
	江拉－蒙自－江拉	510	
第六目標區（百色）	台南－百色－台南	1,736	733
	台南－百色－江拉	1,203	
	江拉－百色－江拉	670	

附記　表列戰術航線距離，乃依據目前匪空軍部署狀況而計算，計劃執行時，將再按當時情況及空降場位置，另行策定之。

第五章　美國與反共游擊部隊

一、1950年代軍力評估及相關援華軍事決策及會談

● 中國國防部對中國國軍與美國第七艦隊共同保衛台灣聯合作戰計畫之意見（民國39年7月25日）

中國國防部對中國國軍與美第七艦隊共同保衛台灣聯合作戰計劃之意見

註：本件僅作中美商討時我方口頭談話之依據，不用書面提出。

第一　作戰目的

一、中國國民政府為確保反攻大陸之基地，美國政府為維持太平洋區域之安全，因此雙方以共同保衛台灣為目的，中國國軍（陸海空三軍）與美國第七艦隊應聯合作戰，務期擊破對台灣（含澎湖下同）施行任何攻擊之敵。

第二　指揮系統

二、中國國防部與美第七艦隊在共同保衛台灣之作戰遂行中，應密切協同，其指揮系統至少在現時各如現況。

第三　聯絡機構

三、為利於雙方軍隊聯合作戰有效之進行，於認為需要時應合組連絡組。

四、組織：

1. 聯絡組由中國國防部與麥帥總部，會同派遣陸海空軍人員組成之，本組設立於台北。

2. 視情況需要，雙方得於必要港口或基地互派專員擔任連絡事宜。

五、任務：

1. 依雙方之協定執行細部之連絡。
2. 敵我情報之交換。
3. 協同作戰期間臨時發生事項之轉報。
4. 關於美軍方面事務之處理，中國負設置之責。
5. 其他

第四　作戰要領

六、搜索警戒：

1. 對大陸自上海至廣州間沿海及內陸地區之搜索，由中國海空軍擔任之，其目標為：
（1）敵飛機與空軍基地及其設施。
（2）敵海軍基地與設施及其艦艇狀況。
（3）敵軍之集結運輸及攻防設施。
（4）敵渡海各種船隻及設施。
（5）敵軍一切動態，但中國海空軍對上海及廣州兩地之搜索力量比較薄弱，至於上海以北之地區則難以達到。
2. 對台灣海峽之全部及台灣本島以北以南各一百浬，以東五十浬之水域內之搜索與警戒，由中國海空軍擔任之，其目標為敵艦艇、船舶、飛機等一切行動。
3. 美第七艦隊對保衛台灣搜索警戒之方法如何，中國方面希望美第七艦隊至少能參加上列第 2 條之搜索與警戒，並希望對上列 1、2 兩條以外區域，由美第七艦隊擔任之，此係中國國防部要求付諸討論之提議。

七、作戰各時期任務區分：

美軍對下列時機應採何行動

1. 發現中國大陸上主要港口內有匪軍集中，顯示作海外侵襲時。
2. 如匪之兩棲部隊自中國大陸發航時，判斷其有進攻台灣之企圖，但也許為進攻其他區域者，於發現後在何項情況下，於何時予以攻擊。
3. 如此項侵襲部隊分由若干港口出發，採不同之方向，而測知其為進攻台灣時，此際美軍對偵察和攻擊方面，應採何種行動。
4. 如匪侵犯部隊到達台灣近海及灘頭時，美軍是否協助中國軍隊為海上防衛力量之重新部署。
5. 倘來自大陸之飛機進襲台灣、澎湖時，美軍應否出戰和攻擊大陸上之空軍基地
6. 對敵之潛艇活動擬請美軍擔任其主要之行動。
7. 敵如向我台灣外圍各據點之上下大陳島、馬祖島、金門島攻擊時，則例如金門島上之中國陸海空軍固當立即採取行動，美軍是否應予協助。

八、為使雙方海空軍位之識別及標誌便於通信起見，應舉行演習。

第五　後勤設施

九、通信聯絡：

1. 在台北之中美連絡組應設置通信中心，擔任中、美兩軍間之連絡。
2. 中國海空軍與美第七艦隊間如有直接連絡之必要時，可依協商預先規定之。

3. 為使美第七艦隊之飛機容易支援中國地面部隊之作戰，及使中、美雙方之艦艇、飛機在作戰中容易與連繫起見，可依預先協定之辦法，分別使用短波或超短波及其他輔助識別信號。
4. 中、美雙方一般船隻之行動，應事前互相通知對方，並使用規定之輔助通信識別之。
5. 中國防空情報通信機構與美軍艦隊應協商使用無線電直接交換空襲情報。
6. 中美雙方空軍機種機形之識別須通報對方。

十、補給：

依照雙方之指揮系統自行設施補給，但中國方面對美第七艦隊之淡水供應及緊急必要之補給與修理應極力協助之。

十一、海空軍基地：

美方如需用中國海空軍基地時，應即行協定之。

十二、地圖：

中美雙方應使用同一地圖（註）中國方面現有美製二十五萬分之一地圖，並已翻印，附有 ADG 制座標及中文之地名。

第六　反情報

十三、關於防諜保密密碼使用、郵電檢查、新聞發佈，一切事項應即行協定之。

第七　附則

十四、以上為中國國防部提供之意見，希望麥帥總部代表有更佳之意見，共同策定適切之聯合作戰計劃。

● 史樞波致格蘭第上校第七艦隊為阻止台灣澎湖被侵襲之作戰計畫（民國39年8月13日）

備忘錄

致：格蘭第上校

由：第七艦隊司令

案由：第七艦隊為阻止台灣澎湖被侵襲之作戰計劃

附件：附作戰計劃記五份

（一）請將附件轉呈周至柔將軍參考。

（二）並轉告周至柔將軍，如台、澎被侵犯，此項作戰計劃代表本艦隊之作戰依據。

（三）同時並請轉告周至柔將軍，此項作戰計劃現正參照與周總長及桂總司令討論後之意見修正中，修正事項中將特別著重於識別問題、早期情報作戰區域之劃分及緊急通訊等。

史樞波

副署者海軍上校哈布氏

有關第七艦隊為阻止台灣澎湖被侵襲作戰計畫大綱請示事項

一、「內防區域」問題

甲案：取消台灣沿岸十浬以內為「內防區域」之規定，在海面上中美艦隊均不受區域限制，但應規定以各別戰鬥為主（例如美第七艦隊之艦艇，已先與敵艦船接觸而不須我直接協力時，我海軍即不參加，而另行攻擊其他目標，又如我海軍已先與敵艦船接觸，美艦隊能即時趕到接替我之任務時，我海軍亦即行退出，另行轉攻其他目標）。

乙案：保留「內防區域」，美艦隊是否進入「內防區域」作戰，由美方自行決定，惟我方得隨時在此區域外作戰不受限制，至中美艦隊在「內防區域」以外之作戰，仍規定以各別戰鬥為主。

丙案：夜間保留「內防區域」，晝間取消「內防區域」。

二、是否必需強調敵機空襲台、澎時，應即認為台灣防衛戰之開始。

三、是否需要要求美第七艦隊擔任原計劃大綱以外更多之任務，例如：

1. 參加台灣上空之空戰。
2. 對大陸匪空軍基地之反擊。
3. 第七艦隊增加兵力問題。
4. 掃雷問題。

第七艦隊為阻止台灣澎湖被侵襲之作戰計畫（1950.8.13）

一般情況

（1）第七艦隊已奉令執行軍事行動，以阻止對台灣、澎湖之侵犯敵情。

（2）判斷中共用於進犯台灣之兵力，包括下列各項：

一、第一次進犯企圖使用之各種型式船隻，能搭載約七萬人。

二、較小之海軍，大至護航驅逐艦

（註：與國軍太字艦同）。

三、空中掩護渡犯兵團，並以中型轟炸機與戰鬥機攻擊。

四、空降部隊（有可能性少）。

（註：原文為 PROBABILITY，意在較大之可能性）

五、潛水艇（有可能性少）。（原文與四同）

（3）茲判斷中共登陸台灣地點，按先後順序分列如後：

一、島之西北地區

二、島之西南地區

三、島之東北地區

四、東岸之局部地區及島之南端

（4）中共進犯船隻大概在下列二主要地區裝載：

一、福州－溫州地區

二、汕頭－廈門地區

（5）上海－杭州地區也可能為裝載點，但小型船隻將駛往福州－溫州地區裝載，上海－杭州地區可能為大型船隻裝載，而直接向指定登陸地區航行。

（6）整個進犯部隊之海運速度，每小時將受限制為五－八浬，由廈門－溫州地區至西北登陸地區，需時十三－二十一小時。

（7）估計進犯部隊抵達時間：

一、進犯船隻將在前一日白晝發航，俾翌日拂曉時抵達登陸地區岸邊。

二、或發航較遲，如此則可密匿其初期行動，且能利用黑夜偷渡大部航程。

（8）可能使用具有每小時十浬以上速度之少數大型船隊，此項船隻可利用黑夜橫渡全程，於翌日拂曉即可抵達登陸。

一般計劃

（9）美國第七艦隊將執行海空軍軍事行動，以阻止對台、澎之侵犯。

（10）倘台灣澎湖一旦被侵時，第七艦隊之防禦計劃，意在與中國軍隊並肩作戰，而非一個體系之作戰。

（11）台灣沿岸十浬以內（確實距離隨後再行討論）設為「內防

區域」，由中國國軍負主要責任，一旦敵海或空軍行動或其海空同時有進犯跡象時，及美國第七艦隊準備迎擊時，中國艦艇應全體退守於「內防區域」。

（12）大陸沿岸各島之防禦，應由中國政府負責，美國第七艦隊將不參與。

（13）本計劃將依下列三階段實施之。

一、收到本計劃後作細部之策定。

二、依照信號按指定地區部署。

三、依照信號自行開始戰鬥而執行任務。

部署

（14）美國第七艦隊將分別駐防於下列三地區內，俾迎擊進犯共軍。

一、北區－北緯二十四度以北富貴角至北緯三十度，東經一百二十四度三十分之線以西地區。

二、東區－北緯二十三度以北富貴角至北緯三十度，東經一百二十四度三十分之線以東地區。

三、南區－台灣西部海岸北緯二十四度以南東部海岸北緯二十三度以南地區。

美國第七艦隊防區要圖

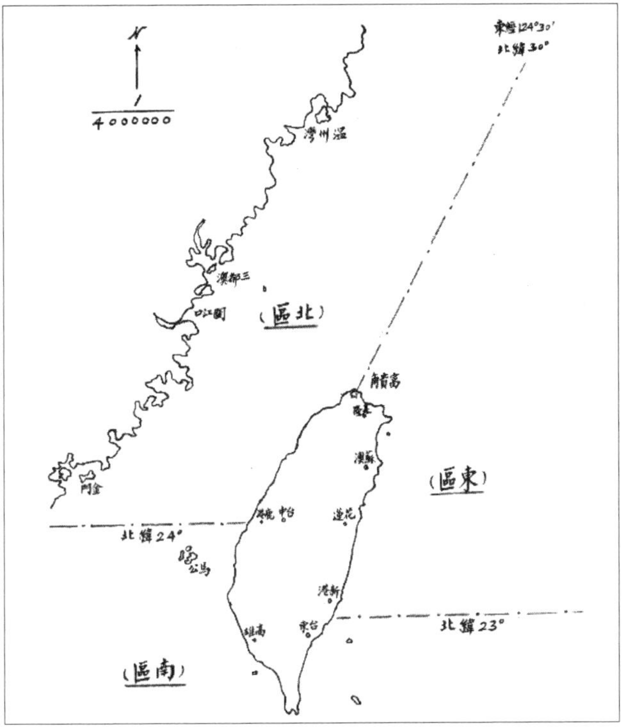

（15）上述三區之劃分，並非硬性規定，依情況得隨時變更，第七艦隊之艦艇可不待通知駛入上述任一防區。

（16）美軍兵力分佈如下：

一、北區－巡洋艦、驅逐艦及巡邏機隊。

二、東區－驅逐艦。

三、南區－巡洋艦、驅逐艦及巡邏機隊。

（17）美航空母艦可活動使用於任一區內，補給單位可駐留於台灣各港口或任一區內。

（註：原文未言明單位之性質但意在供應艦隻）

（18）第七艦隊不擬使用潛艇防禦台灣或澎湖。

（19）空中搜索，目前由海軍巡邏機二隊擔任，其中一隊（註：Mariners 為雙發動機之海軍水上飛機 PBM 型）以澎湖為基地，每日擔任台灣－香港－福州－台灣北部海面之搜索。另一隊（註：Privateer 為四發動機之海軍用陸上飛機 B-24 單尾型）（不久擬由另一機隊（註：Neptunes 為雙發動機海軍陸上飛機 P2V）接替）以沖繩島為基地，每日擔任沖繩島－福州上海海面之搜索。

（20）如共軍於夜間以空降侵襲時，本艦隊將以母艦上夜間戰鬥機迎擊（CORSAIRS & Sky-RAIDERS）迎擊，巡邏機隊則對渡犯之匪艦船實施夜間轟炸。

（21）晝間空戰任務由母艦上各大隊機群擔任為主，並以巡邏機隊協助之。

通訊

（22）美國第七艦隊與中國海空軍之通訊在台北未設立軍用通訊站前，由美第七艦隊司令主持交其駐台北連絡官負責之。

（23）緊急時與中國空軍之通訊，可以一一六一〇百萬週率之波長，由當地指揮塔負責連絡之。

（24）與中國海軍總部及艦隊司令之緊急通訊，可以五三〇〇千週率之波長，並用下列呼號實施之：

海軍總部 WH2

第一艦隊 ADF

第二艦隊 ABJ

第三艦隊 ADC

第七艦隊各艦艇則沿用其通用之國際呼號

（25）與中國空襲警報網之聯絡，晝間擬以七五〇〇千週率之波長，夜間擬以三五〇〇千週率波長之建議，現正研究中。

識別

（26）識別將較為困難，但可利用其一般性質，匪軍開始渡犯後，其艦船大部滿載部隊自易識別，第七艦隊航空母艦攻擊艦隊及補給艦隊，將駛出預想共軍侵犯作戰區域之外作戰，因上項各艦之體積，艦上又無部隊與其位置，識別上應無混淆之慮，所有艦艇及飛機接近上項艦隻，至其射程內如無電子識別（註：原文為 Electronic Identification，係一種利用電子原理之專門識別設備而非普通電訊，故強譯為電子識別），則認為敵方艦艇及飛機。

（27）本計劃內隨附目前正研究中之中美雙方通訊識別預定表，艦艇間及艦機間之預定識別方法之建議，亦列為本計劃附件，飛機與飛機間之識別方法現正研究中，不久即可頒佈。

（28）第七艦隊為迎擊渡犯共軍而部署後，中國海空軍在「內防區域」以外之活動，應立即通報第七艦隊，此項中國海空軍之活動將分別轉知美軍各分隊，第七艦隊通常不駛入「內防區域」內活動，但在該區內經發現確實判定為敵方艦艇時方以砲擊之。

第七艦隊對台灣港口及機場之利用

（29）平時，第七艦隊飛機使用台灣機場之許可，得經由美國駐台北海軍武官洽辦之。

（30）緊急時，台灣機場之使用，可由飛機直接向當地機場或軍區通訊站連絡之。

（31）平時，第七艦隊之艦艇使用台灣港口之許可，得經由美國駐台北海軍武官洽辦之。

（32）緊急時，第七艦隊之艦艇得經由港口信號塔逕向港務長取得進港之許可，並應沿用規定之國際法則，可能時且須取得駐在基隆及馬公之海軍高級軍官之許可。

早期情報

（33）有關匪軍渡犯船隊自上海－杭州區向南之行動或匪軍在大陸沿海登船之情報，極其重要。

（34）第七艦隊司令獲得上述情報之來源，乃由搜索之報告及中國軍方之通報，此項情報之及時獲得其重要性，自不待言。

附件一　識別信號

日期	問			答		
	第一字母	格林威治標準時間	第二字母	第一字母	格林威治標準時間	第二字母
01	RCY	00-01	TDU	WGO	00-01	VQF
02	IMJ	01-02	KEK	PAB	01-02	NXZ
03	SIR	02-03	CYT	DUW	02-03	GOV
04	QFI	03-04	MJH	EKP	03-04	ABN
05	XZS	04-05	LRC	YTD	04-05	UWG
06	OVQ	05-06	FIM	JHE	05-06	KPA
07	BNX	06-07	ZSL	RCY	06-07	TDU
08	WGO	07-08	VQF	IMJ	07-08	HEK
09	PAB	08-09	NXZ	SIR	08-09	CYT
10	DUW	09-10	GOV	QFI	09-10	MJH
11	EKP	10-11	ABN	XZS	10-11	LRC
12	YTD	11-12	UWG	OVQ	11-12	FIM
13	JHE	12-13	KPA	BNX	12-13	ZSL
14	YFT	13-14	IVC	LNE	13-14	AWR
15	DSG	14-15	HBX	ZOU	14-15	PQM
16	KGY	15-16	FTI	VCL	15-16	NEA
17	WRD	16-17	SGH	BXZ	16-17	OUP
18	QMK	17-18	JYF	TIV	17-18	CLN
19	EAW	18-19	RDS	GHB	18-19	XZO
20	UPQ	19-20	MKJ	YFT	19-20	IVC
21	LNE	20-21	AWR	DSG	20-21	HBX
22	ZOU	21-22	PQM	KJY	21-22	FTI
23	VCL	22-23	NEA	WRD	22-23	SGH
24	BXZ	23-24	OUP	QMK	23-24	JYF
25	TIV			CLN		
26	EAW			RDS		
27	GHB			XZO		
28	UPW			MKJ		
29	FRT			SLZ		
30	QWR			REQ		
31	MNO			PLT		

使用說明

一、詢問時應在相當日期欄內選擇任一字母為第一字母，同時在相當時間欄內選擇任一字母為第二字母。（例：七月十三日十九時三十五分（1935Z 格林威治標準時間）之符號其第一字母為 JH 或 E，第二字母則為 MK 或 J）。

二、回答時亦同（例：回答以上詢問時第一字母為 BN 或 X，第二字母為 JV 或 C）

三、使用之舉例如下：

（1）利用 CW 無線電機或燈號（時間本月二十三日六時十九分）（註：0619Z 為正確時間）。

問：AA AA DE（問者之呼號）LL LL AR

答：（問者之呼號）DE（被詢問艦艇之呼號）RD RD RD AR

（2）利用通語旗（時間本月二日十八時零七分 1807）

（甲）詢問之艦艇應懸國際通用信號 CODE VICTOR HOW（請懸掛貴呼號）及其本身呼號。

（乙）被詢問之艦艇應遵照其要求，如詢問之船艇認為被詢問者為中國或第七艦隊艦艇時，詢問之船艇應懸掛「JIG　ROGER」。

（丙）被詢問者即懸掛「PETER X-RAY」。

（丁）雙方降下呼號。

（3）利用無線電話（時間本月三十一日二十二時四十 八分 2248Z）

問：UNKNOWN SHIP (OR AIRCRAFT) THIS IS (CALL SIGN OF CHALLENGER) I CHALLENGE MIKE EASY MIKE EASY MIKE EASY OVER

答：CALL SIGN OF CHALLENGER THIS IS (CALL SIGN OF CHALLENGER) I REPLY LOVE SUGAR LOVE SUGAR LOVE SUGAR OVER

附件第二　預定識別方法

A. 飛機與艦艇間

（一）飛機應保持一定之方向進行，並不得有可能被對方誤認為敵意之行動，同時不得直趨或飛臨友軍艦艇或艦隊之上空。

（二）飛機被詢問時應即作九十度之轉彎，飛離詢問之艦艇（詢問艦艇以燈號表示 AA 符號）。

（三）飛機且應明示其機上之國徽。

B. 艦艇與飛機間

（一）中國海軍艦艇與商船，除懸掛中國國旗外，並以二付黃色大布板分別垂懸於船之兩舷，另以二付黃色大布板平置於艦（船）上顯明之位置，受燈號發出 AA 符號之詢問時，應以燈號或旗號使用國際通用訊號回答之。

C. 艦艇與艦艇間

第七艦隊與中國海軍艦艇應遵照附件第一所示辦法識別之。

D. 飛機與飛機間

現正研究中。

附註：凡接近航空母艦隊而並不歸其指揮之艦艇及飛機，均將認為敵方艦機。

● 蔣經國鄭介民呈蔣中正美國查理詹斯登所談美軍保衛台灣之計劃暨我應採取的實際行動（民國 39 年 11 月 26 日）

美國查理詹斯登君所談之計劃

一、擬先以少數軍火裝備，供應一小單位之游擊隊，如該游擊隊能在得到裝備後有所表現（如破壞鐵橋、鐵路及匪軍事設備），而能證實者則第二批（五倍至十倍）之供應繼續運來，如再有證實之成績表現，則逐漸增加供應，以至美方可負責供應保衛台灣之任何配備。

二、如該計劃能獲同意

1. 請鈞座即指派幹員負責執行該計劃之機構，並限期實行。
2. 美方人員於開始時以不超過六人為標準，內通訊員、供應員及技士各二人。
3. 美方負責一切採購、運輸及美方人員之經費。
4. 在鄰近大陸之島嶼中選定一地，作為美方給養之交貨地及儲存地。
5. 我方在大陸作游擊戰最需要供應之物資，請即告知，俾作準備。
6. 查理擬於下星期二赴日轉美，如該計劃獲同意而需實施，則彼可在華府協助，希我方指定一可靠人員，在華府與彼直接連絡，並由我方指定密碼隨時通訊。
7. 為作實施該計劃之表現，我方對匪區鐵路應作積極性之破壞。

三、希望我方供給下列資料，交彼攜回美國：

1. 我所控制之大陸游擊隊活動紀錄，及駐地、人力及指揮官姓名。

2. 有關東北及鄰近北韓一帶之情報。

● 與美國查理詹斯登君商談經過及請示事項（民國 39 年 11 月 26 日）

甲、二十四日與查理君洽談時，彼表示：係馬歇爾密派前來考察遠東及中國之實際情形，艾其遜之辭職即將實現，美對華之政策將漸好轉，對我游擊部隊之援助為初步之試驗等語。

乙、查理君之工作計劃與意見

（一）計劃

1. 為擊敗共匪，先充分裝備中國大陸游擊部隊中之一小單位（約一千人）作為試驗，今後美方繼續供應之多寡，即以此次試驗之成績為依據。
2. 上項部隊所需要裝備之種類與數量，及輸入之港口與機場，請即告知，以便於明（四十）年元月十五日前運華。
3. 應即完成一週密之中美合作及指導計劃，美方擬先派聯絡官、供應員、護士各一人，通訊員、情報員各二人，共七人駐台，我方應即指定此項組織之負責人員，並指派一人常駐華盛頓或舊金山，以資聯絡。另給密碼一本，以便通訊。

（二）意見

1. 此項組織成立後，擬請鈞座於每星期內親臨召開一次業務檢討會。
2. 請將大陸游擊部隊以往之成績紀錄，及目前游擊隊之位置、數量與指揮人員姓名等資料，交其攜回美國。
3. 請告知關於中國政府對大陸游擊戰之今後計劃。

丙、已逕洽商及請示事項

（一）已逕洽商之事項

1. 第一批所需裝備，已列表徵得查理君之同意，計為砲二十門、輕重機槍一百二十挺、長短槍一千二百八十支、各種彈藥一百九十二萬發，二百噸機動船十艘，及各種通訊醫藥等器材。

2. 我在大陸游擊部隊各項資料已擇要編送。

（二）請示事項

1. 根據第一期準備裝備一千人之意圖，擬先在蘇、浙、閩沿海地區實施，就現有各游擊部隊中分別挑選精幹人員，組織突擊大隊六個，每大隊轄突擊隊二至四個，共二十個突擊隊，每隊五十人，每一突擊隊均指定其活動地區及任務。

2. 各突擊大隊擬暫以小羊山、下大陳、漁山、披山、北麂、白犬等六島為前進基地，如美方需要時，可派員前往視察。

3. 為統轄指導整個突擊工作，擬在台北設立突擊指揮部，並擬請指定鄭次長介民負責（其編制與經費另擬呈核），所屬人員由鄭次長商同行委員會派用，並歡迎美方技術人員參加指揮部工作，所有突擊戰鬥計劃之策定，得由指揮部徵詢美方人員之意見，共同擬定後實施（編制部署查理君表示同意）。

4. 駐美聯絡人員，擬在皮宗敢、李惟果兩員中，請鈞座指定一人，另發密本應用。

5. 其援助物資運台之港口，擬指定左營及新港，空運機場擬指定台北及宜蘭。

● 聯合調查委員會擬具美軍在台戰略需求之短期及長期之戰略評估草案中文譯稿（民國39年12月28日）

〔原文及翻譯，中文係編者摘譯〕

REPORT BY THE JOINT STRATEGIC SURVEY COMMITTEE to the JOINT CHIEFS OF STAFF on STRATEGIC IMPORTANCE OF FORMOSA

THE PROBLEM

1. To draft a reply to a memorandum by the Secretary of Defense dated 20 December 1950 (Enclosure to J.C.S. 1966/53), in which he desires the views and recommendations of the Joint Chiefs of Staff on the short-term and long-term U.S. strategic interests in Formosa, from the military point of view.

RECOMMENDATION

2. It is recommended that the memorandum in the Enclosure be forwarded to the Secretary of Defense.

ENCLOSURE

DRAFT

MEMORANDUM FOR THE SECRETARY OF DEFENSE

1. In accordance with the request contained in your memorandum dated 20 December 1950, the Joint Chiefs of Staff have reviewed their previous estimates of the strategic importance of Formosa and concomitant United States courses of action and have, from both the

short and long term points of view, formulated the following views in the light of the developing situation in Korea, Chinese Communist capabilities and intentions for continuing aggression in Asia, and the defense of Pacific island chain:

2. Prior to the outbreak of the Korean war and the intervention of United States forces therein under the aegis of the United Nations, the Joint Chiefs of Staff position with respect to Formosa was that, although the island is strategically important to the United States, its importance did not justify overt military action in the event that diplomatic and economic steps proved unsuccessful to prevent Communist domination, so long as the disparity between our military strength and our global commitments continued to exist; but on the other hand there could be no categorical assurance that other future circumstances, extending to war itself, might not make overt military action eventually advisable from the over-all standpoint of our national security.*
3. The North Koreans invaded South Korea on 25 June 1950. On 27 June 1950 the President of the United States, in order to protect the flank and rear of United States armed forces which were being sent to Korea under the aegis of the United Nations, directed the Commander in Chief, Far East, to repel any attack upon Formosa and the Pescadores and to stop attacks from Formosa upon the mainland. This directive is still in effect.
4. While the United States armed forces were engaged in offensive operations in Korea, the Secretary of State proposed, among other things, that the military neutralization of Formosa be arranged through United Nations procedure.* The views of the Joint Chiefs of Staff on

this proposal, which were furnished you by their memorandum dated 20 November 1950,** were that the military neutralization of Formosa would not meet United States military strategic needs since it would

a. Considerably improve the communists' strategic position and would release some of their defense forces for build-up elsewhere; and

b. Substantially reduce our own strategic position in the area and would restrict freedom of action in the event the military situation requires that an armed attack against the Chinese Communists on the mainland be mounted.

The Joint Chiefs of Staff reaffirm these views, which were then predicated on a worsening strategic position of the United States in the Far East, which has not improved.

5. The overt intervention of the Chinese Communists in the Korean war and their aggressive actions against the French in Indochina and against Tibet, together with their bellicose threats and violent propaganda against the United States, indicate not only that the Chinese Communists will not settle their difference with the United States by diplomatic means but also may deliberately prevent any such settlement. In fact, high officials of the Chinese Communist Government have publicly stated that their government intends to seize Formosa. The Joint Chiefs of Staff believe that the present undeclared and restricted war in Korea may merge into:

a. A restricted war extending to areas outside of Korea;

b. A general war between the United States and Communist China; or

c. A global war between the Communist and Free Worlds.

Until the course of events in the Far east is more discernible, common prudence dictates that the United Stated should support the Chinese Nationalists on Formosa as an instrument initially for guerrilla operations and possibly for eventual organized military actions against Communist China. Further, it would be contrary to the security interests of the United States for Formosa to be linked with any Cease Fire arrangement for the Korean war. Rather, the United States should take no action with respect to Formosa which would restrict United States freedom of action in the event the military situation requires future utilization of the island as a base for operations of United States armed forces against the mainland of Communist China.

In this connection, the Joint Chiefs of Staff consider that, from the military point of view, Formosa is of much greater strategic importance to the United States than is Korea since Formosa now has become a vital link in their Asian off-shore island chain position.

6. The Joint Chiefs of Staff have, from the short and long term points of view, formulated the following responses with respect to the two specific questions which were posed by the Secretary of State in his memorandum to you dated 4 December 1950:

   a. QUESTION: Would denial of Formosa as a base to the Chinese Communists meet the military strategic needs of the United States, insofar as these needs can be foreseen? If what are the additional United States strategic needs respecting the island?

COMMENT:

Present indications are that the current undeclared and restricted armed conflict between Communist China and the Western Powers will, in all probability, not be confined to Korea. Until a satisfactory solution in agreed upon for the resolution of the Korean situation in particular, and of the major points of conflict between the communists and the United States in the Far East in general, the United States should not bargain on the matter of the status of Formosa nor relinquish in any manner its strategic freedom of action. The United States should make no agreement which would preclude future use of Formosa as a base of operations for the United States armed force against the Chinese Communists on the mainland of Asia. Further, the United States should support the Chinese Nationalist forces on Formosa in order that they may be available as a nucleus initially for guerrilla operations and possibly for future organized military actions against the Chinese Communists. In view of the foregoing probable future military needs in Formosa, the Joint Chiefs of Staff are of the opinion that denial of that island as a base for the Chinese Communists would not satisfy United States military requirements.

b. QUESTION: If these military needs cannot be met through diplomatic and economic measures, should the United States accept a commitment of its armed forces to insure that they are met?

COMMENT:

So long as it appears that the Chinese Communist undeclared armed conflict with the Western Powers will, in all probability, not be confined to Korea, the United States should be prepared, if its military needs on Formosa cannot be met through diplomatic and economic measures, to accept a military commitment of its armed forces to insure that the United States retains freedom of action for the utilization of Formosa as a base of operations for the Chinese Nationalist forces as well as for its own military forces against the Chinese Communists on the mainland of Asia.

主旨：聯合調查委員會提出美軍在台戰略需求之短期及長期之戰略評估
（REPORT BY THE JOINT STRATEGIC SURVEY COMMITTEE to the JOINT CHIEFS OF STAFF on STRATEGIC IMPORTANCE OF FORMOSA）

一、問題

To draft a reply to a memorandum by the Secretary of Defense dated 20 December 1950（Enclosure to J.C.S. 1966/53）.in which he desired the views and recommendations of the Joint Chiefs of Staff on the short-term and long-term U.S. strategic interests in Formosa, from the military point of view.

（按：對國防部長 1950 年 12 月 20 日備忘錄的答覆（附於 J.C.S. 1966/53）草案，希望參謀長聯席會議從軍事角度就美國在台灣的短期和長期戰略利益提出意見和建議。）

二、建議

建議將附件呈送國防部長

附件：給部長之備忘錄

一、1950 年 12 月 20 日所提出之備忘錄，聯參會針對短、長期戰略評估，提出下列有關韓戰、中共戰力及意圖對亞洲區的影響，以及太平洋島鍊戰略的評估。

二、在韓戰之前，美軍在此區部署兵力是基於聯合國之要求，此區雖對美方極具戰略重要性，但其重要性還未達美方在此公開之軍事行動。雖然此區域之軍事行動主要在遏止共產勢力的擴張，但軍事需求與國家外交政策互抵觸，這會影響我軍在此之兵力部署。在兵力部署受到影響之下，連帶會影響到我國國防安全。

三、在 1950 年 6 月 25 日北韓對南韓展開軍事行動以後，總統於 6 月 27 日為了保護美國派遣到朝鮮半島兵力側翼及後方的安全，總統指示遠東區司令要阻止台澎地區遭受軍事行動攻擊，並阻止台澎對中共進行攻擊。此命令迄今有效。

四、同前（停止協防，將影響美國戰略利益，還會增強共產勢力擴張）

五、中共在韓戰的表現，以及近期軍事上的表現，中共好戰及對美國的威脅，由此可顯現出，中共除軍事外，亦會使用外交手段。情資指出，中共會對台灣出兵。在評估之後，聯參會認為朝鮮半島的戰爭，有可能產生下列三種狀況。

狀況一：有限戰爭將會擴張至朝鮮半島以外。

狀況二：美國與中共大規模戰爭。

狀況三：全球共產勢力與民主自由勢力的戰爭。

在大多狀況未確定的情形下，台灣軍力對美國在遠東之軍力部署有極大的戰略價值，再者台灣軍力對中共所採取之游擊軍事行動，極有可能影響中共與美軍在朝鮮半島上的關係。

結論：在往後軍事行動中，美方可視台灣地區為一極具價值的軍事基地。基於上述觀點，聯參會在評估後，確信台灣的戰略價值比朝鮮半島還要高。

● 聯參會對聯合調查委員會對台灣戰略重要性的裁示中文譯稿（民國 40 年 1 月 2 日）

〔原文及中文翻譯，中文係編者摘譯〕

JOINT CHIEFA OF STAFF

DECISION ON J.C.S. 1966/54

A Report by the Joint Strategic Survey Committee on STRATEGIC IMPORTANCE OF FORMOSA

Note by the Secretaries

1. At their meeting on 2 January 1951 the Joint Chiefs of Staff approved the recommendation set forth in paragraph 2 of J.C.S. 1966/54, after making amendments to the memorandum contained in the Enclosure thereto.
2. The memorandum, as forwarded to the Secretary of Defense, is attached as the Enclosure hereto (pages i, ii and iii).
3. This decision now becomes a part of and shall be attached as the top sheet of J.C.S. 1966/54.

W. G. LALOR

L. K. LADUE

Joint Secretariat

ENCLOSURE

MEMORANDUM FOR THE SECRETARY OF DEFENSE

1. In accordance with the request contained in your memorandum, dated 20 December 1950, the Joint Chiefs of Staff have reviewed their

previous estimates of the strategic importance of Formosa. In that regard it should be noted that prior to the outbreak of the Korean war, the Joint Chiefs of Staff position with respect to Formosa was that, although the island is strategically important to the United States, its importance did not justify overt military action.

2. The North Koreans invaded South Korea on 25 June 1950 and on 27 June 1950 the President pf the United States directed the Commander in Chief, Far East, to repel any attack upon Formosa and the Pescadores and to stop attacks from Formosa upon the mainland. This directive is still in effect.
3. On 20 November 1950, the Joint Chiefs of Staff informed you by memorandum that in their opinion the military neutralization of Formosa would not meet United States military strategic needs since it would:
   a. Considerably improve the Communists' strategic position and release some of their defense forces for build-up elsewhere; and
   b. Substantially reduce our own strategic position in the area and would restrict freedom of action in the event the military situation requires that an armed attack against the Chinese Communists on the mainland be mounted.
4. The Joint Chiefs of Staff, in light of the undeclared war with Communist China, would like to reaffirm and amplify their position, as expressed on 20 November: The United States must retain complete freedom of action with respect to Formosa to the end that that island may be used by the United States or the Chinese Nationalists as a base for the conduct of offensive

operations, including possible guerrilla action, against the Chinese mainland if such is required. Moreover, it must be recognized that Formosa is geographically a portion of the off-shore island chain and would be essential in the conduct of air and naval operations in the strategic defense of our off-shore island chain.

5. The Joint Chiefs of Staff would answer the specific questions posed by the Secretary of State in his memorandum to you, dated 4 December 1950, as follows:

   a. QUESTION: Would denial of Formosa as a base to the Chinese Communists meet the military strategic needs of the United States, insofar as these needs can be foreseen? If not, what are the additional United States strategic needs respecting the island?

ANSWER:

The Joint Chiefs of Staff have no present intention of basing any United States forces on Formosa except as may become necessary to comply with the President's directive of 27 June 1950. However, if a full-scale war should develop against Communist China, or against Russia with Communist China as a Russian ally, it would be desirable to have port facilities and airfields on Formosa available to the United States.

We do not envisage an invasion of China by U.S. troops even in the event of a full-scale war. However, the Nationalist forces on Formosa constitute the only visible source of manpower for extensive guerrilla operations in China and a possible invasion of the mainland. Hence, until a solution is found for our major differences with Communist China, we should continue to safeguard Formosa.

   b. QUESTION: If these military needs cannot be met through

diplomatic and economic measures, should the United States …〔後缺〕

ANSWER:

The United States should be prepared, if its military needs on Formosa cannot be met through diplomatic and economic measures, to expand its employment of naval and air forces to safeguard Formosa. This would insure that the United States retains freedom of action for the utilization of Formosa as a base of operations for the Chinese Nationalist forces, as well as for possible future use of our own military forces. However, no binding commitment should be made, since such a commitment might hamper sound military decisions in the future.

主旨：聯參會對聯合調查委員會對台灣戰略重要性的裁示（按：原文為：A Report by the Joint Strategic Survey Committee on STRATEGIC IMPORTANCE OF FORMOSA-Note by the Secretaries）

國防部參謀摘要

一、聯參會在 1951 年 1 月 2 日會議結束後，同意 J.C.S. 1966/54 第二段所提供的建議。

二、本份給部長之備忘錄，附件如後。

三、本份裁示，即將成為聯參會（J.C.S.）1966/54 之第一章。（按：W. G. LAIOR, L. K. LADUE 簽）

附件：給部長之備忘錄

一、根據 1950 年 12 月 20 日所提出的請求，聯參會對台灣戰略重要性評估，韓戰後，台灣戰略重要性很重要，但還未到可以展開公開軍事行動的程度。

二、韓戰後，1950 年 6 月 27 日美國總統下達命令第七艦隊協防防止國共雙方戰爭之命令，仍然有效。

三、在 1950 年 11 月 20 日聯參會以備忘錄已通知遠東司令部，1. 自台灣地區撤軍並不會符合美軍戰略需求，不協防將會助長共軍軍力部署。2. 將會減少美方在此區之戰略據點。3. 並會將降低美方對於共軍勢力擴張之遏阻能力。4. 聯參會已清楚瞭解在未對中共宣戰的狀況下，必須確保重申美方立場，台灣地區不得被中共勢力所佔領，此地區地理位置對美方及具戰略性，對島鍊防衛極具重要價值。此外，台灣亦可作為反攻大陸及游擊戰之根據地。5. 聯參會在此回答特定幾個國防部長在 1950 年 12 月 4 日藉由備忘錄對貴單位所提出的問題。

問題

問題 A：對美方而言，何者為嚇阻中共奪取台灣戰略據點的價值。如果沒有戰略價值，協防台灣對美方還有什麼意義。

回答：

1. 聯參會目前並無在台灣建立美軍基地的意圖。但根據 1950 年 6 月 27 日總統所下達的指示，這項建議是有可能進行的。未來如與中共或蘇聯交戰，在台灣有海港及空軍基地是極具戰略價值。
2. 假使未來展開大規模作戰，聯參會並無計劃將美軍送入中國大陸本土。但是，在台灣島上之軍隊是唯一可對中共進行游擊作戰的軍隊。

結論：直到找出對中共關係的解決方法，否則將繼續對臺協防。

問題 B：假設台灣軍援需求無法得到外交或軍事體系援助。

回答：美方必須又在此增加海空軍部署的準備。這會確保美方協助台灣軍力，將台灣島鞏固為軍事基地，並可將台灣島視為以後作戰之資源。但不可能與台灣簽下任何軍事協定，以免影響未來之軍事行動。

● 戰略計畫研究會〈反攻大陸方略草案〉（民國40年1月25日）

第一　一般狀況之研判

一、國際形勢

綜觀國際情勢，第三次世界大戰日益迫近，此次戰爭如真的爆發，其主戰場雖在西歐，但遠東戰事亦將更趨擴大，基於當前形勢以及影響於作戰諸因素，判斷遠東狀況發展及雙方之戰略運用如下：

甲、共產集團在遠東方面戰略運用

（一）目前盡量利用朱毛匪幫之人力優勢攻擊南韓，並積極支援越、蒙、菲島、緬甸、馬來亞各地之叛亂，一部侵入西藏，威脅印度，以分散消耗民主國家戰力，俾西歐方面之形勢有利，攻略南韓後，可能突擊日本或襲擊台灣，並擴大東南亞之軍事行動，以期根本打破遠東局勢，摧毀我反共基地。

（二）如大戰真的爆發，共產集團為爭取先制，將在遠東發起全面攻勢，首先保持重點於日本方面。如聯合國軍（以下簡稱聯軍）於有利時機，在遠東轉取攻勢，獲得勝利時，匪幫將利用中國之人力與焦土政策行持久消耗戰。

乙、民主集團在遠東方面戰略運用

（一）目前為爭取時間，完成動員及充實主戰場西歐之防衛力量，將盡量可能使遠東戰爭局部化，經濟封鎖中國大陸，控制南韓之橋頭堡，以消耗共匪戰力，不得已時退後日本。

（二）同時積極武裝日本，並支援我政府及東南亞各反共國家，以形成堅強反共壁壘，為爾後攻勢之支撐。

（三）如大戰真面目爆發，在作戰初期，聯軍僅能以必要最小限之地面部隊，在海空軍支援下，保持西太平洋防線，而以原子武器及海空軍破壞削弱敵之戰力，待有利時機再轉取攻勢。

二、匪情判斷

朱、毛匪幫依附蘇帝為共產國際之利益而作戰，自參加韓戰以來疏散沿海工廠物資，構築防禦工事，整備後方交通，同時加強加緊動員擴編軍區部隊及民兵，積極準備世界大戰，其對我之可能行動判斷如下：

（一）韓戰陷於擴大持久，匪軍遭受慘重損耗，或聯軍發起有力反擊時，匪現控制於關內之野戰部隊，有再抽調一部馳援韓戰之可能，但將於江南地區擴編部隊充實戰力，準備應付我之反攻。

（二）如匪軍於南韓戰場上繼續有利發展，迫使聯軍退守日本，則可能轉移兵力，在蘇帝海空軍支援下襲擊台灣，以催毀我反共基地。

（三）國軍如實施登陸反攻，蘇帝海、空軍或將參與作戰，如我登陸成功，則匪軍於作戰初期將採用一時的退避持久戰法，待我相當深入，彼之兵力集成優勢後再轉取攻勢，以其一舉擊破我登陸之野戰軍。

（四）匪、蘇兵力判斷如附件第一。

三、我登陸反攻發起時機

國軍兵力與匪蘇可能使用於戰場之聯合兵力比較處於劣勢地

位，國軍登陸只許成功不許失敗，故應具備左列條件。

甲、客觀條件

（一）國際形勢發展與我反攻形勢有利。

（二）匪蘇海空軍受聯軍打即已相當軟化。

（三）情況上確切判定匪軍在東北及韓國之兵力不能抽調轉用。

乙、主觀條件

（四）我確實獲得友邦海空軍之支援，及軍用物資之援助。

（五）大陸工作已相當成熟，游擊武力能有效牽制阻擾匪軍，策反工作能發生，匪我兵力對比上有利變化。

（六）登陸初期為能獲得鞏固之地步，我軍兵力需優於匪軍可能參戰之全兵力。

（七）登陸成功後能迅速實施擴軍，爭取爾後決戰兵力之優勢，依據全般形勢考量反攻之必備條件，我軍發起反攻之有利時機：

（一）配合聯軍並肩作戰時。

（二）基於聯軍全般戰略需要牽制打擊匪幫。

（三）我能主動開闢獨立戰場。

四、登陸地區之選定

（一）長江以北沿海地區：渤海、黃海沿岸地區之登陸作戰，一再配合聯軍並肩作戰時實施，基於前述之國際形勢，此案於近期內可行之功算甚少，惟國軍如擴充準備完成，在有利時機，配合聯軍於此區實施登陸，在政略上均甚有利。

（二）滬杭地區：此區登陸點選定容易，港口良好，如友邦海空軍可以充分支援登陸，成功後能領有京滬杭之政治經濟要區，不惟可壯大我之政治聲勢，可獲得大量物力之補充與優勢之空軍基地，但預想匪之抵抗力較強，故我使用之兵力宜大。

（三）福廈區：此區在戰略上價值不大，但成功容易，所需兵力較小，並可確實掩護台灣基地，如以一部兵力登陸策應主力作戰或促進大陸工作之發展與爭取人力之補充最為相宜。

（四）汕穗區：此區敵之戰力較弱，暴政統治尚未穩定，人民反共情緒甚高，海空軍易於掩護，如能進出大庾嶺之線，可得一較鞏固之基地，爾後向湘灨發展，可獲得大量人力、物力之補充。

五、判決

（一）基於當前形勢，我政府應在自助人助之大原則下一面積極動員，自力更生，一面促進世界局勢發展，爭取外援，以強化本身戰力，期能於最有利時機配合聯軍或獨立開闢戰場，施行大規模或局部登陸反攻作戰。

（二）大規模反攻之主登陸地區以選定於滬杭或汕穗區為最有利，如我軍擴充準備完成與聯軍並肩作戰，似可選定長江以北沿海地區登陸。應此狀況，宜以一部於福廈地區局部登陸，以促進大陸工作之發展與爭取人力之補充，同時促使國際間對我之重視與加強援助。

（三）無論配合聯軍並肩作戰或開闢獨立戰場，我大陸工作必須先做有效發展，並隨時施行突擊作戰，以期改變匪我優劣形勢。

第二　方針

（一）國軍以消滅共匪規復大陸之目的，應即積極動員強化戰力，統一發展大陸工作，並爭取外援，待局勢有利時，配合聯軍或在友邦海空軍支援下，以主力於滬杭或汕穗地區登陸，先佔領必要地區，積極擴軍各個擊滅匪軍，完成國民革命之第三任務。

依狀況先以一部於福建沿海登陸做有限目標之攻擊，促進大陸工作之有效發展與爭取人力之補充，使爾後之作戰容易。為配合並肩作戰或以主力於長江以北沿海地區登陸。

第三　指導要領

（二）為統一指揮陸海空之作戰及詳細策訂登陸作戰計劃起見，應即以陸海空軍人員組成策動反攻機構。

（三）如行主力反攻陸軍須切實加強現有部隊之戰力，海軍充實現有艦隊並加強驅潛掃雷及兩棲作戰能力，空軍充實八又三分之一大隊或待陸軍擴充為六十個師，並完成其準備工作實施之。

（四）主力反攻擬分三期實施

第一期：廣領必要地區獲取人力、物力，一面作戰，一面擴軍。

本期作戰指導上，應極力講求機動爭取局部優勢，各個擊破。

〔蔣中正指示〕第一期以消耗匪軍戰力與牽制其兵力，使之分散不能集中為指導第一要旨。

第二期：依擴軍成果求匪軍主力而擊滅之。

第三期：掃蕩殘匪，統一全國。

（五）登陸成功後，應迅速實施擴軍，第一期，陸軍預定擴充為一百個師，海軍增強內河作戰能力，空軍擴充為十又三分之一大隊。第二期，擴軍進度依狀況另定之。暫訂陸、海、空軍最高員額為二百五十萬人，在攻擊準備期間對第一期擴軍所區要之人力物資需妥籌來源。

（六）對福建地區有限目標之攻擊，以國軍現有兵力之一部實施之略取必要地區，爭取兵員，並避免不利之決戰。

（七）為振奮士氣民心，增進兩棲作戰之經驗及眩惑牽制匪軍起見，於反攻準備期間，依情況以小部隊分向浙、閩、粵沿海之實施突擊。

（八）在反攻準備及作戰期間。應加強海、空警戒，以防止匪、蘇襲擊。台灣海、空軍應隨時準備以主力參加防衛戰鬥，並先與美海、空軍協定協同殲滅進犯之匪軍。

（九）為造成反攻有力形勢，應積極發展大陸游擊武力，進行對匪策反工作，鼓勵人民反抗暴政及黨政分化，使匪偽政權發生分裂。

（十）積極加強大陸情報，確實掌握匪軍動態，並適時完成登陸地區兵要地誌。

（十一）為使作戰有利及適應軍事上要求，凡國軍恢復區域應先實施軍事管理。

（十二）對沿海突擊準備應於本（四十）年四月一日前完成。有限目標之攻擊準備五月一日前完成。大規模反攻準備本年底前完成。

● 關於匪軍與蘇遠東軍兵力之研判（民國 40 年 1 月 25 日）

關於匪軍與蘇遠東軍兵力之研判

壹、共軍兵力

一、中共陸軍

（一）中共陸軍現有兵力

1. 野戰軍：共 73 個軍（內有 3 個暫編軍）約 245 萬人。
2. 軍區部隊：約 240 萬人。

3. 民兵：約 600 萬人。

（二）據情報，共軍為準備大戰，正積極擴充兵力，估計年內可能之發展如下：

1. 野戰軍除現有 73 個軍，盡可能充實員額，調整武器裝備，使之能統一制式化外，在期人力之充足與蘇聯之物質援助條件下，可能略加擴充，並著重特種兵之發展，判斷本年內其野戰軍總額可能達到 300 萬人。

2. 積極加強軍區部隊及民兵之編練。

（三）中共陸軍兵力配置

1. 東北及華北區（含韓國）約 30 個軍。

2. 華東區約 11 個軍。

3. 中南區約 13 個軍。

4. 西南及西北區約 19 個軍。

（四）如國軍在情況下確切判定共軍在華北、東北及韓國之兵力不能抽調轉用於東南沿海登陸反攻時，共軍可能參戰之兵力，除華東及中南地區現有兵力 24 個軍外，尚可由西北及西南兩區抽調 4-6 個軍，共 28 至 30 個軍。

二、中共空軍

（一）第一線兵力：空軍司令部共轄空軍師 2 個，計各型飛機共 473 架。

轟炸機：TU-2 110 架、蚊式機 2 架，共 112 架。

戰鬥機：LA-9 型 76 架、LA-9 型或 YAK 型 25 架、YAK-9 型 7 架、P-63 型 26 架、其他（型式不明）33 架，共 167 架。

攻擊機：IL-10P 型 82 架。

連絡機：YAK-11 型 30 架、YAK-12 型 20 架、YAK-13 型 5 架、PO-2 型 1 架，共 56 架。

運輸機：C-46 型 14 架、C-47 型 5 架、U-2 型 2 架、其他（型式不明）3 架，共 24 架。

其他（型式不明）：32 架。

（二）訓練兵力：部隊（或學校）訓練，分駐 7 個基地，計各型飛機共 268 架。

轟炸機 53 架、戰鬥機 105 架、教練機 YAK-11 型 20 架、其他（型式不明）90 架。

（三）民航機：計各型飛機共 16 架。

（四）本年度如蘇聯加以援助，其作戰機數能擴充 600 至 800 架（含現有數）。

三、中共海軍

（一）中共海軍現有艦艇總噸位約 5 萬 7,000 餘噸，其主力艦計有：

輕巡洋艦 1 艘、護航驅逐艦 5 艘、砲艦 10 艘、掃雷艦 6 艘、掃雷艦 6 艘、武裝登陸艇 12 艘，以及若干小艦艇。

（二）另據報：

1. 蘇聯已就日本賠償艦中，以 19 艘撥贈中共，尚未證實。

2. 重慶號巡洋艦尚未修復。

（三）蘇聯正為中共海軍訓練潛水艇人員，並於中國沿海建立潛艇基地，並於本年內開始建立小型潛水艇隊。

貳、蘇聯遠東兵力

一、蘇聯現有駐遠東地區之陸軍兵力約為 61 師至 63 師，及 3 個戰車旅，共約 70 萬人。

（一）陸軍配置

1. 在中國邊境者

東北 5 個師（步兵師 1 個、摩托化步兵師 2 個、戰車師 2 個）。

旅大 5 個師（步兵師 2 個、戰車師 1 個、砲兵師 1 個、高射砲師 1 個）。

山東半島 1 個師（可能是由旅大或東北抽調至此）。

2. 接近中國邊境地區者

沿海軍區（海參威方面）14 個師（步兵師 7 個、戰車師 2 個、砲兵師 2 個、高射砲師 3 個）。

兵團直轄區（伯力方面）3 個師（步兵師 2 個、戰車師 1 個）。

後貝加爾湖區（赤塔方面）6 個師（步兵師 3 個、戰車師 1 個、砲兵師 1 個、高射砲師 1 個）。

外蒙駐屯軍 5 個師（步兵師 3 個、戰車師 1 個、高射砲師 1 個）及 3 個戰車旅。

東西伯利亞（伊爾庫次克方面）6 個師（步兵師 3 個、戰車師 1 個、砲兵師 1 個、高射砲師 1 個）。

以上除外蒙軍外，蘇聯陸軍在中國境內及鄰近中國邊境者共約 44 個師、3 個旅，合計：

步兵 21 個師、摩托化步兵 2 個師、戰車 9 個師、戰車 3 個旅、砲兵 6 個師、高射砲 6 個師。

3. 距中國邊境較遠者

遠東軍區（庫頁島方面）13-14 個師（步兵師 7-8 個、戰車師 2 個、砲兵師 1 個、高射砲師 3 個）。

（二）判斷大戰報發後，在西歐戰場未取得決定性勝利前，蘇聯將僅以遠東現有兵力與共軍並肩在遠東作戰，並以日韓及東北為主戰場，可能以一部參加華北戰場，但作戰地域不致超過黃河以南。

● 周至柔呈蔣中正第一號作戰計劃暨檢討台灣防衛作戰注意事項並附防衛台灣陸軍作戰指導方案（民國 40 年 2 月 17 日）

簽呈

事由：一、第一號作戰計劃（突擊）已遵鈞批修正（如附件）。

二、本案除已飭桂總司令遵照準備外，關於征兵宣傳及游擊部隊之組訓等事宜，正督飭分別辦理中。

三、謹檢呈修正第一號作戰計劃（突擊）一份恭乞鑒核。

謹呈總統蔣

第一號作戰計劃（突擊）

（四十年元月二十四日擬訂，二月十日修正）

說明

本計劃以策定國軍登陸突擊準備及實施之綱要為主，至其實施，尚宜考慮下列之事項：

一、外交部葉部長三十九年六月二十七日所發表之「國軍停止對大陸一切海空軍攻擊」之聲明未解除前，本計劃如實施時，與上項之政策相違背。

二、目前匪空軍已較我優勢，匪海軍亦漸長成，蘇潛艇亦趨活躍，作戰期中務求獲得所要之制空權與制海權，始能順利實施，同時由於國軍之突擊，可能引起匪空軍對我台灣之空襲。

三、訓練之準備未完成以前實施較甚困難（按第八十軍之三四零師預定於本年二月間完成兩棲作戰之幹部訓練，再以一個月之部隊訓練與準備作為第一次突擊部隊，實施時間故定為四月一日以後）。

四、實施時浙、閩、粵大陸上之游擊部隊須設法掌握之，以減少登陸之困難，增大突擊之成果。

五、蘇澳港海輪不能泊岸，使用時須先準備所要之駁載舟艇。

第一　方針

一、國軍以征集壯丁振奮士氣，及牽制擾亂匪軍，並習得兩棲作戰經驗，以利爾後反攻為目的，以陸、海軍各一部組成兩棲突擊部隊，並配合游擊部隊之活動，分期向浙、閩、粵沿海之重要島嶼及港灣施行突擊。

第二　指導要領

二、依極端祕密之行動與綿密周到之準備，對台州至海豐間匪防禦薄弱、增援困難及壯丁較多之島嶼或港灣，施行奇襲，對匪防禦堅強之部份避免正面強攻。

三、每次登陸之任務為殲滅當地匪軍，擄獲其裝備與物資，並盡量毀滅其渡海工具與防禦設施，及宣撫民眾、征集壯丁，藉以補充國軍兵額。如某次襲擊之主要目的為征集壯丁時，則應選定壯丁較多之地點，事先並須研究征集及宣傳辦法，預定本年九月底以前，依數次行動之結果，征集壯丁三萬至五萬人，其計劃另訂之。

四、每次選擇之目標，務期能構成局部優勢兵力，保證登陸成功，獲得戰捷，迅速結束戰鬥。

五、每一港灣附近之游擊部隊，應先令其派遣一、二個小部隊（五十至一百人）來台受訓，並指定該游擊部隊之主力，將來配屬於突擊某港灣之師。突擊前後，我沿海大陸及各島嶼之游擊部隊，應積極活動配合登陸突擊。

島嶼之游擊部隊，應向突擊目標附近地區施行佯動及偽登陸以牽制匪軍。大陸之游擊部隊應於突擊之前後，破壞匪軍交通通信，阻截其後續部隊增援。

六、為擴大牽制擾亂匪軍，使其在沿海處設防起見，得以國軍或游擊部隊分為若干小組，利用民船漁艇，分向台州至海豐間匪軍未設防之港灣滲透登陸，如遭匪軍攻擊不能立足時，即進入內地游擊。

突擊部隊登陸成功後，應設法以將已受訓練之諜員深入匪區，作為潛伏種子，或以游擊部隊向匪區推進繼續活動。

七、每一登陸戰鬥結束後，應在匪軍尚未實行反攻之前，視情況主動撤回或轉用於另一登陸點，再行突擊，以使匪軍疲於奔命，達成牽制擾亂之目的。

第三　突擊目標

八、突擊目標

甲、島嶼目標－暫定為：玉環島、平潭島、南日島、南澳島。

乙、港灣目標－暫定為：台州灣、溫州灣、沙埕、三都澳、閩江口、興化灣、湄州灣、泉州灣、東山灣、詔安灣、海門灣、神泉灣、甲子灣、碣石灣、汕尾各附近突出部。

九、為使匪軍處處設防，我軍得選定匪軍不及設防之處所（只要以民船小舢舨能接近之海岸）為突擊目標。

十、第一次突擊於四月一日以後實施之，爾後依情況陸續實施。

第四　使用兵力

十一、每次登陸突擊時之指揮官以海軍軍官為主，陸軍軍官為副。

十二、兵力

陸軍部隊：

陸軍以一個師為最大限（按 80A、6A、67A、52A、18A、5A、19A 之順序，各抽一個已完成兩棲作戰幹部訓

練之師，輪流擔任）

水陸兩用戰車一至二個中隊

砲兵一至二營（以四．二吋迫砲兵任之）

工兵一營（由工兵 2R、20R 輪流派出兩個連及技術總隊一個中隊編成）

海軍部隊：

艦隊一（由第一、二、三艦隊輪流擔任）

陸戰隊一團

空軍部隊：

直協機隊（由空軍總部編組，包括偵查、驅逐、轟炸等機種）

第五　基地及運輸船舶

十三、為祕匿企圖起見，以馬公為發航主基地，必要時得使用左營、蘇澳兩港，但須實施絕對之保密。

如向興化灣以南之港島突擊，則用馬公與左營，如在閩江口以北之港島突擊，則用蘇澳與馬公。

十四、運輸船舶由海軍撥調之，如不足徵用商船。

第六　主持機構

十五、突擊作戰由海軍桂總司令總其成，由國防部及陸海空聯勤各總部，密派少數優秀幕僚，組成突擊作戰參謀組，受桂總司令指揮，並請柯克上將派專門人員幫助計劃及訓練之實施。

十六、所有細部編組訓練與所需船隻，以及一切應行準備事項之詳細計劃（包括每次局部計劃），由桂總司令會同柯克上將所派專門人員，擬定呈報核准後實施。

十七、各游擊部隊所要之船艇，除各部隊現有者外，由大陳、馬祖、金門海軍巡防處會同當地陸軍準備之，平時對沿海漁夫設法連絡或招來受訓給予利益，俾作以後實施時之嚮導，至游擊部隊之訓練編組，另案計畫之。

第一號作戰計劃要圖（四十年二月十日）

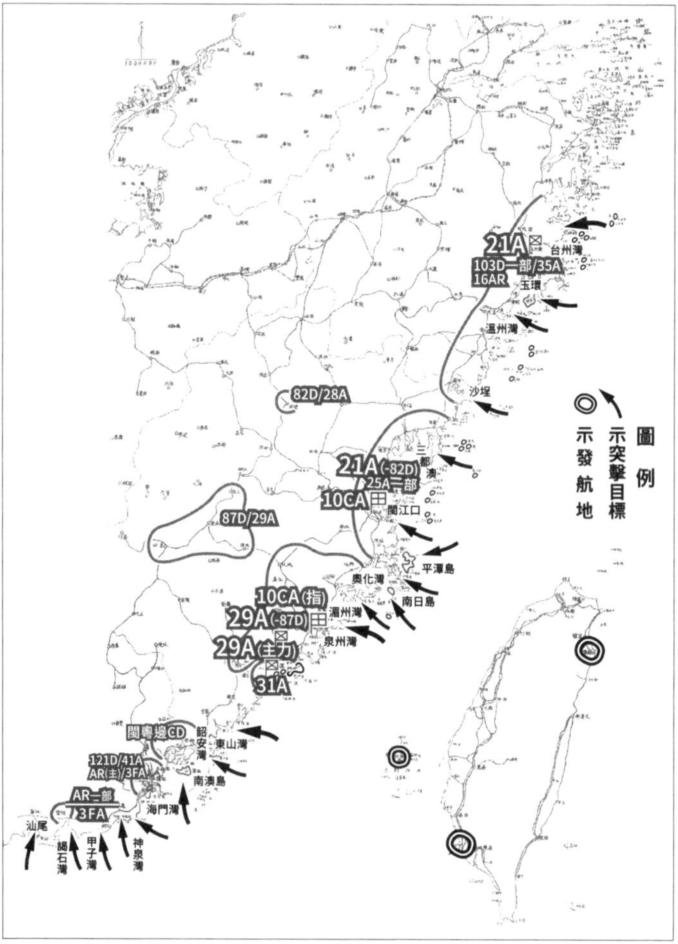

● 美國遠東區海軍指揮部函電聯參會（J.C.S.）備忘錄有關臺澎防衛計劃細節（民國 40 年 2 月 21 日）

〔原文及中文翻譯，中文係編者翻譯〕

MEMORANDUM BY THE CHIEF OF NAVAL OPERATIONS for the JOINT CHIEFS OF STAFF on MESSAGE FROM COMNAVFE REGARDING FORMOSA

19 February 1951

1. The following message has been received from Commander, U.S. Naval Forces, Far East, and is quoted below for the information of the Joint Chiefs of Staff:

"From: COMNAVFE [Commander U.S. Naval Forces, Far East]
To: CINCFE [Commander in Chief, Far East]
Info: ALUSNA TAIPEI [Naval Attaché, Formosa]
CNO [Chief of Naval Operations]
CINCPACFLT [Commander in Chief, Pacific Fleet]
COM7THFLT [Commander SEVEVTH Fleet]

Date: 19 Feb 51

"Season of improved weather conditions in Formosa Straits area is approaching. COM7THFLT leaving 20 Feb for Formosa to discuss with ChiNats plans for coordination naval and air operations designed for the defense of Formosa and Pescadores in accordance CINCFE Op-Plan 5-50 and COMNAVFE Op-Plan 110-50.

"ChiNats may raise questions as to our and their contemplated action under various conditions, particularly in event air raid on Formosa. COM7THFLT proposes to indicate following in oral discussion: A. Once invasion of Formosa is mounted ChiNats may conduct offensive operations against China mainland without violation their agreement. B. In event attempted invasion and/or air raids are launched against Formosa 7THFLT will to best of its ability, and subject to other current commitments, defend Formosa and the Pescadores. C. The question of action which US forces will take against Chinese mainland in event of attempted invasion of, or air attack only on, Formosa will not be answered directly. ChiNats will be informed that US action under either of these conditions will be dependent upon the circumstances existing at the time. D. The question as to whether ChiNats forces, under existing agreement, would be free to attack Chinese mainland in event Chi Commies launch air attacks, without other indications of impending invasion, will be parried.

"ChiNats will be informed that US authorities are keeping under constant surveillance the situation in Formosa and the Far East too."

遠東區海軍指揮部電報

1951 年 2 月 19 日

近期海象良好，第七艦隊 20 日會至台灣，與台灣討論台澎防衛計劃細節。參照美國行動代號：CINCFE Op-Plan 5-50 與 COMNAVFE Op-Plan 110-50。

台灣方面對第七艦隊提出四個問題：

當台灣遭受攻擊時，台灣在不違反雙方協約下，台灣可進行攻擊。

若台灣遭受登陸或空襲時，第七艦隊會依狀況盡力協防台澎地區。

至於上述狀況美軍會採取何種措施，美方不會直接給台灣答覆。但美軍會視情況會通知台灣屆時會採取的措施。

基於現行協定之下，若台灣沒有遭受任何中共侵略的話，美方將會主動阻止台灣對中共發起任何攻勢。

第七艦隊即將告知台灣，美方將會持續對台灣及遠東地區保持監控。

● 聯參會對於美國陸軍參謀長建議在台灣建立美軍顧問團的決議（民國 40 年 3 月 7 日）

〔原文及中文翻譯，中文係編者翻譯〕

JOINT CHIEFS OF STAFF

DECISION ON J.C.S. 1966/56

A Memorandum by the Chief of Staff, U.S. Army on ESTABLISHMENT OF A JUSMAG ON FORMOSA

Note by the Secretaries

1. At their meeting on 7 March 1951, after making amendments to the paper, the Joint Chiefs of Staff approved the recommendation set forth in paragraph 4 of J.C.S. 1966/56.
2. Holders are requested to substitute the attached revised pages 265, 265a, 266 and 266a, incorporating the amendments, and to destroy the superseded pages by burning.
3. This decision now becomes a part of and shall be attached as the top sheet of J.C.S. 1966/56.

W. G. LALOR

E. H. J. CARNS

Joint Secretariat

MEMORANDUM BY THE CHIEF OF STAFF, U.S. ARMY for the JOINT CHIEFS OF STAFE on ESTABLISHEMENT OF A JUSMAG ON FORMOSA

2 March 1951

1. In connection with the Fiscal Year 1951 MDAP allocation for the Chinese Nationalist forces, the Joint Chiefs of Staff recommended that authority be obtained to establish a Military Assistance Advisory Group (MAAG) on Formosa (J.C.S. 1992/44). In addition, the Joint Chiefs of Staff recommended a training mission for the Chinese Nationalists on Formosa (J.C.S. 2118/10).
2. Preliminary action is under way by the three Services toward the establishment of a MAAG, but no authority exists as yet to send a training mission to Formosa. The Commander in Chief, Far East (CINCFE), has stated (CX 50464—CM IN 17263—OF 5 December 1950*) that the Chinese are so deficient in their capability to process, store, maintain and repair modern military equipment as to require considerable technical assistance; this need is urgent even at the present time in connection with equipment already in hand. In a subsequent message (C 53781—DA IN 12201—of 19 January 1951*) CINCFE stated that "…to meet the needs of establishing Nationalist armed forces on a basis that will adequately defend Formosa and properly utilize U.S. materiel aid will require a training echelon…" It is also CINCFE's view (CX 50464—CM IN 17263) that the agency exercising the control to insure proper phasing of aid must be sufficiently integrated in organization and balance in composition to discharge interrelated advisory responsibilities overspanning virtually all

aspects of the Chinese military establishment.

3. It is my view that a Joint U.S. Military Advisory Group (JUSMAG) should be established on Formosa immediately to perform the required MAAG functions and to provide the necessary training and advice to the Chinese Nationalist armed forces. Because of the responsibilities of CINCFE with respect to Formosa, I believe the Chief of the JUSMAG should be responsible to CINCFE for purely military activities.
4. I recommend that the Joint Chiefs of Staff approve the conclusions and the recommendations of the attached study(Enclosure).

ENCLOSURE

ESTABLISHMENT OF A JUSMAG ON FORMOSA

THE PROBLEM

1. The establishment of a Joint U.S. Military Advisory Group (JUSMAG) to the Nationalist Government of China, on Formosa, to perform as a MAAG in connection with approved Mutual Defense Assistance Program (MDAP) assistance and to train and advise the Chinese Nationalist forces in military matters.

FACTS BEARING ON THE PROBLEM AND DISCUSSION

2. See Appendix "B".

CONCLUSIONS

3. It is concluded that:
   a. The Naval Attaché should continue to exercise responsibility for liaison between Nationalist Forces and the Seventh Fleet in the coordination of operations for the defense of Formosa and

Pescadores, and any additional personnel who may be ordered for that purpose will be assigned to duty with him.

b. Action is under way to establish a MAAG on Formosa; however, no governmental authority exists to send a training mission to the island as has been recommended by the Joint Chiefs of Staff.

c. A JUSMAG, organized both to perform MAAG functions in connection with the approved MDAP and to provide training for the Chinese Nationalist Army, Navy, and Air Forces, should be provided on Formosa immediately.

d. The Chief of the JUSMAG should be an officer of at least major general or equivalent flag rank. Because the Army comprises the preponderance of the Chinese Nationalist forces and will receive the greatest portion of the aid in the MDAP, the chief of the JUSMAG should be an officer of the U.S. Army.

APPENDIX "A"

DRAFT

MEMORANDUM FOR THE SECRETARY OF DEFENSE

1. The Joint U.S. Military Advisory Group to the Nationalist Government of China (JUSMAG-CHINA), established 1 November 1948, was called upon to suspend its activities early in 1949. Although approval has now been given for extending a Mutual Defense Assistance Program (MDAP) to Formosa, no U.S. agency exists to administer the program suitably.

2. The Joint Chiefs of Staff in a memorandum to you dated 29 December 1950* recommended that a Military Assistance Advisory Group (MAAG) be authorized for Formosa, and in a memorandum to you

dated 12 January 1951** recommended that a training mission be sent to Formosa.

3. In view of the critical military situation in the Far East and the prospective early implementation of the MDAP for Formosa, a Joint U.S. Military Advisory Group (JUSMAG) should be established on Formosa without delay. The JUSMAG would be a single agency to perform the normal MAAG functions and to provide the recommended training to the Chinese Nationalist Army, Navy and Air Force. The exact size and organization should await the recommendation of the Chief of the JUSMAG who should be ordered to Formosa as early as possible.
4. The Joint Chiefs of Staff believe that the current mission of the Commander-in-Chief, Far East (CINCFE) with respect to Formosa and the military importance of the island dictate that all U.S. military activities on Formosa be the responsibility of CINCFE. Therefore, the Joint Chiefs of Staff recommend that:
   a. A JUSMAG be authorized for Formosa immediately.
   b. The Chief of the JUSMAG be responsible to CINCFE for purely military aspects of the MDAP;
   c. The Chief of the JUSMAG, in performing his MAAG duties, be responsible to the Chief of the U.S. Diplomatic Mission in Formosa for matters appropriate to MDAP channels of the Department of State; and
   d. The Naval Attaché continue to exercise responsibility for liaison between Nationalist Forces and the Seventh Fleet in the coordination of operations for the defense of Formosa and the Pescadores, and

that any additional personnel who may be ordered for that purpose be assigned to duty with him.

APPENDIX "B"

FACTS BEARING ON THE PROBLEM AND DISCUSSION

1. The Joint Chiefs of Staff in J.C.S. 1992/44 recommended that MDAP supplementary funds for Fiscal Year 1951 be approved for the Nationalist Government of China in the amount of $71.2 million and that authority be obtained to establish a Military Assistance Advisory Group (MAAG) in Formosa to supervise the end use of the supplies furnished. The Department of State has formally notified the Department of Defense of the approval of an initial $50 million for the Chinese Nationalists. The approval of the remaining $21.2 million by the Department of State is probable in the immediate future. In addition, the Joint Chiefs of Staff in Appendix "B" to Enclosure "A" to J.C.S. 2099/77 have recommended $237.7 million in additional assistance for the Chinese Nationalist Government during Fiscal Year 1952. As regards the establishment of a MAAG, the State Department recently informed the Department of Defense of the acceptance by the Chinese Nationalist Government on 9 February 1951 of the conditions set by the United States Government as a basis for furnishing assistance under the MDAP. At the request of the Director, Office of Military Assistance, Office of the Secretary of Defense, the three Services are taking preliminary action for the establishment of a MAAG in Formosa.
2. The Joint Chiefs of Staff in a memorandum, dated 12 January 1951 (J.C.S. 2118/10), recommended to the Secretary of Defense that

military assistance to the Chinese Nationalist Forces be increased; that a Joint U.S. Mission to advise the Chinese Nationalists be established in Formosa; and that restrictions against Chinese Nationalist attacks on the mainland of China be lifted. These recommendations were forwarded to the National Security Council for consideration.*

3. As a result of a Presidential directive of 27 June 1950 (DA TT 3426** of 27 June 1950) and 29 June 1950 (Appendix to Enclosure "A" to J.C.S. 1776/6) CINCFE is responsible for the defense of Formosa against an attack by the Chinese Communist Forces. On 3 August 1950 the Joint Chiefs of Staff directed CINCFE (Enclosure to J.C.S. 1966/39) to survey the requirements of the Chinese Nationalist forces for the defense of the island of Formosa. The initial urgent requirements of the Chinese which were recommended by CINCFE, based upon his survey, were subsequently approved (J.C.S 1966/46) and delivered to Formosa during 1950 as MDAP assistance amounting to approximately $9.7 million. The full report of the survey submitted to the Joint Chiefs of Staff by CINCFE has become the basis for the MDAP allocations to Formosa for Fiscal Year 1951 and those recommended for Fiscal Year 1952.
4. In reply to a Department of the Army query for planning purposes, CINCFE submitted (CX 50464 of 5 December 1950) the following views:
   a. In preparation of the list of specific items recommended for the Chinese, careful consideration was given to the equipment now in Chinese possession and with which they are familiar; this with the objective of minimizing requirements for training and technical assistance.

b. The Chinese are so deficient in their capability to process, store, maintain, and repair modern military equipment as to require considerable technical assistance and that this need is urgent even at the present time in connection with equipment already in hand.

c. CINCFE's recommendations for material aid (Gen. Fox survey Team Report*) acknowledges the necessity for a positive U.S. on-the-ground control in Formosa to insure the proper phasing of the aid.

d. The agency exercising the control to insure proper phasing of aid must be sufficiently integrated in organization and balanced in composition to discharge interrelated advisory responsibilities overspanning virtually all aspects of the Chinese military establishment.

e. The minimum number of U.S. personnel to correct deficiencies requiring immediate attention and who should later be integrated into any over-all program is as follows:

(1) Army: 31 officers, 54 EM, plus 35 military or civilian ordnance technicians for approximately 60 days TDY.

(2) Navy: 20 officers, 54 EM and 6 civilian electronic technicians.

(3) Air Force: 28 officers, 38 EM and 1 Philco civilian technician.

5. In response to a subsequent query concerning command channels and composition of a JUSMAG having training as well as MAAG responsibilities, CINCFE replied in his message C 53781 of 19 January 1951, pertinent parts of which are quoted as follows:

"Command Channels.

"CINCFE is aware of the Department of State role in general MDAP matters. Nevertheless, and in consideration of CINCFE's current mission with respect to Formosa and of the critical importance of that island to the military position of the entire [Far East Command] FEC, it is considered that as long as Formosa is threatened, the control of any U.S. military activities on Formosa including the provision of materiel aid and training, should be via purely military channels and from the Joint Chiefs of Staff through CINCFE to the advisory group.

"Composition of Advisory Group.

"Concur in… incorporation of training element as part of group. It is assumed group will be joint to include Army, Navy and Air Force representation.

"As stated in CX 50464* there is an immediate need for… personnel to assist Nationalist forces in proper utilization of equipment on hand. In addition to the chief advisors echelon (to include senior Army, Navy and Air Force advisors as well as the Chief of the group), this initial increment must be augmented by not less than 100 personnel to provide the administrative and logistical services required to make the group self-sufficient. Such a group, however, should not be moved as a unit to Formosa, but should be phased to the island on call of the Chief of the group.

"The long-range requirement to meet the needs of establishing Nationalist armed forces on a basis which will adequately defend Formosa and properly utilize U.S. materiel aid will require a training echelon in addition to that indicated in preceding subparagraphs. Although detailed estimates will be dependent upon CINCFE review of recommendations of the Chief of the group, it is considered concept should envisage provision of U.S. advisory personnel down to and including battalion level of Army units and comparable echelons of Navy and Air Force organizations.

"It is considered that detailed recommendations concerning foregoing should await not only study of MAP (Military Aid Program) documents... but should be prepared in conjunction with Chief of group after he has been oriented to problem.

"Designation of Chief of Group

"In view of the critical importance of keeping Formosa in friendly hands, the current size of the Nationalist Armed forces and the general strategic and political aspects of U.S. aid to Formosa, it is considered that the Chief of U.S. aid to Formosa, it is considered that the Chief of the advisory group should be of rank not less than major general or equivalent flag rank. It would be highly desirable to designate an officer who is already experienced with matters concerning the Formosa situation. It is also considered that the three senior Service advisors should be of general officer or equivalent rank.

"Recommendation

"In consonance with the foregoing considerations, it is recommended that:

"The Chief of the proposed MAAG be designated promptly and directed to report to CINCFE prior to finalization of detailed plans concerning the group.

"Steps be taken without delay to procure and alert the numbers and types of personnel listed in CX 50464,* in order that the initial echelons of the group may be organized at the earliest practicable date."

6. It should be noted that the Joint Chiefs of Staff previously approved

the establishment of a Joint U.S. Military Advisory Group (JUSMAG-China) to the Chinese Nationalist Government (Decision On J.C.S. 1330/32). JUSMAG-China was formally established on 1 November 1948. Shortly thereafter, because of the success of the Chinese Communist forces in their drive southward toward the Yangtze Rivers, the Joint Chiefs of Staff dispatched the following instructions to the Director, JUSMAG-China (WARX 80226, 26 Nov 48):*

"JUSMAGCHINA will continue present mission in accordance with current directives of assisting and advising the National Government so long as that Government remains in Nanking and Nanking is not threatened directly by military attack.

"JUSMAG will be withdrawn and its activities temporarily suspended if (1) Nanking is threatened directly by military attack; (2) the Nationalist Government moves from Nanking; (3) the National Government falls.

"If JUSMAG is withdrawn, personnel (Army, Navy and Air) will be transferred to appropriate commands in the Far East where they will be readily available for reassignment to JUSMAG if its activities are subsequently resumed. State concurs."

Upon the above authority JUSMAG-China suspended its activities and the personnel withdrew from China on 29 January 1949. Although the basic authority for the establishment of JUSMAG-China continues to exist, authorization does not exist for the resumption of its activities following the suspension described above.

7. Although it appears that authority may be forthcoming in the near future for the establishment of a small MAAG, no decision has yet been reached that would authorize the sending of a training mission

to Formosa as recently recommended by the Joint Chiefs of Staff. With the MDAP approved for implementation in FY 1951 and an additional program recommended for FY 1952 a large quantity of supplies and materiel will be flowing to Formosa in the near future. While the delivery of these supplies does not depend upon the existence of a training mission, the effectiveness of their use can be increased substantially by the establishment of a Joint U.S. Military Advisory Group (JUSMAG) in Formosa. Moreover, a JUSMAG can teach modern military technique to the Chinese Nationalist forces and thereby enhance the capability of the non-Communist forces in the defense along the off-shore island chain extending southward from Japan through the Philippines. Additionally, a JUSMAG would insure effective preparation of Chinese Nationalist forces for any counteroffensive operations against the mainland (J.C.S. 2118 series).

8. There are strong indications that the Chinese Communists may attempt an early offensive against Formosa. Under existing directives CINCFE will be responsible to defend the island. Unilateral action by United States Naval and/or Air Forces against the Chinese Communists, without participation by the Chinese Nationalists, in defense of Formosa, is inconceivable. The only ground forces available for operations in defense of the island are those of the Chinese Nationalists. The failure to establish a JUSMAG on Formosa not only will preclude the most effective use of the MDAP aid but also may jeopardize the defense of the island. In light of the situation and in view of CINCFE's comments, above, a JUSMAG should be provided in Formosa immediately.

9. Aside from CINCFE's responsibilities with respect to the defense of Formosa, his responsibility for the implementation of strategic plans extends past Formosa and into the Philippines. So long as an anti-Communist force exists on Formosa CINCFE undoubtedly will be expected to make maximum usage of their capability. The critical importance of the island to the U.S. military position in the Far East and the serious military situation which exists in that area dictate that the control of all U.S. military activities on Formosa should be the responsibility of CINCFE. Notwithstanding the legal responsibility of the State Department in MDAP matters, the Chief of the JUSMAG in Formosa should be responsible to CINCFE for the purely military aspects of the MDAP. He should be responsible to the Chief of the U.S. Diplomatic Mission in Formosa for military assistance matters appropriate to MDAP channels of the State Department, including those of general (as distinct from military) MDAP policy, coordination and direction.

聯參會依據 J.C.S. 1966/56 的裁定

聯參會對於美國陸軍參謀長在台灣建立美軍顧問團的建議：

一、聯參會在 1951 年 3 月 7 日會議後，同意 1966/56 第四段的建議。

二、本份文件的持有人，需將原案的 265、265A 頁、266、266A 頁，以新檢附修正案取代。並燒毀舊有頁數。

三、此份裁示將成為 1966/56 文件的首頁。

附件　備忘錄摘要（民國 40 年 3 月 3 日）

1. 根據 1951 年財政年度計畫，將撥給台灣軍援預算，聯參會建議相關當局，在台灣建議美軍顧問團（J.C.S. 1992/44）。此外，聯參會也建議提供台灣訓練計畫。（J.C.S. 2118/10）
2. 初期計畫是由三軍共同建立美軍顧問團。但初期計畫中並未包含對於台灣訓練的計畫。

   初期計畫內容是根據三份電報內容而來。目前台灣軍隊缺乏使用儲存與維修的相關能力（後勤能力），導致急需技術與資源。

   為使台灣軍隊擁有可使用美援所提供之軍事裝備能力，以利防衛台灣。台灣軍隊急需接受相關訓練計畫。遠東區司令建議負責管理美軍顧問團之單位需確保此顧問團能力之多元性。
3. 美國陸軍參謀長個人建議聯合美軍顧問團，必須要盡快設立，以利台灣軍隊所需之訓練計畫及顧問指導。鑑於遠東司令部與台灣之關係，涉及軍事部分，顧問團才需向遠東區司令部回報。
4. 本人建議聯參會同意將本建議檢附在本文當中。

附錄

1. 現狀問題：根據共同防衛協助計畫，建議在台灣建立美軍顧問團，以利協助並指導台灣軍隊。
2. 請參照附錄 B。
3. 結論
   （1）海軍聯絡官應繼續負責第七艦隊與台灣軍隊的協調。若增派人力處理相關事務，必須與海軍聯絡官一同處理。
   （2）在台灣建立顧問團行動正展開中，但目前無政府提供訓練計畫之單位。
   （3）正在建構中之聯合顧問團，必須要提供軍事顧問團之功能，並依照聯合防衛計畫來提供台灣軍隊陸、海、空之相關訓練。
   （4）聯合顧問團之帶隊官，必須要少將或等同之官銜。台灣最大單位為陸軍，所以軍援比例最高，所以帶隊官以陸軍為主。
   （5）聯合美軍團團長，僅需對遠東區司令部回報純軍事之相關業務。其他相關事務，則對國務院回報。
4. 建議：將此備忘錄轉呈國防部部長。

附錄 A　給國防部部長之備忘錄

1. 1948 年 11 月 1 日成立之美軍顧問團，於 1949 年初被暫停行動。雖然現今之軍援計畫已獲准延長，但美國沒有適合執行這項軍援的單位。
2. 聯參會在 1950 年 12 月 29 日已提出批准聯合顧問團之建議，此外也在 1951 年 1 月 12 日對於提供台灣當局訓練計畫的建議。
3. 根據遠東區現今情勢，還有提供給台灣的軍援計畫，應盡早對台灣派遣美軍顧問團。此顧問團為單一對臺提供軍事顧問功能，並提供陸、海、空三軍訓練計畫的單位。要盡早確定顧問團團長人選，並由其建議顧問團之規模。

4. 聯參會認為根據遠東區司令對台灣的觀察，所有在台灣之軍事行動都歸遠東區司令所管轄。
   （1）聯參會建議盡早成立聯合顧問團。
   （2）聯合顧問團團長只需向遠東區司令部回報相關軍事業務。
   （3）顧問團團長進行業務時，必須向國務院負責遠東區業務單位回報。
   （4）海軍聯絡官持續進行第七艦隊與台灣地區之聯繫業務。

附錄 B　若干問題之討論給國防部部長之備忘錄

MDAP（共同防衛計畫）

1. 聯參會建議（J.C.S.1992/44）1951 年財政計畫撥定 7,120 萬美金預算給美軍顧問團，國防部同意先通過 5,000 萬美金，另外 2,120 萬美金近期內會盡快通過。此外，聯參會根據 2099/77，建議 1952 年財政預算中編列 2 億 3,777 萬美金。根據 1951 年 2 月 9 日台灣軍隊接受軍援狀況，國務院已經瞭解台灣軍隊之相關需求。並會依照軍事協助處處長，國防部部長室、部辦室的建議，將盡快協助美軍顧問團所需之支援。
2. 聯參會根據（J.C.S.2118/10）對國防部長提出對臺增加支援，還有降低台灣軍隊對中國本土進行攻擊的限制，上述建議將於國安會中討論。
3. 根據總統於 1950 年 6 月 27 日及 6 月 29 日的兩項指示：遠東區司令部需負責協防台灣。1950 年 8 月 3 日聯參會指示遠東區司令部對台灣進行軍援需求調查。初步調查結果，成為（J.C.S.1966/46）計畫中同意所提供之支援。上述支援在 1950 年中，以共同防衛計畫支助的方式，運送到台灣。此次援助總共發費 970 萬美金。

此次遠東區司令部給的報告，成為共同防衛計畫於 1951 及 1952 兩個年度軍援額度制訂的標準。

4. 遠東司令部回應陸軍司令部對於美援的問題：
 （1）在制訂給台灣軍援項目之前，需詳細調查台灣現況裝備，以降低相關訓練及技術門檻。
 （2）台灣軍隊缺乏操作儲存並維護現代裝備的能力。
 （3）根據遠東司令部 FOX REPORT 建議，美軍需在台灣當地派遣管制單位，以確保美援之運用。
 （4）負責監督相關軍援單位之人員組成，必須廣泛招募各單位之相關專長人才，以確保各援助面向之妥善處理。
 （5）美軍應付狀況修正之最低人力配置為下列三點：
  （1）陸軍，31 軍官、54 士官、35 軍事或民間人員。
  （2）海軍，20 名軍官、54 名士官、6 名民間電子技術人員。
  （3）空軍，28 名軍官、38 名士官，與 1 名民間技術人員。
5. 遠東區司令部電報摘要：針對美軍顧問團，遠東區司令提出相關建議與詢問。
 （1）指揮權：遠東區司令部清楚國務院與共同協助計畫中所扮演的角色，無疑的遠東司令部目前的任務，還有台灣地區對遠東司令部的重要性與價值，當台灣遭受威脅時，任何美軍隊台灣的軍事活動或物資與軍事資源，都必須從聯參會透過遠東區司令部下達指示。
 （2）顧問團的組成：需涵蓋陸、海、空三軍人員。根據之前建議，人數不得少於 100 人，建議為一常駐台灣島上之單位。為符合長期軍事目標的達成，顧問團需包含陸軍營級大小單位，或同等海空軍之編制。上述建議必須等到軍援計畫充分被討論後，及顧問團團長也瞭解相關計畫。

(3) 顧問團團長的派遣，因為台灣的重要性，台灣軍隊之大小與美台雙方之軍事戰略及政治往來的規模，合理判斷團長軍階為少將或同等職位。在此建議此團長應優先指派熟悉台灣事務之人員。

(4) 建議：團長在進行顧問團編制之前，必須向遠東區司令部報告編制細節。並儘速開始。

6. 前美軍顧問團停止原因。

中共渡江前，聯參會 1948 年 11 月 26 日發佈命令給美軍顧問團團長，只要國民政府固守南京，美軍顧問團將繼續任務。以下三種狀況美軍才會終止任務。

(1) 南京遭受攻擊。

(2) 政府遷離南京。

(3) 政府淪陷。如美軍顧問團遷移，其人員由遠東司令部暫管，直至美軍顧問團恢復任務執行為止。

自從 1949 年 1 月 29 日美軍顧問團撤離之後，美軍顧問團恢復管道仍存在，但任務授權管道已不復存在。

7. 在 1951、1952 年財政計畫中，已編列大量對臺支援。若在台灣成立美軍顧問團，將大幅增加美軍之技術支援。進可提高台灣地區在協防第一島鍊之防衛能力。參照 J.C.S.2118 系列文件。

8. 根據情資顯示，中共當局極有可能對臺攻擊，駐守台灣部隊只有戰力低落之政府軍力，如有美軍顧問團在此，將會增加提供共同防禦條約相關事項之效力。

9. 遠東區司令部職責除協防台灣相關任務之外，也負責台灣以外至菲律賓之戰略部署，由此可見只要台灣仍存在反共力量，遠東司令將極大化並有效利用台灣之戰略地位。根據台灣重要之戰略地位，此島之軍事行動都歸遠東司令管轄。同理可證，美軍顧問團長必須向他回報其業管之軍事相關業務。非軍事相關業務及軍援則依照共同防禦條約向國務院回報。

● 摘錄五月二日與蔡斯將軍有關來華任務談話內容（民國40年5月2日）

謹摘錄本（五）月二日上午與蔡斯將軍談話內容謹呈鈞閱

鈞座談話內容：

閣下來台，即可開始工作，但開始之前，有數點意見奉告：貴國駐華大使館及武官署對此間各方面情形之認識，已有良好基礎，周總長今後將經常與閣下合作，望能開誠布公，確信將來必有更佳之進展。

在工作開始之以前，請先調查各機關部隊情形及需要，過去麥帥總部雖曾派遣調查組，但時過境遷，情形可能已有所變動，貴團之編組及將來工作程序，俟調查完畢後，可再作商討，吾人只求效率，此中一切可由閣下與周總長共同決定之。

蔡斯將軍談話內容：

過去曾駐日三年半，此次來華過日，曾謁李奇威將軍，囑代向總統致敬，在日蒙何團長秉尊命優渥款待，極為感激，抵台後，承各界厚愛，尤為感謝。

此次來華任務，端在襄助訓練國軍如何維護及運用美援武器裝備，本團之派遣，係根據去年遠東軍司令部福克斯將軍所率調查組報告書，以及駐華大使館及美援會之報告而決定。故今後之工作將根據調查組織報告作更進一步觀察，然後著手本團人員編額，亦將逐步決定，陸續來華。

國務院特別申明台灣中立化之政策，並不因本團之派遣有所變更，本團將一如任何其他美政府駐華機構，在藍欽公使領導下通力合作，以求有助於貴國。敝國派駐各國之軍援顧問團共二十五個之多，均根據同一法令以同一方法工作，非獨本團而然。

東京李奇威將軍總部，有權直接指揮本團及駐防台灣海峽之第七艦隊，但本團之任務，決不包括干涉貴國國軍之指揮系統，是須再三陳明者。至於團內員額及工作人員分配之層次，則有待初步調查結果及總統之裁定焉。

余率全體同仁，必竭忠盡力，以求有助貴國，余更深自慶幸能受命來華為共同目標而奮鬥。

參謀長斯多達上校，能操國語，二次大戰時曾任53A顧問，有中國舊友多人，蔡斯隨從參謀陳少校，為在美生長之華僑，曾在第二軍擔任聯絡。

最後藍欽公使表示：個人一向主張加強援華，現在援助之方式業已加強，至於援助之數量，相信不久亦可大增也。

談話十時開始，十一時五分完畢。

● 美方援助福建游擊部隊之作戰計劃（又名章魚計劃）摘要（民國40年6月）

任務：對福建反共救國軍所屬各部隊及閩粵邊區游擊隊予以裝備訓練支援增強其在陸作戰力量。

執行方式：由福建反共救國軍總部大陸工作處、西方企業公司（美方機構化名）派員聯合組成參謀處負該項游擊部隊計劃訓練裝備補給事項（技術督導由企業公司派任）。

裝備兵力：

一、由泉州等六個地區抽調至金門集訓之600人。

二、閩省內陸之游擊隊及潛伏力量共42,159人（上人數係前美員視察時閩總部提供資料。

編組：

一、金門之1,600人共編成12個內陸小型游擊隊（每隊141人）。

二、內陸之42,159人預定編成如下連（隊）：

甲、內陸小型游擊隊269隊（每隊141人），

乙、重兵器連30連（每連123人），

丙、營部連30人（每連65人）。

編組裝備程序及時限：

一、金門集訓之各地區游擊隊自本年六月十五日起，按泉州、永安、漳州、閩東、閩江、閩粵邊區順序於八月二十二日全部編組裝備完成。

二、閩省及閩粵邊區內陸游擊武力，將自本年八月一日起按附表程序（即附件）逐次編組於四十二年一月（一年半）全部完成其裝備，亦按上述編組順序分期撥發，惟至本年十月後其裝備發給則須視果而定。

金門1,600人訓練完成及滲入大陸時間：

一、泉州地區：八月一日訓練完成並即開始滲入大陸。

二、永安及漳州地區：八月六日訓練完成並即始滲入大陸。

三、閩東及閩江地區：八月十四日訓練完成並即始滲入大陸。

四、閩粵邊區：八月二十二日訓練完成並即始滲入大陸。

中美技術人員進入大陸時間：

一、八月二十三日至八月三十一日期間第一批中美雙方技術人員由水陸或空降進入泉州地區永安地區及漳州地區。

二、九月一日至十月一日期間第二批中美技術人員由水路或空降進閩東閩江及閩粵邊區。

● 防衛台灣陸軍作戰指導方案（民國41年2月22日）

周至柔呈

事由：

一、謹就現實檢討在台灣防衛作戰上特須注意如左事項：

1. 萬一韓戰和談成功，美第七艦隊如不能長期協防台灣，國軍須能獨立達成防衛台灣之任務。
2. 匪空軍已較我優勢，空襲之威脅日增，地面部隊轉用益感困難，對總預備隊集中之時機與地點，亟宜重加考慮。
3. 編組總預備隊，應力求使用建制部隊，以減少指揮運用上之困難。
4. 節約次要方面兵力，澈底形成重點。
5. 防禦縱深在必要方面仍須加大。
6. 匪空降作戰之可能性日益增大。
7. 戰場指揮權責必須明確劃分。

二、經與台防總部研究擬訂防衛台灣陸軍作戰指導方案，如附件，孫總司令（按：孫立人）對該方案內一切均同意，惟對第三部署之四臺北警備區之設立，認為應列入防衛體系，改歸台防總部指揮，此點在方案原文未予修改，敬乞鈞核！

三、茲謹賫呈防衛台灣陸軍作戰指導方案一份呈請鑒核，並乞早日核定，俾得在四月風季終止以前準此調整部署完畢，並作高司演習之依據，謹呈總統。

防衛台灣陸軍作戰指導方案

1. 關於海軍、空軍與陸軍協力作戰部份另詳三軍作戰規定。

第一　台灣地形及匪軍犯台使用兵力之判斷

一、台灣本島地形判斷

台灣本島地形，因中央山脈縱貫島之中央，將全島分成東西兩部，主要交通線路皆南北向，且多濱海，又因橋樑隧道特多，戰時交通易生故障，東部多山，地形及交通狀況不適於大軍之作戰，但小部隊可能登陸之處甚多，且易滲入山地，以達牽制擾亂之目的。西部地形平曠，交通發達，沿海地區大部均適於登陸，且為軍事、政治、生產、工業等重要地區，西海岸北部為我政治中心，中部竹南迄苑裡地區為南北交通匯集之區，南部有高雄、左營、屏東、岡山等戰略要地，匪軍進攻台灣對本島西海岸北部、中部、南部均有選為主登陸地區之可能，但以北部公算最大。

就大陸與台灣之距離計算，自浙江、溫州亙福建迄潮汕一帶海岸，距台灣約在二百五十浬以內，在此地區之匪，可用機帆船渡海，反之在自舟山群島以北或潮汕以西地區離台灣在三百浬以上，因機帆船受續航力速力之限制，必須使用大型船舶渡海，機帆船可直接登陸，而大型船舶必須換乘小船始可登陸，按匪之慣用戰術，常以一部兵力先作廣正面之攻擊，而以主力投於成功之一點或數點，以作縱深之突破，故匪可能以浙江南部、福建沿岸以迄潮汕之港灣為機帆船發航基地，作廣正面之進攻，而以舟山群島以北及潮汕以西港灣出航之大型船團所載部隊，作主力之突破進攻。

我如於北部、中部、南部分別控制機動部隊（即現態勢）立訂多種方案，待判明匪主登陸地區後，再迅速向企圖決戰方面集中優勢兵力圍殲登陸之匪，固屬理想，但在作戰之直前或當時正受匪空軍轟擊傘兵襲擾，交通既遭破壞且屬側敵運輸，集中安全，難期確保。

二、澎湖列島之戰略價值

澎湖為我海軍基地之一，自須永久固守，但以目前情況推斷，匪似不必採取逐島攻擊，對該島可能只有牽制擾亂之攻擊行動，而以全力直接進攻台灣本島之公算為最大，故守備澎湖應僅以必要之兵力，確保該海軍基地為滿足。

三、大陳、馬祖、金門等外圍島嶼之戰略價值

在匪未對台灣本島發動攻勢之前，大陳可為我海軍前進搜索據點，馬祖可監視閩江口、金門，可阻塞廈門港（使匪不能利用此一距台最近良港為其進攻台灣之發航基地）。又以上諸島嶼均可為我滲透大陸發展游擊之中間站，但匪軍一旦進攻台灣本島時，則均失其戰略價值。

四、匪軍犯台使用兵力之判斷

1. 匪之海空軍：預想匪進犯台灣時，其海軍兵力至少將求得與我海軍兵力相等，或更爭得比較優勢（如重慶艦之修復及潛水艇之增加等）。其空軍亦將較我優勢三倍以上，此等海空軍之任務將以壓倒我海空軍，維護其海上運輸船團之安全及協助其登陸作戰之成功為主。
2. 匪陸軍：匪陸軍兵力龐大，但受渡海工具之限制，一次運輸量最大限為八個軍，匪為求犯台一舉成功，將盡量爭取一次運輸之增大（包括各方面各船團之先後梯隊在內），故匪兩棲作戰之最弱時期，為海上運輸（假定我海空軍攻擊有效）

及進入停泊地換船或正在登陸尚未重整戰鬥組織之時期。

3. 匪空降部隊：匪傘兵現已訓練完成者計三萬二千九百人，目前匪運輸機約為二三三架，以一次出動二百架計算，可運輸傘兵五千人，如輪番運輸，平均三次計算，則可以運輸一萬五千人（包括著陸空降在內），且匪有優勢空軍之支援，因此判斷匪軍犯台時，可能使用數約一萬五千人之空降部隊策應作戰。

五、匪軍犯台行動之判斷

1. 行動概要：

A. 匪如進攻台灣，除先期攻略大陳、馬祖以掃清我海上耳目外，對於金門，匪為避免不必要之犧牲及使我有力之兩個軍置於無用之地，將不予攻擊。

B. 匪對台灣本島在發動兩棲進攻之前，將利用其優勢空軍，企圖先擊滅我空海軍，以保障其海上運輸船團之安全，並轟擊我港口機場及一切交通中心，以妨害我地面部隊及作戰物資（包括外援物資在內）之集中轉用，在上項目的達成後，並將施行濫炸，以引起恐怖與擾亂，同時其潛艇亦將活躍於台灣海峽及台灣週圍封鎖航道，襲擊港口，使台灣本島與外圍島嶼間之交通補給及部隊轉運陷於危殆。

C. 匪空降部隊將於其兩棲部隊登陸之直前或同時，以數千兵力編成若干組，每組數十人至數百人不等，攜帶炸藥，在西部沿海岸之南北鐵路公路幹線，對重要橋樑車站分頭降落，炸毀橋梁，破壞車站，阻礙交通，使我機動部隊（尤其是總預備隊）不能向決戰地區迅速集中，並破壞日月潭電廠，使我水電供應發生困難，並將另以有力之一部（或主力），直接配合其主登陸方面之作戰，另保持其主力（或有力之一部），於作戰過程中之適當時期突然襲擊台北，以圖瓦解我作戰指揮中心，至於奪取港口及要塞或擾亂等，則均屬次要行動。

D. 匪兩棲登陸部隊對台灣本島攻擊時，為求速決戰局，主攻以在北部新竹以北或中部苑裡以北之地區之公算為多，其次為南部台南至枋寮間地區，以圖奪取左營、高雄、屏東等戰略要地，先求在南部立足，再圖爾後之進展，至中部自清水，至南部之台南間，因海岸沙灘遠伸，地形複雜，登陸困難，行主攻之公算較少，東部及澎湖僅可能有局部之襲擾行動。

2. 匪登陸作戰行動方案

基於上述判斷登陸作戰行動方案如附圖第一、二、三。

第二、我陸軍作戰方針

陸軍為防衛台灣應以一部兵力守備大陳、馬祖、金門各前進島嶼，以主力確保台灣本島及澎湖，主力部份並應以有力之一部固守澎湖及本島海岸四週，以大部控置為機動部隊（包括總預備隊及地區各級預備隊），匪軍進攻時，澎湖及本島海岸防守部隊，對寡弱登陸之匪，應毅然獨立反擊予以各個擊滅，如遇強大之匪軍登陸時，則應盡力固守陣地，拘束匪軍，以待主力之決戰。

判明匪將有犯台之行動時，各地區部隊應適時進入警戒戰備，總預備隊應適時進入第一集中位置，準備參加北部或中部之主決戰，其集中地區務期於臨時判明或突然發現匪對北部或中部之主登陸點之短時間內，能以最短距離之運輸，或徒步行軍而適宜變更集中態勢為要，如判明匪以主力向南部進攻時，我總預備隊再向第二集中位置運輸，準備參加南部之主決戰。

匪軍因受渡海工具之限制，在一次發航之後，其第二線兵團不能不等待回航續行運輸，又以受台灣各灘頭地形之限制，其已發航之兵力亦不得不行梯次登陸，我軍亟宜乘其前後分離之際，予以各個擊滅，因之決戰之指導應力求迅速而果敢。

台北應澈始澈終對匪空降部隊之襲擊，作嚴密之戒備。

第三、部署

一、全部防衛地區作戰地境之劃分及陸軍兵力之分配（含總預備隊第一第二集中位置）如附圖第四。〔原件缺〕

二、陸軍戰鬥序列如附表第一。〔原件缺〕

三、戰場指揮責任之規定如左：

1. 陸海空軍全般協同作戰指導，由參謀本部負責。
2. 局部地區陸海空軍之協同作戰，由參謀本部以命令規定或授權指揮。
3. 依各級作戰地境之區劃，各該地區之戰鬥由戰鬥序列所釐定之各級指揮官負責，其兩地區間之鄰接線由兩地區指揮官協商，先期指定一地區之側翼部隊長負責。
4. 總預備隊之全部或主力參加主決戰戰場時，該戰場之地面總指揮由台灣防衛總司令親自擔任。
5. 為使機動部隊能適時集中最大力量於主戰場起見，台灣本島之總預備隊初期調動，應受參謀本部之適宜統制（即防衛總司令在最初調動總預備隊時，應先以電話向參謀總長請示），台灣各防守區之區級預備隊之初期調動，應受防衛總部之適宜統制（即防守區司令官在最初調動區級預備隊時，應先以電話向防衛總司令請示），守備區（即軍）以下各級預備隊之使用不受上級統制。

四、台北市（包括松山機場）應指派所要部隊設立獨立警備區，直隸參謀本部統一指揮軍警憲及地方自衛團隊，主任防禦區空降部隊之襲擊，並維持區內秩序，為節省經費起見，得以保安司令部兼任之。

第四、作戰指導要領（本部腹案適時以命令行之）

一、外圍島嶼

1. 大陳、馬祖

應以現有兵力獨立固守，遇優勢之匪攻擊時，適時以海空軍支援之，但不增加陸軍，如匪開始攻擊台灣，或我海空軍於不利狀況下無法支援大陳、馬祖時，應適時將國軍撤回台灣。

2. 金門

在匪尚無進攻台灣本島之徵候時，以現有部隊固守之，如匪先攻金門，該島守備部隊應即與匪決戰，並以海空軍支援之，乘機予匪以最大打擊，如匪直接進攻台灣，則無論其是否同時進攻金門，我金門守備部隊均應適時全部撤回台灣，參加台灣本島之決戰，如因情況演變，估計臨時撤離為不可能，則應於適當時機先行撤離（按撤退金門兵力，至少需船八萬噸，其中絕大部分需登陸艇，全部上船需時兩夜，但船隻之調集與準備則至少需時半個月，而戰爭發生之前夕，匪空軍與潛艇已甚活躍，阻擾我海上運輸，故臨時撤離希望甚微），但如美國第七艦隊始終不撤離台灣，且至少能與我海空軍併肩作戰，預期對匪海上運輸船團能予以甚大打擊時，則金門部隊可不撤。

3. 澎湖

先期抽調一個師接替台灣南部嘉義守備區第七十 五軍第九十六師之防務，使第七十五軍在總預備隊中成為一個完整軍，以所餘第九十六軍（欠一個師）、馬公要塞及裝甲兵一個大隊為守備部隊，以確保馬公要港及我艦艇進出水道之安全為主眼，重新調整部署，而獨立固守之，如遇優勢匪軍攻擊，在任何艱苦戰鬥之情況下，均須支撐到底，以待台灣本島決戰勝利後，轉移兵力，圍殲犯匪。

二、台灣本島

1. 北部防守區

應就現有兵力三個軍、基隆要塞及配屬特種兵部隊等，守備該區沿海附近主要各陣地，以求殲滅犯匪於水際，為預期匪於北部行主登陸，對基隆港及五指山、七星山、大屯山、觀音山、樹林口各高地，桃園、中壢、楊梅、大溪、新竹五要點，暨各要塞核心陣地，必須預行準備固守，以便利總預備隊之決戰，此等要點均應預行構築工事，配備必要兵力，以免臨時倉促進入不易佔領，在貢寮、澳底、雙溪、金瓜石間地區，需構築大縱深陣地，俾得以最小限兵力阻止犯匪由該方面侵入，對蘇澳、宜蘭至台北須構築封鎖陣地，對羅東至新竹山路須講求封鎖處置，為保障北部全線之勝利，在新竹以南高地，須有對南之預備陣地。

2. 中部防守區

就現有四個師及配屬特種兵部隊守備沿海各要點，置重點於竹南、後龍、苗栗、苑裡間地區，以保障新竹以北主決戰之側背安全，苑裡以南至西螺溪間地區，除海岸守備外，並應準備獨立固守豐原、台中、彰化、二水各要點，須亙全戰役期間，遮斷登陸匪軍南北交通，如匪向竹南、苑裡間地區行主登陸，在此地區之守備部隊，於受優勢匪軍壓迫時應留置一部固守山佳、斗煥坪、尖山、下後龍

（含公司寮）、白沙屯各據點，以便利爾後之反攻，主力則退守竹南、後龍、苑裡鐵道線以東諸高地（應預先構築預備陣地）拘束登陸之匪，以待總預備隊之決戰。

3. 南部防守區

現任潮州守備之第四師，北調歸還第六十七軍建制，使六十七軍在總預備隊中成為一個完整軍，另調東部第五十四軍軍部及直屬部隊暨第八師主力，連同原有之五個師、海軍陸戰隊第一旅、高雄要塞及配屬特種兵部隊等，守備南部地區。但為預期匪於南部行主登陸，應就下列各地預作獨立確保之準備：

A. 南部戰略要區（包括保衛岡山、左營、高雄、鳳山各空海基地）。

B. 屏東空軍基地。

C. 台南及其要塞核心陣地。

D. 嘉義。

無論匪軍如何優勢，以上各地區均應準備接受四面包圍，固守到底，以待總預備隊到達決戰，如匪對南部僅行助攻或牽制攻擊時，我南部守備部隊應即殲滅犯匪於水際。

4. 東部防守區

應以一個師又一個團配屬特種兵部隊，嚴密封鎖沿海各要點山隘，以防止匪軍滲入，以主力獨立固守花蓮、台東兩地區，對花蓮至台中，及台東至屏東，須有封鎖處置。

5. 台北警備區

預定使用第三十二師，配屬裝甲兵一個大隊，連同轄區內憲警地方團隊為台北警備部隊，其區內治安及淡水河、基隆河重要橋樑之維護，以由憲警及地方團隊擔任為主，陸軍部隊應分別控置於各要點，隨時保持機動，主任空降部隊之掃蕩。

6. 本島總預備隊之使用

A. 兵力

共構成三個軍（八個師）、兩個完整裝甲兵總隊、兩個一〇五砲兵團，必要時並依情況抽調防守區區級預備隊加入之，以增大決戰兵力。

B. 運用要領

根據匪情判斷，每一主登陸地均為十二師之兵力，故我總預備隊之運用以全部使用於主決戰地區為原則，非萬不得已，不予分割使用於他方面。

C. 集中行動

除南部七十五軍之一個師與澎湖第九十六軍抽回之一個師，應先行交替，及南部第四師應先行開至北部歸六十七軍建制，東部第五十四軍軍部及直屬部隊暨第八師主力，應先行調至南部接防暨裝甲兵與獨立砲應先期調整駐地外，其餘均仍各就現地整訓，以祕密我軍之企圖，一旦匪已有進攻台灣本島之行動時，所有總預備隊之全部應適時向第一集中位置集中，縱在匪海空軍對我交通嚴重威脅下，亦能於會戰之前集中完畢為要，至於向第二集中位置之集中行動，另依情況指導之，關於第一、第二集中位置之區域同附圖第四〔原件缺〕，詳細地點如附表第二。〔原件缺〕

D. 集中掩護

總預備隊在由各方面開始運輸進入集中位置時，為預防萬一受到匪空軍或地面妨害，除集中行動應十分祕密迅速外，概依空軍及各防守區地面戰鬥，以行掩護。如情況上在進入第一集中位置後須轉向第二集中位置時，其情況有二，即如金門部隊並未調回台灣，而中部迄台南以北交通線被匪截斷時，應斷然掃蕩前進；金門部隊業已調回台灣時，即先以該部分別支援海岸防守部隊，確保運輸線之安全或依狀況逕以金門部隊先行支援南部之作戰。

E. 金門部隊之加入

金門陸軍如先行撤回台灣，則預定在高雄登岸，全部控置於台中、彰化、嘉義間地區，歸入台灣防衛總部戰鬥序列為總預備隊之另一部（第三線部隊）隨時保持機動，策應南北兩部之作戰，並依狀況支援西海岸守備部隊殲匪於水際，確保南北運輸線之安全。

7. 對匪空降部隊之處置

在台灣本島對分組空降破壞我交通廠站之匪，應以各軍官戰鬥團（隊）為主力（加入當地憲警及地方團隊），擔任守備及掃蕩，以免分散地區各級預備隊之兵力，各軍官戰鬥團（隊）應如新戰鬥序列之所定，歸各防守區司令官統一指揮，對空降襲擊台北之匪，另由台北警備區撲滅之，對直接配合登陸作戰而行空降之匪，應由各地區撲滅之。

大陳、馬祖、金門、澎湖應預先編組對匪空降作戰之掃蕩部隊，並預築阻絕工事，分區擔任之。

第五　附屬計畫

基於本案凡有關陸軍作戰指導之附屬計劃，均應重新增訂或修正，其項目如左：

一、大陳、馬祖、金門國軍撤退計畫（含宣傳謀略）。

二、台防總部及各防守區防衛區基於本方案之作戰計劃。
三、台北市警備計劃。
四、台灣本島對匪空降部隊掃蕩計劃。
五、台灣本島總預備隊就第一、第二集中位置之集中計劃（含運輸、通信、防空、掩護等）。
六、防衛工事增修計劃（含障礙物設施）。
七、台灣本島交通整備維護搶修計劃。
八、台灣本島車輛動員計劃。
九、台灣本島通信整備維護及搶修計劃。
十、陸軍（含一切地面部隊）補給計劃（含傷患收容後送）。
十一、與海空軍協同作戰實施計劃。
十二、基於本方案之軍隊整編計劃。
十三、台灣本島被攻時對內對外之宣傳計劃。
十四、台灣本島被攻時之軍民合作計劃（含戰場合作及避難者之指導避難地區之預定，食宿醫藥之供應以及民眾組訓等）。
十五、為貫澈本方案之分級分區指導之參謀旅行計劃（含主決戰場之現地戰術）。

● 蔣中正與美國公使藍欽會談有關大陳撤退及希望美國聲明大陳在第七艦隊巡邏範圍內等談話紀錄（民國 42 年 7 月 18 日）

時　間：四十二年七月十八日中午十二時
地　點：介壽館
出席者：總統　葉部長公超　藍欽大使
翻　譯：沈錡
記　錄：皮宗敢

藍欽：美軍顧問團草擬之大陳報告書，想閣下已經看過，過去中美合作途徑中，常常遇到人事問題，今天又擬與閣下談人事問題，想閣下對顧問團之報告，不論同意與否，總歡迎其直率之建議。

總統：麥唐納准將之意見，認該區陸海軍指揮官人選不當，我方亦早經注意，但除人事一點而外，若無能夠確保之軍事力量及計劃，則雖更張人事，亦將無效。台北距大陳有二百五十浬，而敵方海空基地定海，至大陳僅一二一浬，艦船八小時、飛機半小時以內即可到達，共匪溫州機場距大陳更近，僅卅六浬，故大陳隨時可為敵方所包圍。若我無法擊破此種敵方之包圍，則不論我如何增援，仍將無法確保大陳。現在海軍指揮官已經更換，陸軍人事之更動及增加援兵等等，均在積極計劃中，但若不具備軍事上之基本條件，則即使如此增援，任何將領亦無確守之把握。現我方希望於貴方者為：（一）對軍援台澎之政策，能略加修改，即使軍援之範圍擴大到所有為我軍所守衛之外圍島嶼。（二）聲明第七艦隊之巡邏範圍，包括大陳在內，或謂大陳從未置於第七艦隊巡邏範圍以外。余認為只要貴方能夠如此明白表示，則敵人即不敢前來進攻，須知萬一大陳為敵攻佔以後，再要重新光復，則所費之人力、物力將數倍於目前防守所需之力量，再則無論任何將領前往大陳時必將詢問兩個問題，一為第七艦隊是否能予以協助？二為本國之海空軍支援力量如何？若所得答復均為消極的，則心理上即先以為大陳不能守，徒然前往犧牲而已。故請閣下將上述兩項請求轉報貴國政府。余常認為貴國對我之軍援與對他國之軍援不同，貴國對我國之援助，無論多少，貴國之人員，不論撤退與否，余始終認為其為友誼與善意之表示，為對我之自發性援助而非一種義務，因此余向來之態度，為決不願使貴方有為難之處。例如以前貴國陸戰隊由華北撤退，顧問團由南京撤退，現在西方公司由大陳撤退，余從未有任何不快之表示，但現在回想此種態度，亦有不良之處，因余不願明言後患之結果，事後所付之重大代價，仍須由貴國擔負，實有對朋友不忠實之嫌。余對西方公司之工作一向表示滿意，此次該公司人員欲自大陳撤退，余在貴國中央情報局副局長卡貝爾將軍來見之日，即已獲悉，惟不知其撤退之確實時間，故在卡副局長行後，余即命令國防部鄭兼處長介民與該公司商討撤退辦法，不料鄭兼處長回報，該公司人員已經撤退，此舉突出余意料之外，其實多留幾日，毫無關係，我方亦決無意強留該項人員。但如此不告而走，對我方士氣民心，影響甚大，故務請閣下轉知該公司負責人，以後如有類似行動，必須事前通知我方，再則我方守衛大陳之陸、海、空軍，均可依照顧問團之意見，予以調整及增強，惟仍亟需打擊敵軍之工具，主要為淺水艦艇，因距離關係，敵方海軍集中快（八小時），我方海軍增援慢（廿四小時以上），若敵方決心集中大批艦隻，以打擊我大型艦船，則我方所冒危險甚大，或在援軍未到時，即已受到重大損失矣，且我海軍現有之大型艦艇，不適於淺水活動，故對於此項淺水艦艇之需要，亦請轉達貴國政府。

藍欽：我方軍援及第七艦隊巡邏範圍擴展至外圍島嶼事，大使館及顧問團年來曾再三呼籲，迄無具體結果。現雷德福將軍將任新職，此事實現之希望較大，惟恐仍須若干時日，因雷將軍下月始能上任，上任以後其他急務，當亦甚多，余深盼貴方在儘量增援之後，可以現有之兵力作堅強之防禦，余不諳軍事，惟就心理及政治之觀點而言，若大陳輕易棄守，則對自由中國民心士氣，國際觀感及大陸民心，均將有不良之影響。

總統：此事請放心，余完全同意顧問團之意見，我方必盡力據守大陳，但希望貴方能早日予以協助，不必等雷德福將軍就任後再辦，最好能趁雷將軍已在華府之便，即電華府轉達我方要求，因就地形觀之，大陳若一旦失陷，不但將影響台灣，亦將影響琉球也。

藍欽：當遵命即電華府，現須坦白陳述者，我方總以為台灣與外島之間，有所區別，我國軍方，一向反對輕易承諾不能實踐之保證，我方認為台灣今日之軍方，加上若干美國海空軍，必可確守，但敵人若決心不惜重大犧牲，進取大陳，則我方實無法保證其不淪入敵手。

總統：我方並不要求美國保護大陳，只盼貴方聲明大陳在第七艦隊巡邏範圍之內。

藍欽：當然，大陳之地位，與其他小島不同，余亦知其重要性，惟余以為即或無空軍支援，其地雖近敵區，只要陸軍有抵抗之決心，則敵方亦難輕取。例如上次大戰中，地中海之馬爾他島及馬尼剌灣之柯力幾多島，在強大敵軍威脅之下，均可屹然不動，或固守五個月之久，又若敵方知我有如此確守大陳之決心，則或不致來攻，亦未可知。

總統：我方當然具此決心，但盼貴方亦能予守衛者以希望。

藍欽：我方甚願給予道義上及物資上之援助。但恐不能謂因敵方進攻大陳，而即向其宣戰。

葉部長：我方決不要求美方替我守衛大陳或保護大陳，總括言之我方所要求者為：

（一）貴方聲明軍援之範圍及第七艦隊之巡邏範圍包括大陳在內。

（二）貴方儘速撥給我政府以前為我海軍所請求之淺水艦艇。

總統：余對此次所調往大陳之部隊，必定給予命令，即無論有無海空軍之協助，均須死守到底。

藍欽：余對總統此項保證異常感激，貴方之要求，余必儘速轉達華府。

● 美軍援顧問團納哈斯中校（JACK N. NAHAS）致國防部通信指揮部備忘錄（民國 42 年 8 月 13 日）

照譯美軍援顧問團納哈斯中校致國防部通信指揮部備忘錄

日期：一九五三年八月十三日

事由：大陳防守區司令部之通信支援

對大陳防守區司令部之通信支援，除前所採取之步驟外，茲更建議下列諸點：

一、授權與大陳防守區司令部設立一通信中心排，其編組裝備應照另函中所附之編制裝備表。

二、立即設立兩個小組，執行大陳防守區與聯合作戰中心間關於申請空中支援之通信，該兩小組應視作戰術空軍作戰連之一部份，至戰術空軍作戰連係於一九五三年四月廿日顧問團陸軍組以事由（中國戰術空軍聯合作戰體系）一函向貴國陸軍總部所建議成立者。此兩小組之編制裝備表已附於前一建議函內。因其成立為目下迫切需要之工作，故不論戰術空軍作戰連內其餘單位何時成立，此兩小組應立即開始作業。

聯勤通信顧問納哈斯中校

SIGNAL OFFICE
COMBINED SERVICE FORCES
MILITARY ASSITANCE ADVISORY GROUP, FORMOSA

APO 63
GSV-SC
13 August 1953

MEMORANDUM FOR: Signal Command MND
SUBJECT: Signal Support Tachen Defense Command

In addition to steps taken previously to give Signal support to the Tachen Defense Command the following steps are recommended:

a. That the Tachen Defense Command be authorized a ComCenter platoon formed in accordance with the TO&E furnished under separate cover.

b. That two teams be formed immediately to handle air request traffic between Tachen Defense Command and JCS. These teams to be considered part of the Tactical Air Operations Company recommended in letter Army Section MAAG to GHQ Army dated 20 April 1953, Subject: Joint Tactical Air Operations System for NGRC. The TO&E for the teams is included in the foregoing recommendation. Since these teams are needed immediately they should be activated at once with no reference to the timing of the remainder of the company.

JACK N. NAHAS

Lt. Col., SigC

CSF Signal Officer

● 國防部第五廳二組移請通指部辦理設立大陳防衛部通信中心排及編制裝備表草案（民國 42 年 8 月 22 日）

受文單位：第五廳二組

移送原因：

一、茲檢附美顧問團通信組納哈斯中校八月十三日備忘錄，建議設立大陳防衛部通信中心排及其編制裝備表草案（已面交）一份。

二、案關貴管，移請卓辦。

通指部

大陳防守區司令部通信中心排員額配賦暨組織系統表

（民國 42 年 8 月 22 日）

通信中心排員額配賦說明

區分	員額	業務分配
排部	官 3 員	排長 1、副排長 2。 晝夜二十四小時，每人以八小時輪流值班監督。
譯電組	官 11 員	組長 1、副組長 2、電務員 8。 分三班輪流工作，每班 3 人（內正副組長負責監督 1 人），餘兩電務員，以備戰時工作繁忙協助，或生病者之補充代替。
收發組	官 1 員 士 8 員	組長 1、副組長 2、收發軍士 6。 分三班輪流工作，每班 3 人（內正副組長負責監督 1 人）
傳達組	官 1 員 士 6 員 兵 8 員	組長 1、副組長 2、傳達軍士 4、傳達兵 8。 本組二十四小時均需工作，因送上下大陳兩地公事，單位分散且道路均為山地，往返費時，而戰時傷亡較大，故人員需要較多。

大陳防守區司令部通信中心排組織系統表

通信中心排	官 3			
譯電組	官 11			
收發組	官 1	士 8		
傳達組	官 1	士 6	兵 8	
合　計	官 16	士 14	兵 8	38

● 國防部為美國聯合參謀首長主席雷德福上將舉行特別會報之報告資料（民國 42 年 11 月 27 日）

絕對機密

中國國防部為美國聯合參謀首長主席雷德福上將舉行特別會報之報告資料

四十二年十二月二十七日

第一　最近之全般匪情

一、匪陸海空軍現有兵力

（一）陸軍

現有野戰正規軍七十個軍、六個裝甲師、四個獨立戰車團、五個騎兵師、二十一個砲兵師、二十九個砲兵團，共 288 萬 7,300 人，公安部隊五十六個師，共 73 萬 7,500 人，此外尚有軍區警衛部隊 100 萬人，三者合計為 462 萬 4,800 人，另有龐大數字之民兵，為其後備兵源。

匪陸軍自得到蘇俄裝備之協助，刻正力求達到現代化之境地，擴充特種兵，加強正規戰術之教育與訓練，特自本年七月韓境停戰後，加緊進行中。

（二）海軍

現有艦艇357艘，計13萬1,792噸，其中作戰艦艇48艘，計3萬3,775頓，輔助艦12艘，登陸艦艇40艘，編成六個主要艦隊及一個海防艦隊，其餘砲艇220艘及魚雷艇37艘，編成三個魚雷艇隊及次要艦艇隊若干，分別隸屬於華北、華東、中南等軍區，主力置於華東。

匪海軍刻正從事於防禦武力之建設，上海所造之快速砲艇已多艘加入服役，蘇聯贈給之驅逐艦一艘、護航驅逐艦十九艘及一部潛艇正加緊訓練中。

（三）空軍

匪空軍已編組部隊數三十個師四個團，區分為五個轟炸師、五個攻擊師、十七個戰鬥師、一個空運師、一個轟炸團、一個戰鬥團、一個空運團、一個偵察團，共各型機1,870架，其中噴式機891架，其精銳分置於東北地區及東南沿海一帶。

二、蘇俄援助共匪之武器裝備

自韓戰爆發以迄於今，蘇俄援助共匪之武器裝備，在陸軍方面已給予共匪七十五個步兵師裝備、十個裝甲師裝備，各式火砲（75mm-155mm榴彈砲、火箭砲、戰防砲、高射炮）約八千門。海軍方面已給予各型艦艇一五四艘，其中一部為日賠償艦艇。空軍方面已給予各型飛機五千餘架，除作戰損耗外，尚有第一線飛機一八 七五架，此外根據情報蘇俄供匪之飛機，於一九五四年底總數將達七〇〇〇架。

三、最近匪情顯著動態

（一）韓戰場匪陸軍換防情形

自韓境匪實施輪換制以來，迄至韓戰停火為止，先後由韓境回竄之匪軍共為八個軍，其由大陸前往輪替之部隊為七個軍一個師，惟據情報，匪三野二十五軍之七十五師及原踞濟南附近一個軍（判為三十三軍），有於本年六、七月間進踞平壤至安東間地區之消息，似此前往輪替與回竄之部隊不相上下，總計目前韓境匪軍現有兵力十七個軍、二個裝甲師、五個砲兵師、十五個砲兵團，共計 74 萬 6,300 人，部隊單位雖與參戰初期略同，但因內地整訓完成部隊之調韓，其戰力當已增強。

（二）匪軍部隊最近大量向華北地區集中情形

山東地區除原有匪軍部隊三個軍（二十六軍、三十二軍、三十三軍）外，於八、九月間又增加二個軍，保定、石家莊附近，最近由晉、陝等地竄到匪軍部隊十萬餘人，另徐州地區亦發現二野由西南竄到之部隊數萬人，並揚言此等部隊將就地整訓，隨時準備赴韓。

（三）東南地區匪軍佈防情形

華東地區現有兵力十五個軍、一個裝甲師、四個砲兵師、九個砲兵團，共約 61 萬 1,000 人，分駐於山東迄福建沿海，精銳部隊多控置於南京以南迄閩、浙地區。中南地區匪軍兵力十三個軍、一個裝甲師、三個砲兵師、一個砲兵團，共約 51 萬 1,500 人，分駐豫、鄂、贛、湘及兩廣沿海，重點置於兩廣地區。目下由上海以南迄於汕頭一帶沿海，正在增加海防砲兵與加築鋼筋水泥工事中。

（四）匪海空軍最近顯著動態

匪第五、六、七艦隊為華東海軍主力，共有艦艇 39 艘，以上海、舟山為根據地，此外另有次要艦艇 176 艘均經常活動於上海至舟山海面，此外共匪正從事加強各艦隊之武裝及製造適於近海作戰之新型砲艇，逐漸向浙、閩沿海擴展其活動區域中。

關於匪空軍最近之調動，自韓戰停火後，原在東北之米格機隊已有 94 架轉移東南沿海之上海、杭州等機場，惟於同一時間，另有蘇俄之 IL-28 型噴式轟炸機 99 架進駐東北。

四、共黨在亞洲之陰謀活動

共匪對於亞洲，在蘇俄之指使下，具有全面性之侵略陰謀，茲於情報所得，分述其重要事項如次：

（一）組織遠東國際聯合兵團

此一組織據悉早於四十年春即已著手，包括蘇俄、共匪、北韓、外蒙、日本、波蘭、匈牙利、捷克、立陶宛、愛沙尼亞、拉脫維亞等十一個國家之聯合武力，擬建陸軍十八個軍及特種部隊若干，以匪軍為主體，海軍一個艦隊及兩個潛艇隊，以蘇俄為主體，空軍八個師以蘇匪為主體，各級指揮官多以蘇俄為正，共匪及其他國家為副，該兵團之任務，為負責保衛東北及於必要時向日本進軍。

（二）組織援越志願軍

根據情報，共匪此項組織，於四十年秋開始著手，計劃以十個軍之兵力組成之，其任務為擴大越戰及席捲整個東南亞。目前雖尚未見共匪之實際行動，但其幕後之活動已愈演愈烈，諸如共匪在西南地區已遍設援越物資及訓練東南亞武裝部隊及幹部之機構，其援越物資自本年七月以後，已增至每月三千噸之數字。此外匪為發展東南亞各地之共黨勢力，已設立「中」、緬、越、泰、馬、菲共「統一作戰部」直接指揮各該地共黨首腦部門，並藉重各地工聯學及商業等外圍組織為掩護，從事其活動，據所知本年內已分別在雲南車里及寮境桑怒扶植成立「自由泰」及「自由寮」等傀儡組織，對緬甸除積極援助其共黨武裝部隊並對緬政府頻施壓力，威脅利誘，期其就範，另如對馬來亞及菲律賓等地，亦均以滲透方式或祕密運送武器，以扶植各該地區共黨實力之壯大。

（三）組織高原兵團為侵略印巴之準備

根據情報，匪於四十年進侵西藏後，即著手此一工作，準備以四個軍至五個軍組織高原兵團，由蘇俄供給特種裝備及協助訓練完成之，其目的顯然係以康、藏為基地，發動對毗鄰國家，如印度及巴基斯坦等之侵略，惟康、藏位處高原，對外交通不便，過去毫無軍事基礎，據報目前共匪正從事交通發展與各項基地之建立，惟仍非短期內可能達成之願望。

五，結論

朱、毛匪幫位為策動亞洲共禍之中心，朱、毛匪幫不滅，亞洲將永無寧日，而世界和平亦將受極大之威脅。

第二　國軍最近概況

我國國防組織及國軍整編情形，已於過去雷德福上將訪台時會報中敘述，茲不再重複，本日祇就訓練與動員準備兩項略作報告。

一、國軍訓練

（一）陸軍

駐台、澎各軍，自採納蔡斯將軍建議整編為十個軍（每軍轄兩個師）及一個獨立師，於一九五二年十一月整編完成後，雖裝備尚未齊全，但均已採用美式訓練，各軍於完成十三周訓練後，有六個軍已完成十七週部隊高級訓練，三個軍正在訓練中，其餘一個軍及一個師待騰出基地後再施以十七週之訓練。

為陸軍部隊施行兩棲作戰訓練，已於左營設立兩棲作戰訓練中心一處，可容納一個加強步兵團之訓練，此項訓練已於本年十一月十六日開始，為期一個月，將來預定先完成若干個步兵師之兩棲訓練以備應用，此外並建立山地訓練與空運訓練中心各一處，均以步兵一個師為單位，輪番調入訓練。

此外駐外島（金門、馬祖）兩個軍（每軍三個師）及駐台灣本島一個獨立師，此各部隊均久經戰爭，戰鬥意志均甚堅強，且金門部隊駐在台灣防衛之最前線，櫛風沐雨，辛勞備嘗，乃以限於美國政策，軍援範圍祇限於台灣、澎湖，未能與台、澎各軍一齊受軍援與訓練之支援，不無遺憾。因此對於蔡斯將軍最近提出之陸軍改編為兩個標準野戰軍團案，實嫌不足，本部幾經研究，擬編為三個野戰軍團共轄八個軍二十四個步兵師、三個輕裝甲師，當較為合理。

（二）海軍

海軍自採納蔡斯將軍建議以同型艦編成艦隊，於一九五二年八月改編完成後，復於本年六月成立艦隊指揮部，九月一日並成立兩棲訓練司令部。目下並準備即成立兩棲部隊司令部，其所轄兩棲作戰司令部之人員已派赴美國受訓，將於明（一九五四）年一月返國時即編組成立。

美國所撥借之 DD 二艘及 LSSL 三艘之服勤人員，其預備訓練已完成，前者已於本年十二月二十日抵達美國，後者於十一月二十三日已抵達日本，為接收續撥之 PG 及 PGM 十艘之服勤人員，因本部通知較晚，現正抽撥中。

為支援外圍島嶼作戰，美方準備撥借之 LCM 八艘及 LCVP 二十四艘及 ARL 二艘，因此項消息僅由太平洋總部於本年十二月七日史托斯特將軍來台開會時所通知，故其接收準備工作，目下正開始中。

本年海軍之訓練，以艦隊運動作戰及支援兩棲作戰為主。

海軍陸戰隊之訓練，以陸戰旅之兩棲作戰為主，此外並協助陸軍部隊之兩棲作戰。

（三）空軍

空軍自採納蔡斯將軍建議，於一九五二年十二月一日編成五個作戰總隊後，並陸續成立空軍作戰司令部、聯合作戰中心 JOC、管制總隊 TACW 及戰術空軍管制組 TACP 四十個，一面並著手編成陸空通信連絡連，以加強戰術空軍支援陸海軍作戰之通信聯絡，惟因通信器材之缺乏與器材型式樣之不一致，其效能殊嫌不足。

空軍訓練，已完成空勤人員二二一九員，其中有飛行軍官一九四九員，噴射飛行員八二員，另有噴氣機維護人員一〇三八員，正在訓練中之飛行軍官七五四員，關於 JOC 之訓練，已完成三軍幹部一一二七員。

（四）三軍聯合演習

本年九月下旬，曾與台灣本島西海岸中港－後龍間交通線暴露海岸區域，舉行以陸軍一個師及陸戰隊一個旅為基幹之登陸與反登陸之三軍聯合作戰演習，所發現之最大缺點，為聯合作戰概念之缺乏，與聯合作戰通信系統之不健全，刻正與顧問團研究改進中。

（五）聯勤

除聯勤部隊實施其本兵科訓練外，本年度對修護保養訓練，列為中心要求，並以最大努力求其圓滿實施，本年度修護保養人員之訓練完成三〇四五員。

（六）各軍事學校

兩年來對各軍事學校教育之充實加強，經以最大努力以求逐漸趨於理想，目前共有五十個校班，總計二八三個班隊，本年度共召訓學員生 36,093 人，已畢業 35,578 人，現在校訓練者計 21,733 人，各學校容量已可經常保持兩萬人以上。

二、動員準備

（一）動員組織

國軍因準備反攻大陸，對儲訓與後備兵員，進行甚為積極，自去年（一九五二）秋季，即分別成立各級動員機構，台灣省內設置四個師管區及二十四個團管區，以管訓由現役部隊及受補充兵訓練完成退伍之在鄉軍。

（二）預備軍官訓練

為預備部隊之幹部，依法徵集大專學校畢業學生，接受一年之預備軍官訓練，訓練後退伍為預備軍官，1952 年度集訓 1,000 人，本年八月一日退伍，本年度續集訓 1,575 人，已於八月廿六日入營。

（三）預備軍士訓練

本年度開始依法徵集高中畢業學生五二五五人，施以四個月之軍事訓練，期滿後合格者列為預備軍士，已於十月十九日入營受訓。

（四）補充兵訓練

自去（一九五二）年八月起開始隊年滿廿歲甲等體位之役男，依法分期征集入營，受四個月補充兵訓練，期滿退伍，目下已完成兩期，共三萬人，現第三期一四七五〇人，正在營訓練中。

（五）目下動員準備狀況

以上由常備部隊及受預備軍官、預備軍士與補充兵訓練完成退伍之在鄉軍人，共約五萬餘人，均已納入師團管區之管理，在動員令下達後，於七日內即可召集入營，補足現在軍隊之缺額而成 TO 100%。

（六）爾後對於補充兵訓練及動員制度之加強

目下以員額經費及營房關係，補充兵之訓練人數太少，現正謀擴大中。

第三　國軍作戰部署

一、當面匪情之判斷

根據前章之匪情報告，匪陸軍一面在增強大陸東南沿海之防砲兵與工事，一面積極整訓部隊，匪空軍雖曾發現在海門以至廈門上空巡邏，但無積極行動，匪海軍艦艇，雖常在象山以南至溫州海面一帶作巡邏活動，其大群艦艇之行動，目下未越過舟山以南海面。

綜合以上判斷，匪在最近期間不至向我進攻。

二、我軍之作戰概念

（一）台澎地區

台澎地區，為國軍之最後基地，亦為太平洋上防共基線之一環，國軍之第一任務在確保此基地之安全。

對匪軍之渡海進攻，本部之作戰概念如下：

1. 於發現匪軍作進攻準備，或進攻船團正航向台灣時，為制敵機先，即以空軍、海軍摧毀之於集中地或海上，以打破其企圖。

2. 匪軍登陸時，則集中我陸、海、空軍全力殲滅之於海岸附近。

陸軍之部署，以台澎區之十個軍（二十個師）一個裝甲兵旅，在台灣防衛總部統一指揮下，以十一個師兩個團、兩個裝甲兵總隊（欠一個大隊一個中隊），分隸於北、中、南三個防守區及東部守備區、澎湖防衛區，擔任本島沿海及澎湖之守備，以四個軍轄八個師（欠兩個團）、兩個裝甲兵總隊組成預備兵團，以供機動作戰之用，匪軍進攻時，無論在台灣北部、中部或南部登陸，我軍先以海岸守備隊阻遏其前進，而後以機動之預備兵團集中打擊之。

空軍、海軍，在第一作戰時期，擔任空中及海上之攻擊，在第二作戰時期，則以主力支援地面陸軍之作戰，以一部截斷其海上之後援。

（二）外島之防禦

外圍島嶼大陳、金門、馬祖等，均迫近大陸，在搜索與警戒上為台灣之耳目，在防衛上為台灣之門戶，故與台灣之防衛實為不可分割之一個整體，現大陳之防衛，已派遣一個美援裝備之增強師前往防守，但大陳離台灣遠而與匪區接近，一旦戰事發生，我空軍、海軍增援困難，後勤補給更無法支持該區作戰，實為未來之隱憂。又金門扼制匪東南大港廈門，形勢殊為重要，目下以未得軍援支持，其編制仍係舊式，裝備更屬陳舊。

我國曾迭次向美國政府提議將軍援擴至外島，惟迄今尚未解決。

自美太平洋總部與國防部開兩次協調會議以來，本部曾根據以上之作戰概念，將下列：(1) 對防衛台灣之作戰，必須有美海、空軍協同我軍對匪之攻擊準備作機先之攻擊。(2) 對大陳之作戰，須有美海、空軍之支援。(3) 對金門、馬祖等外島之防衛須將軍援擴至各該島三項意見提出討論。太平洋總部迭稱須得聯合參謀首長之命令始得行動。今日欣逢美聯合參謀首長雷德福上將蒞臨，特再提出以上作戰概念之重要性，俾供閣下決策之參考。

第四　國軍後勤概況

一、國軍裝備與軍援之到達狀況

國軍裝備，自閣下於本年五月派遣參謀長赫定將軍來台與我召開第一次中美協調會議以來，軍援之到達，已由 44% 增至 73%，迄至目前為止，陸軍裝備計武器為編制數 80%，車輛為編制數 48%，較半年以前武器增加 15%，車輛增加 23%，現空軍飛機為編制數 60%，較之半年以前增加 20%，海軍第一批租借之驅逐艦 2 艘，準備於明（四十三）年元月廿六日在美接收，又 LSSL 三艘亦已派員赴日準備接收。又據太平洋總部於十二月七日在中美第二次協調會議中告知，除上述撥借軍艦之外，尚有 PG 及 PGM 型十艘，業已奉准撥交我國，又為供外圍島嶼應用分配之 LCM 8 艘、LCVP 24 艘及 ARL 2 艘業已批准，又為增強兩棲部隊獲取 LCVP 100 艘之計劃亦已批准，綜合上述，海軍裝備在最近期內亦將略見增強。

二、國軍彈藥現況

國軍原有戰備屯彈，存量不多，兵工廠產量與軍援之到達均甚少，顧問團建議增加部隊訓練用彈藥，以使射擊熟練，用意至善，惟就現有存量檢討，除保持部隊基本攜行量與維持外圍島嶼現有存量外，全部彈藥僅足供一期（三個月）部隊訓練之用，尚有五種不足，縱使 51、52、53 案彈藥全部運達，亦僅足供新訂訓練標準一年之用，其中尚有四種不足，至戰備彈藥，除基本攜行量外，毫無存儲，情況至為嚴重。本月七日中美第二次協調會議開會時，曾提出討論，太平洋總部計劃除訓練彈藥外，務使國軍具有四十五日份之戰備彈藥，其中在台存儲三十日份，另請美遠東軍總部保證於緊急事件發生時有立即供應十五日份彈藥之能力，至是否包括基本攜行量，則未說明，惟根據實際情況，平時由美運送彈藥來台，平均需時四十五至六十日，戰時倘遭受敵人海空之阻擾，運送時間可能倍增，為使緊急事件發生時國軍作戰彈藥能繼續供應，除基本攜行量，實有與空軍同樣屯儲九十日份之必要。此項九十日之屯量，無論全數交由我方或部分由美方控制，均無不可，惟希望能在台灣屯儲，以使緊急時使用便利。

三、裝備保養

三軍裝備保養，迄今已完全按照美軍制度實施分段分區之作業，並已對主要裝備次第建立，並調整各級保養機構，新設之兵工保養總隊，五級汽車修理廠，及整編軍師車輛修護連，對武器車輛之保養已能擔負大部份責任，其他三軍各級保養機構，亦正努力加強其作業能力中。惟因工具與材料配件之不足，尚難盡如理想。

四、經援配合軍援

經援配合軍援之實施，目前已遭遇困難，因軍援物資逐年增加，而各年度之經援配額均未能滿足全部之需要，又經援使用範圍受限制，若干計劃經援僅支持其大部或一部，其他部分仍須由中國政府支出，因此增加政府財政之負擔，尤其自 55 會計年度以後，服裝副食將不能獲得支持，困難情形將益形嚴重，因而影響軍援之運用，現三軍裝備已大見加強，今後經援配額如能與軍援實際需要配合而予以提高，並能予以全部性之支持，則其效果將更為顯著也。

第五　希望雷德福上將予以協助之事項

綜合以上所述，屬於作戰者為：

一、為防衛台灣之作戰，希望美海空軍協助我軍對匪軍攻臺準備作機先之攻擊。

二、為防衛大陳，如大陳被攻擊時希望美海空軍支援我軍之作戰。

三、為增強金門、馬祖等外島之防衛，希望將軍援範圍擴至各該島，並希望支持我方所提之全部陸軍改為三個軍團案。

屬於後勤者為：

四、戰備彈藥，希望美方供應九十日份預儲於台灣。

五、增加經援之款額，以與軍援配合，而使軍援得以更有效運用。

以上五項為防衛台灣最切要之問題，希望雷德福上將予以充分之支持。總之，朱毛匪幫為亞洲之禍首。國軍之臥薪嘗膽，均以各自之父母妻子親戚朋友遭受共匪之殺戮與奴役，故人懷復仇之心，士氣振奮，勇往直前此，可向閣下保證者也。

● 蔣中正與美軍太平洋總司令史頓普為美國應該有能力可以協防大陳等會談紀錄（民國 43 年 1 月 30 日）

總統與史頓普海軍上將會談記錄

時　　間：元月卅日下午一時卅分

地　　點：士林官邸

翻譯及紀錄：胡旭光

總統：閣下離夏威夷來台前曾否接得華府訓令？

史頓普：昨日上午與華府卡尼海軍上將通話後臨時決定來台一行，故未能事先通知總統，雷德福上將最近過夏威夷返美時曾與談話，余等均認為美國應該，而且有能力，可以協防大陳。

總統：閣下去歲曾親赴大陳視察，當可見到該島軍民反共決心，大陳全體軍民曾堅決向余保證誓必死守該島，在美國未發表正式聲明以前，我政府不易向該島軍民解釋撤退之理由。

史頓普：美國海軍方面一切均已佈置就緒，一俟政府命令下達即可開始行動。

總統：余可向閣下保證我國在大陳之軍民部隊均將接受蒲賴德中將之統一指揮。

史頓普：余僅為一軍人非政府之決策者，但余個人認為美國應正式宣告如蘇聯或中共向任何擁有多數反共民眾及堅強反共政府地區作進一步之侵略時，即將遭受重大之反擊行動。

總統：甚是，余個人以為美國政府如對台灣及遠東保持堅定之政策，不猶豫不退卻，則戰事決不會發生，可能此後三個月有一段緊張之局面，但此段時間過去後定可穩定無事。閣下返夏威夷後，請轉告雷德福上將，敵人大量集結海空軍旨在示威，美國必須抱堅定之態度，不猶豫不退却，則敵人必不敢有所行動，否則如退卻一步，敵人必乘虛而入，步步進逼矣。

史頓普：遵命辦理。

● 蔣中正與美國駐華大使藍欽、美國軍事援華顧問團團長蔡斯等關於支援外島游擊部隊之權責移轉問題等談話紀錄（民國43年2月12日）

時　　間：四十三年二月十二日十時至十一時四十五分

地　　點：台北總統府總統辦公室

參加人員：藍欽　蔡斯　卜蘭德　葉公超
　　　　　嚴家淦　周至柔　杜根　麥唐納

翻　　譯：沈錡

記　　錄：皮宗敢　文立徽

藍欽：今天擬向總統報告幾個問題，第一問題：「支援外島游擊部隊的權責轉移問題」，請蔡斯團長與杜根代表分別報告。

蔡斯：奉艾森豪總統命令，美國對自由中國外島部隊向大陸突擊及在海上攔截資匪船隻兩項任務之支援，應即由中央情報局轉交與美國軍援顧問團負責，並由該局駐台代表杜根先生代表西方公司與本人辦理此項交接。余個人認為此乃最明智之舉措，因對於自由中國之一切軍援，應皆由一個機構統盤負責為佳也。至於支援辦法，刻正在研究中，自須先獲得貴國政府之同意與合作。最近本人曾派卡尼少校回國，希望能將貴國之外島游擊部隊，改編成一陸戰師，以俾獲得更多之裝備。

杜根：在未正式移交之前，西方公司當仍繼續協助游擊部隊之訓練補給事宜，同時余願在此補充說明者，即艾森豪總統之命令，並無將西方公司對貴國之援助與合作削減之意，而僅是將「沿海突擊」、「海上攔截」及「游擊部隊之訓練與裝備補充」等「祕密」與「公開」部份之權責劃分清楚，其公開性者撥歸軍援團，至於祕密性者仍屬西方公司。

總統：本人對此種改組尚能同意，不過西方公司與我政府合作四年成績甚好。現任經理蔣司敦君，來台且早於顧問團，故如何能因此項改組而更增進相互間之配合，實甚重要，至於其技術方面，則可由我有關方面與軍援團及西方公司研究決定。

蔡斯：本人接辦此事仍遵循指揮系統，即報由周總長轉令外圍島嶼所屬機關及部隊知照辦理。

藍欽：余認為此次改組以後，反與西方公司創設之原意更為相符，當時所定之西方公司之任務，為祕密援助在大陸上之反共游擊部隊及地下工作，後來之參與沿海突擊，實屬偶然，繼而突擊規模逐漸加大，寖至無法祕密進行，而與該公司之原來任務不符，現在將公開支援部分劃歸軍援團之後，始又恢復其原來之工作範圍。另須申明者，即在公海上搜船扣船，乃係全由中國政府負責之事，軍援團並不參加（以後之問題，因與杜根無關，杜氏於此時先退）。第二問題為「軍隊政工問題」仍請蔡斯團長報告。

蔡斯：在周總長處得知總統已令國防部組織一委員會，調查與政工有關之各項問題，並邀請余參加，余甚樂於效勞，余並建議同時組織高級及初級兩個委員會，由初級委員會擔任實地調查工作，如此則收效當更宏大。敝團麥唐納副團長前亦曾與蔣主任經國為此問題長談，甚為滿意，余並欲於此說明者，即顧問團同仁對此問題如此注意。無非為欲助貴國建立強有力之國軍而已。

總統：蔡斯團長致余之信，早經收到，因年終事忙，未即作復，惟現已令周總長根據余之意思代為作復，想不久即可送達，但不知此信藍欽大使曾否過目？

藍欽：曾經閱過。

總統：余未讀該信之英文原文，惟其中文譯本之意，頗為嚴重，譬如其中有一項「應立即停止供應政工活動之美援器材」，形同命令，實非對一國元首行文之辭句，信中又有一段，反對軍援內之吉普車參加雙十節遊行，亦使人費解，因顧問團既同意我在雙十節遊行時使用大砲與坦克車，則使用吉普車有何差別，又有何不可？實際上軍援吉普車加入遊行，示我民眾，對於美國亦為一種良好之宣傳。

蔡斯：余並未提到雙十節之閱兵遊行，而是指省府舉辦光復節群眾大會，當時軍援車曾被改漆成各種顏色以後，加入遊行，又實際上余所反對者，乃是以軍援器材作非戰鬥之使用，部隊中之政工人員常以軍援車輛及汽油運送童子軍及四健會會員等，惟聞關於此點，周總長近已令各部隊制止矣。

藍欽：余現願對此信之來源略作陳述。總統去年秋季校閱時，曾囑各部隊之美籍顧問儘量指出缺點及改進之方法，顧問乃紛紛將其意見，向蔡斯將軍報告，故此信實為許多報告之綜合，純以軍人坦白立場向貴國陸海空軍統帥陳述，詞句或較生硬，當時如由外交途徑轉達，則其詞句自可審慎宛轉，以其現時之措詞而論，收信人改為周總長或更為適當。

蔡斯：總統曾囑余直接上書，又凡余向總統遞呈之書面報告，事前必皆經藍欽大使看過。

總統：余亦不過在此處順便談到此事而已，余等皆為朋友，余對此事並不介意。至於「政工改制問題」須待獲得調查委員會之詳細報告後，再行研究考慮。

藍欽：第三問題「陸軍改編問題」仍請蔡斯團長報告。

蔡斯：余對貴國明年度之軍援計劃及開案，皆曾略作研究，現所能報告者即對於 1955 年之軍援計劃，美國政府已同意之編制如下：兩個軍團，內含六個軍廿一個步兵師、一個陸戰師、兩個裝甲師，共計廿四個師，卅六萬五千人。就台灣之經濟情況以及所能獲得之人力、物力而言，此實為目前援助自由中國之最大限度，實際上較之美國答應南韓者，已寬大得多，南韓現僅有一個軍團，含三個軍十八個步兵師及一個陸戰師。本人現提之改編計劃，與現在所受軍援之軍隊員額（廿九萬五千人）相比，亦將增加不少，故軍師數量雖減少，而所獲裝備及其戰鬥力量，則增加甚多。因若干人員可用於編組軍團及軍之直屬部隊，此項計劃，即在批准之後，亦須相當時間始能實施，故請總統迅予批准，以俾早日著手進行，今後如美國政府改變政策，能增加援助到兩個軍團以上，則在改編以後，自更容易辦到。

總統：對開案軍援計劃有何意見？

蔡斯：我方以為開案不太實際，因估計需要三年至五年之時間，始可獲得所需之人力及物力，就中僅空軍部份較為與現實接近，陸軍部份所需者，幾為現行軍援計劃之一倍，而且其中若干物資，在美國亦非現成，需經小規模之工業動員始能滿足該計劃之全部需要，而此則為美國目前所不可能者，故如不發生大戰，恐不易獲得美方批准。

總統：余可以同意將國軍改編成兩個軍團，但廿四個步兵師之數目，無論如何不能再少，否則對士氣影響太大，每一個軍團配屬一個裝甲師，故兩個裝甲師亦可同意，但外島「澎湖」、「金門」、「大陳」應另各配屬一個裝甲大隊，即另增三個裝甲大隊，如此則可馬上著手辦理，又陸戰隊應有兩個師之實力。

蔡斯：此問題余可再加考慮，惟余深信華府方面僅允供給廿一個守備師，至予陸戰隊方面，余前曾言已派卡尼少校返美即為請求增加陸戰隊力量至兩個師，編組廿四個步兵師之主要問題，乃為裝備無著，人員亦成問題。貴方現有兵力實在僅足編成十八個師，因華府業已批准廿一個師之計劃，故余現在亦提廿一師，而不提十八師。又余前亦曾向華府要求廿四個師，但未奉允諾。

總統：或先整編本島部隊，成立兩個軍團，廿一個步兵師，外島部隊暫緩一步亦可，請注意此事並非純為軍事問題而實涉及政治及心理之因素，如全部陸軍改編成廿一步兵師，則一般人民必然不能了解為何軍援顧問團來台以後，年年整編，部隊數目一年比一年少，將來如仍圖反攻大陸當不致有此現象。余知美國目前之政策，為防衛台灣，但我全國軍民，上自統帥，下至士兵，莫不雙眼注望大陸，念念不忘反攻，故軍援雖屬重要，但因求獲得軍援而致影響士氣，則殊非無人所願也。此事既涉及心理與政治問題，以後可由外交部葉部長與藍欽大使再行商談。

藍欽：余曾與葉部長談過，當可遵示繼續討論。誠如總統適詢所言，美國對貴國實施軍援之目的，在於確保台灣，而貴國所望於軍援者，則在反攻大陸。但余與顧問團方面，均能充分瞭解此點，故在可能範圍內，亦曾儘量培養貴國國軍之攻擊力量，因深知最佳之防禦，即是進攻也。

總統：軍援顧問團來台以後，我由卅八個師第一次整編減少至廿八個師，現又欲由廿八個師減少至廿一個師，無論官兵與人民，均難了解此種事實，或竟認為再過幾年，國軍將為軍援而完全裁光矣。

葉公超：余等深悉因政治上之理由，美國目前當然不能助我反攻大陸，但決不應使我一般人民認為美國將永遠不支持我反攻大陸，而改編國軍為廿一個師，即易造成此種印象。不久以前，史密斯參議員曾在美國參議院發表演說謂，台灣現有之軍力確保台灣，已嫌太多，而反攻大陸則猶不夠。故如再裁減，則無異昭告國人將永不圖反攻大陸矣，此點在政治號召及民眾士氣上之影響意義，極為重大（總統亦然其說）。

藍欽：余非軍人，或不確知「師」、「旅」、「團」之實際意義，但軍援顧問團剛到台時，有人告以貴國 38 個師，實等於 38 個旅（蔡斯插話語謂：僅等於 38 個團），而此次改編以後能獲得實際軍援之 21 個師，則員額充足，故數目雖減而實際戰鬥力量反有增加，吾人在此自均願自由中國能多獲得裝備，甚至於達到開案之目標，但批准之權，操在美國國會，非軍援顧問團所能為力者也。

總統：吾人今日可僅就 1955 年軍援案計劃，開案問題待日後再談。

蔡斯：余有一重要之補充報告，即美國並不援助補充兵之訓練，而受援軍師單位之人員，亦必需要到編制數之 95%，因在軍援到齊以後，人員若少於 95%，實無法加以有效之使用與保養也。

總統：在不增加人員與經費之條件下，做到改編成 24 個師，此為余之改編原則，至於實施此項原則之細部技術問題，則可容後再行研究。

蔡斯：要編成 24 個師，貴方目前既無此項人力，亦無此項財力與裝備。余重述貴方之人員，實際上只夠十八個師。

總統：此問題可待以後再行討論。

藍欽：第四問題「中國財政之財政問題」，請卜蘭德先生發言。

卜蘭德：總統當然深知軍援增加以後，台灣為配合軍援而增加支出，在經濟上之負擔即將加重，至於 1955 年度經濟負擔嚴重，將達到何種程度，則尚待各項資料齊全以後方能獲悉。但有一事實，可先向總統陳明者，即因軍協而造成之赤字，必然甚大，至於如何加以補救之辦法，則不外「開源節流」二途，在節流方面，余已請軍援顧問團及行政院在編製預算時，儘量樽節。在開源方面，余亦曾與嚴部長一再商談，如何開闢新財源以增加政府收入，雖明知工作艱鉅，而仍在不斷努力中。

總統：希望在卜蘭德代理署長以後，能予我財經主管以更大之幫助。前任署長施幹克先生在此與我合作，甚為圓滿，深信卜蘭德先生亦能如此，而更過之。

蔡斯：余以為貴國預算之不能平衡，主要係因國防部之繼續擴大其支出之故，因此軍費之節省最為重要，余曾就此與周總長詳加研究，如何做到真正節約，以及發揮經費之最大效用。

總統：軍費核實，乃為去年軍事方面之最大成績，余願在此謝謝軍援顧問團之協助與努力。

蔡斯：以前余曾致函周總長提出五點，以改善軍費之支付，不妨在此向總統報告：

（1）高級官佐所得之薪俸、津貼、補助、配給等等名目繁多，標準不一，有辦法者，一人兼得各項，無辦法者，除薪俸以外，別無進益，因此個人實際所得，相差懸殊，實應即予改良。

總統：已令行政院統盤辦理此事。

蔡斯：余望在調整不平等之待遇時，能特別注意副食費之支配，因其對於部隊中之晝盲夜盲極有關係也。

（2）國防部預算局應訂有長期計劃，不應僅作枝節性之計劃。

（3）國防部預算局應有督飭各部隊嚴格遵守預算之權。

（4）聞自下年度起，三軍餘款均將存入國庫。余望不應等到下年度，目前即應舉辦。

總統：自去年起業已如此辦理。

蔡斯：（5）軍中主計、審計人員之權責應予加大，如此可有助於節省，甚望周總長檢出此函再加研究。

總統：除第（4）點外，餘四項望軍援顧問團能再函周總長說明。

蔡斯：當照辦。

總統：關於此方面，藍欽大使尚有何意見？

藍欽：據本人所知為配合下年度之軍援計劃，貴國政府之預算尚不敷六億新台幣，前聞嚴部長言，大概可以籌集三億，尚有三億，則無著落。不知卜藍德署長對此點之意見為何？

卜蘭德：待軍援計劃及各種資料齊全後，再行報告。

嚴家淦：藍欽大使所謂六億赤字，係假定下年度之軍費支出與本年度相同而言，如依我政府自擬之軍事預算而言，則比去年度者為大，因之赤字數目，將達十八億新台幣之鉅。

● 美軍援顧問團第五組組長穆爾門上校對大陳防衛司令部組織之建議（民國 43 年 12 月 9 日）

國防部第五廳中美合作來文譯稿

來文者：美軍援顧問團第五組組長穆爾門上校

（H. N. MOORMAN）

受文者：國防部第五廳廳長胡獻群中將

文　別：函 MGGE 320

案　由：大陳防衛司令部之組織

一、大陳防衛司令部，如其目前之組織，在外表上其職權類似聯合派遣軍之任務，但實際上其所負之責任，是重複與平行的。該地區之活動，亦足顯明，交互勤務之協調遠在標準之下。

二、起初余等同意大陳防衛司令部之組織，乃因擬訂組織之地面部隊司令官與該地區單位之直接需要，有較密切之聯繫。自後余等研究其情勢，乃就美國部隊之系統，擬訂一組織表。

三、下列所附建議之大陳防衛司令部組織表，乃一聯合派遣軍之組織，在作戰方面，所有派遣之部隊及所屬支援部隊，透過陸、海、空副司令官受派遣軍司令官之管制，如附表所示。此等陸、海、空軍副司令官，亦為各該軍種之司令官，此等副司令官，既亦為部隊司令官，其大部份之時間，當為彼等之部隊所用。

四、茲建議如下：

1. 大陳防衛司令部應如附件內所列組織表組成。
2. 給予大陳防衛司令官一明確之書面聯合作戰命令，命令內清楚規定其指揮權，說明其任務，列出其責任，委付以權限，派遣部隊在其直接指揮管制之下。

3. 在大陳目標地區執行任務以支援大陳防衛部之所有國軍部隊，應歸轄於大陳防衛部之下。對該地區空軍及空軍作戰之管制，須經由空軍副司令官以行之，彼除管制所有支援飛機外，須付以權限，可將該地區其他任務之飛機，轉用於其他方面，以應戰術情況變更之需要。此項規定之例外情形，如貴國空軍長距離之偵察任務，及 P4Y 機之巡邏任務，須於政策性之命令內清楚敘述之。

第五組組長穆爾門上校

H.N. MOORMAN

Colonel, GS

AC of S G5

副司令官亦為各部隊之司令官以 … 表示
Deputy Commander is also Commander of Forces as shown by … Line

建議之大陳防衛司令部組織表
Proposed Organization TACHEN Defenses Command

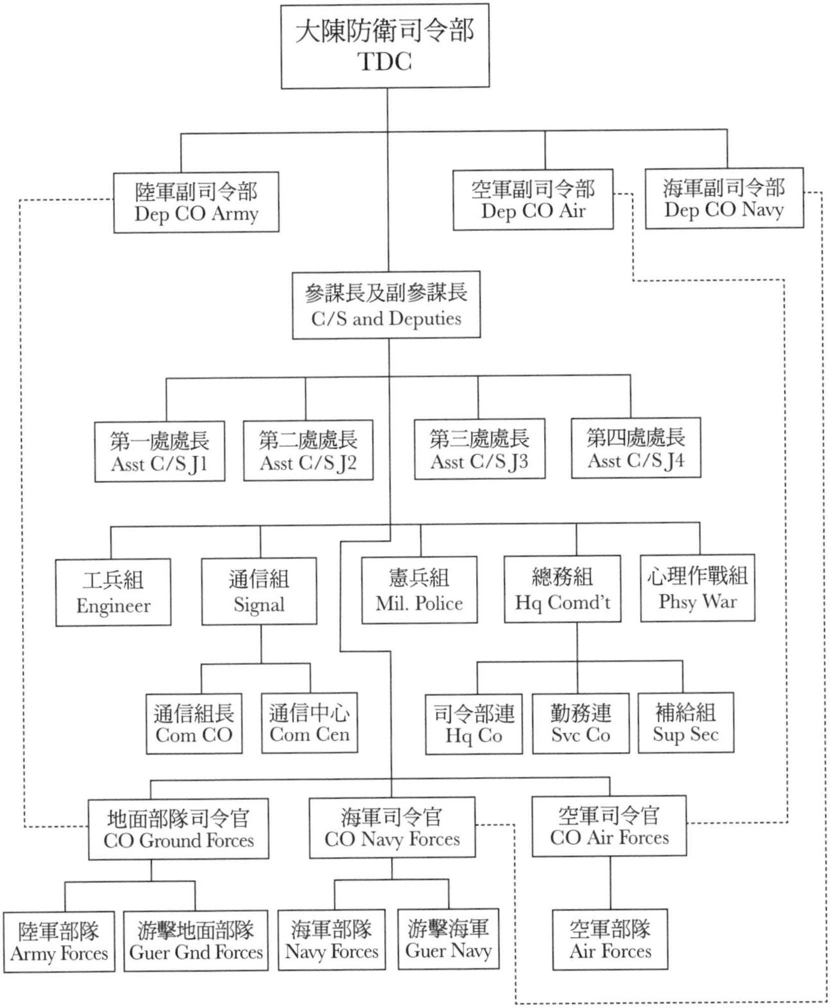

● 國防部函達美軍援顧問團團長史邁斯少將反共救國軍改編概況請續惠予支援（民國 44 年 7 月 6 日）

（函）

受文者：美軍援顧問團團長史邁斯少將

[To: Major General George W. Smythe, Chief, MAAG, Taipei]

事由：為函達反共救國軍改編概況請續惠予支援由

[SUBJECT: Reorganization of Anti-Communist Salvation Army (Guerrilla)]

一、查江浙及福建沿海島嶼反共救國軍（即游擊部隊）前由本部大陸工作處指導，並與貴西方公司合作，至為良好。

[1. Under the direction of the Continental Operation Department, MND and thanks to the cooperation or Western Enterprise Cooperation, marked progress has been aide with the Anti-Communist Salvation Army (Guerilla) units stationed at the outlying islands along Chekiang and Fukien Provinces.]

二、自本年二月大陳撤守後，為適應當前情勢及未來需要，對所有反共救國軍經予以統一改編，使於作戰運用上，及後勤支援蓋臻有效，其改編概況如下：

[2. As a result of Tachen evacuation which held places in last February, the development of confronting situation as well as the prospective requirements entail the overall reorganization of all Anti-Communist Salvation Army units with a [redacted] to facilitating operational employment and logistical support of such troops. Actions taken for this reorganization are as follows:]

1. 於陸軍總司令部增設反共救國軍指揮部（幕僚組織），負責策劃督導所有海島反共救國軍之編組、裝備、訓練、保育諸事宜。

[a. An Additional Anti-Communist Salvation Army Command (staff organization) has been established under GHQ, Army being held responsible for the planning and supervision of all matters pertaining to the organization, equipment, training and maintenance of all island guerilla.]

2. 所有反共救國軍，統一改編為兩個總隊，以江浙反共救國軍編為第一總隊，福建反共救國軍編為第二總隊，其組織系統如附件。

[b. All Anti-Communist Salvation Army units have been uniformly reorganized into two (2) regiments – the first regiment being composed of personnel from the Kiangsu-Chekiang Anti-Communist Army and the second regiment being composed of personnel from the Fukien Anti-Communist Salvation Army. See enclosure for the entailed organizational chart.]

3. 該兩總隊於六月十日改編完成，並改隸陸軍總部，視需要配屬外島作戰司令部運用之。

[c. The organization of the aforesaid two (2) regiments has been completed as of 10 June 1955 which have been place under the command of GHQ, Army and will be attached to various offshore island commands in the light of actual requirements.]

三、今後對反共救國軍請續惠予支援，俾使該項部隊之戰力，日益增強，能予共匪以有效之打擊，達成吾人共同之目標。

[3. You are cordially invited to render continued support to the Anti-

Communist Salvation Army in the hope that its combat effectiveness may be thence augmented to such extent as may enable itself to del a severe blow to the enemy in the attainment of the common cause that is sought after by our two countries.]

參謀總長陸軍二級上將彭孟緝

[Peng Meng-chi, General, Chief of General Staff]

反共救國軍組織系統表

四十四年七月

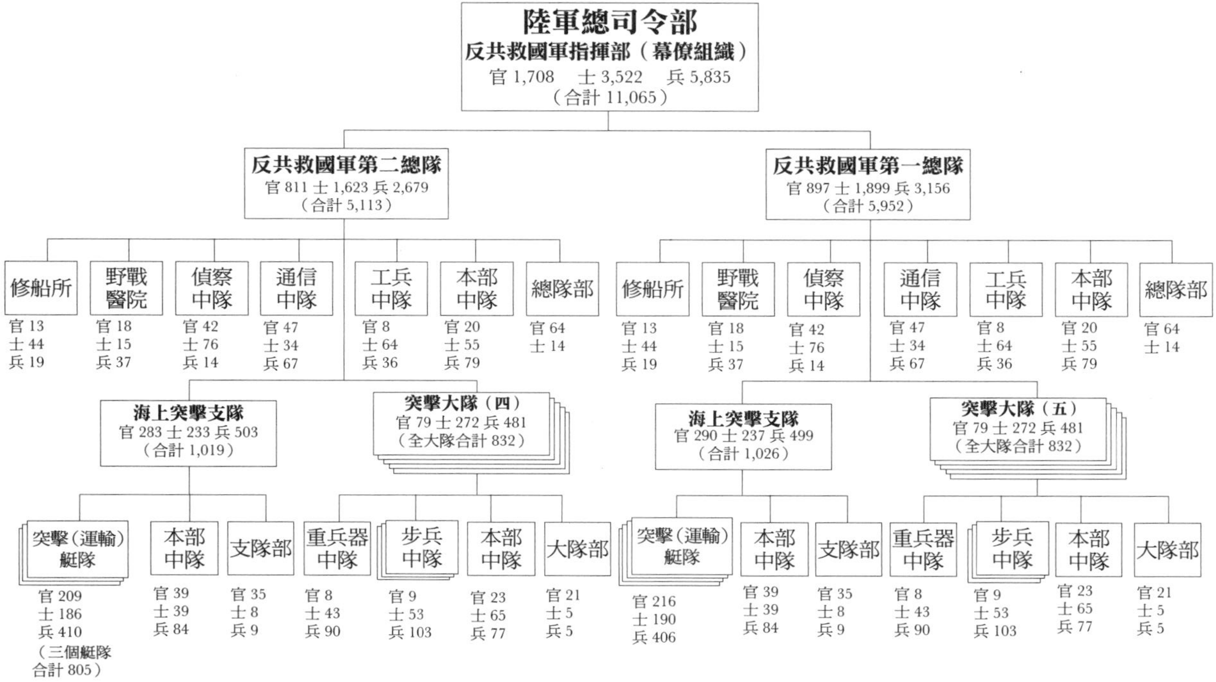

◎ 國防部第五廳簽稿（民國 44 年 7 月 4 日）

函達顧問團反共救國軍概況請續惠予支援案

一、反共救國軍因非軍援單位，於整編時為免受顧問意見之掣肘，故未與美軍援顧問團進行協調。

二、茲反共救國軍已大體整編就緒，為便於爾後爭取軍援起見，擬將該項部隊整編概況，函達顧問團。

三、當否？附稿乞核判

第五廳廳長胡獻群

七、一

似應通知顧問團。

參謀次長馬紀壯

七、二

擬可。

副參謀總長余伯泉

44.7.4

二、西方公司

● 顧維鈞電總統蔣中正西方公司所派吉慶納等三人來請業遵示簽證（民國 40 年 2 月 13 日）

（來電）
發電地點：華盛頓
姓名或機關：顧維鈞

台北。密總統鈞鑒：
機祕丑蒸電奉悉。詹斯登本人尚未來請求，WESTERN ENTERPRISE 公司所派 ROBERT KITCHITNER（吉慶納）及 DONALD WOODS（伍慈）與 VERNON ANDERSON LA ROSE（賴羅斯）三人來請，僅言運貨赴台有利我方，亦未提任何關係。業遵鈞示及外交部電轉飭簽證，以後該公司續派人員，仍當照辦。謹復。

顧維鈞
丑元 83 號

閱。
蔣中正印
二、十五

● 海軍總司令部抄送特技顧問簡歷（民國 40 年 5 月 30 日）

受文機關：國防部第二廳
事由：為抄送特技顧問簡歷請查照由
一、聞聽字第 167 號代電敬悉。

二、茲就本部目前所有資料抄送美特技顧問團谷羅斯克夫少將等十一員簡歷一份。

三、擬懇電請查照為荷。

總司令桂永清

附件　海軍總司令部美特技顧問團歷任顧問簡歷表

一、Rear Admiral H. L. Grosskopf U. S. N. (Ret)

谷羅斯克夫少將，一八九二年七月生於 Minneapolis，美國海軍軍官學校畢業，有卅七年之一般海軍經驗，曾任各型艦長，包括主力艦在內，曾在華工作九年。

二、Rear Admiral Walter Ansel U. S. N. (Ret)

安塞少將，一八九七年八月生於 Illinois，美國海軍軍官學校畢業，曾在德國參大肄業，並參與兩次世界大戰，歷任航海官、槍砲官、輪機長、艦長、驅逐分隊司令及艦隊參謀長等項工作。

三、Captain John B. Yarnall U. S. N. (Ret)

亞乃爾上校，一八八八年三月生於 Penna，大學肄業，曾參與兩次世界大戰，歷任航空母艦、重巡洋艦艦務官、主力艦副長及運輸艦艦長等職。

四、Captain J. U. Lademan U. S. N. (Ret)

賴德門上校，一八九九年三月生於 Wis.，美國海軍軍官學校畢業，專長計劃之擬撰工作。

五、Captain C. T. Bonney U. S. N. (Ret)

博利上校，一八九六年九月生於 Virginia，美國海軍軍官學校畢業，在海軍工作卅一年，歷任主力艦槍砲官、艦務官、潛艇艇長，專長海軍教育工作。

六、Lt. H. A. Ellis U. S. N. (Ret)

伊律史上尉，一九〇六年八月生於 Conn.，高級學校畢業，歷任驅逐艦艦務官、重巡洋艦輪機官及商船船長。

七、Lt. E. C. Shea U. S. N. (Ret)

西亞上尉，一八九九年十一月生於 Iowa，哥林比亞大學畢業，專長電機，略知電子工作。

八、W. A. Johnson U. S. N. (Ret)

詹遜先生，一九一九年十一月生於 Virginia，大學肄業，美國海軍觀測訓練班、艦砲指揮初級班、高級班等畢業，歷任重巡洋艦、驅逐艦槍砲軍士。

九、E. G. Jacobson U. S. N. (Ret)

賈克遜先生，一九〇一年二月生於 South Africa，高級中學畢業，專長電機工作。

十、W. W. Wright U. S. N. (Ret)

雷特先生，一九〇九年生於 Illinois，專長電機工作。

十一、W. P. Finnegan U. S. N. (Ret)

芬乃根先生，一九〇六年生於 New York，高級中學肄業，曾在海軍工作二十五年，專長柴油引擎工作。

● 蔣中正令凡屬西方企業公司有關之外事人員人事之進退考核以及薪給待遇之核定統授權黃仁霖負責（40 年 11 月 26 日）

凡屬西方企業公司有關之外事工作人員（包括連絡、編譯、招待等工作），人事之進退考核，以及薪給待遇之核定，統授權聯勤總部黃副總司令仁霖負責，並派李駿耀協助辦理。

蔣中正

● 國防部參謀總長周至柔呈陳關於西方企業公司前進站雷德明致貝亞斯關於大陳防衛部署備忘錄辦理情形（民國 41 年 1 月 17 日）

（簽呈）

事由

一、奉交下西方企業公司前進站雷德明致貝亞斯關於大陳防衛部署之備忘錄副本一件，並奉批「從速辦理」，等因。

二、上項備忘錄中，提出關於防衛大陳之建議四項，茲謹將辦理情形分陳如次：

1. 增加兩個戰鬥團，以防衛上、下大陳一節。查上、下大陳周長四十一公里，但因地形險峻，其可能登陸正面共八處，計九三〇公尺，以現有兩個戰鬥團，一個陸戰團（欠一營另附砲兵連），及王相義部等計五、九三九人擔任守備，兵力似已足用，擬不增加部隊，而另行設法增強其火力。可否？仍乞核示。

2. 增加大陳防衛部隊之武器彈藥一節，茲已作如次處置：

甲、大陳兩個戰鬥團，與海軍陸戰隊及王相義部所需彈藥全部補足（攏屯共輕三、重五基數）。

乙、胡總指揮請求撥發槍榴彈及手榴彈，已發 28 槍榴彈筒五〇具，配彈三、〇〇〇顆，並增撥手榴彈四、〇〇〇顆。

丙、胡總指揮前請發武器，已飭廠趕修 20 機關砲 50 門，俟修成即運往。

丁、軍糧、民食均以屯足三個月需用量為標準。軍糧部份現計屯糧一個月軍糧，連同現正裝運之 330 噸計，可維持至二月底。至民糧部份另洽台灣省政府撥運，辦理情形另案呈報。

戊、以上補給物資，立即派船運赴大陳，並由海軍派艦護航，以防意外。

3. 供給足量防空武器一節，茲決將最近換下之二公分高射砲撥發八門，每門配賦砲彈六百發，交由胡總部自行調集射手使用，以應付可能之空襲。

4. 派遣報務員十五人及譯電員五人赴大陳工作一節。除譯電員前已調派四人，現再補足一人外，報務員十五人已由本部大陸工作處選派，限期出發。

三、以上辦理情形，理合報請鑒核。

謹呈總統

原件呈核

一、周總長 1/11 簽呈，對胡宗南請求大陳、洞頭兩地，各派陸軍一師增防一案，認為大陳、洞頭兩地，面積狹小，且匪空軍已較我優勢，一旦我海軍遭受打擊，即將陷於困境。目下匪空海軍主力如不南下，即以現有戰鬥團兩團，配合游擊隊，足可守禦；如南下，我海軍必須後撤，斯時島上守軍愈多，犧牲也愈大，所請增派陸軍兩師一節，擬不予核准，經摘報呈奉鈞批，「准如擬辦理」在案。

二、本（一）月十二日軍事會談，蕭副總長報告，大陳方面現共有大小火砲共 82 門（內六〇砲 42、八二 23、機關砲 8、四·二吋迫砲 2、七五山砲 4、無後座力砲 4），謹註。

擬辦：擬准如擬辦理。

職劉士毅呈

元月十八日

● 蔣中正電復國防部參謀總長周至柔關於西方企業公司雷德明建議備忘錄辦理情形（民國 41 年 1 月 20 日）

（代電）（本件與胡宗南電併辦）

國防部周總長勛鑒：

元月十七日還迎字第 0180 簽呈為雷德明致貝亞斯關於大陳防衛部署備忘錄辦理情形一案，悉除大陳因運補困難希酌增屯彈外，餘准如擬辦理。

蔣中正

子皓克坤

原件呈核

一、周總長 1/17 簽復西方企業公司雷德明建議，其中關於增加大陳防衛部隊之彈藥一節，據稱，駐大陳兩個戰鬥團與海軍陸戰隊及王相義部所需彈藥，已全部補足（攜行輕、重各一基數，屯備輕二、重四基數），該簽呈正呈核中。

二、來電所報與周總長所呈，頗有出入，經詢據第四廳稱，上項彈藥早已運交各該部隊屯備。至撥補胡總部所屬各游擊部隊攜屯彈藥各一基數（計各式步機彈藥約 46 萬 9,395 粒，各式迫砲彈 3,837 發），定於元月十八日裝輪運出等語。謹註。

擬辦：大陳運補困難，似可酌增屯彈，擬交周總長核辦並復。

職劉士毅呈

元月十八日

● 十二月二十六日西方企業公司杜蘭義致大陸工作處鄭介民備忘錄全文（民國41年12月26日）

十二月二十六日西方企業公司杜蘭義先生致大陸工作處鄭介民將軍備忘錄全文：

一、貴處一－二三一號備忘錄，徵詢有關本公司一九 五三年度淡水訓練計劃，茲將有關之資料，列供參考，並請示知貴方意見。

二、對於淡水之訓練計劃，本公司擬作多方之改進，蓋吾人深信此種改進，當可大量提高訓練之價值，其中最重要之改進，將為對目前游擊隊幹部訓練班之改組。以往該班之訓練以訓練各島游擊隊幹部，俾由島嶼基地從事游擊活動為主，吾人認為此種訓練之實施，各島基地本身已足可勝任，上項幹部如由各島自行訓練，則對吾人目前所遭遇之種種困難，如學員之交通問題等，均可自然獲得解決。游擊隊幹部訓練班結束後，擬另設反抗武力訓練班及參謀訓練班取而代之，細節詳後，至所列之日期、訓練期間及學員名額等，均屬預定性，當可予以更改或修正。蓋吾人對於詳細之訓練計劃，尚未與貴處負責人員，作詳盡之研討，亦未徵詢貴處負責人員有關各項需要之預計，但吾人對各項計劃曾逐一作縝密之研究，深信所列之數字，均係合乎實際需要者，左列為本公司於一九五三年度，擬在淡水訓練班開設之班次及其概述：

（一）反抗武力幹部訓練班

本班即由游擊隊幹部訓練班加以改組而成，其訓練以大陸反抗行動為主眼，並著重真正之游擊戰術，而非突擊戰術。訓練之時間亦多分配在研討如何在敵人控制中進行游擊行動之各種實際想定，按本班之一般性，旨在訓練下級軍官，訓練期間為十二週，學員名額為五十人，第一期定一九五三年二月二日開學，學員由各聯合辦公室與其他單位選送之。

（二）參謀訓練班

本班之目的在造就中隊與大隊之參謀人員，學員由各島嶼基地及游擊傘兵總隊選送，訓練期限為十二週，學員五十人，第一期定二月二日開學。

（三）水底爆破訓練

學員十六人，現已在淡水訓練中，但就現有之訓練設備，足可供應約四十名之學員，教官亦敷分配。因此吾人深以為此種訓練，應予大量擴充，而訓練合格之水底爆破人員，其未來用途之廣，更為吾人所共見者。是以該訓練班應即利用其一切可能之容量，擴充為四十人之班次，學員之大部，由各島嶼基地選送，其餘一小部名額，分配各聯合辦公室及其他單位，第一期定二月二日開學，全期十六週。

（四）醫護訓練

本公司對於醫護訓練之各項需要，尚未作細部籌劃，吾人急欲先行開設二十人之訓練班，此事現正與國防醫學院彭副院長商洽中，為保密計，吾人屬意將該班設於淡水，故認為淡水方面應為儲留該班二十人所需之房舍，但在另一方面，可能因缺乏教官至淡水授課，則為訓練便利起見，勢必利用其他方面之設備，學員由各聯合辦公室選送，訓練完畢後派往大陸反抗武力中工作，本班擬盡可能提早開班。

（五）破壞訓練

每期學員二十人，由各聯合辦公室選送，予以破壞任務所需之基本爆破與破壞之技術訓練，一般性之科目定為四週，以後再擇優者，予以專門訓練，本班定二月二日開學。

（六）心理作戰班

每期學員二十人，學員之選擇以各聯合辦公室為主，但原在其他機構服務之人員亦可選送，訓練期定八週，第一期定二月二日開學。本訓練在造就心理作戰人員，俾參與大陸反抗武力中工作。

（七）四〇糎機關炮、半吋口徑機關槍之訓練

學員二十人，全期三週，一月十二日開學，學員由艦艇之槍砲手中選送之。

（八）通信訓練

1. 報務員訓練

學員四十一人，現在訓練中，全期平均為十六週，爾後每期訓練四十人，主要之目的，乃在供應曾受訓練之報務員，至各島基地服務，各聯合辦公室如感需要，亦屬供應之列，惟報務員應先在各島接受大部份之訓練，進入淡水訓練班後，僅予以繼續必需之訓練。

2. 大隊通信員訓練班

每期二十五人，學員由各島及游擊傘兵總隊選送之，訓練期為十六週，第一期定三月二日開班。

3. 通訊諜報員訓練班

學員由各島指揮部，與聯合辦公室選送，施以二十六週通信諜報之訓練，每期十五人，五月四日開學。

4. 通信教官訓練

訓練期定二十六週，學員之選送以各島為主，每期十人，定二月十六日開學。

5. 通信技術人員訓練班

全期二十六週，學員由各島及聯合辦公室選送，每期十人，第一期定三月二日開學。

三、上述各班次如同時訓練，則學員人數將達三二〇人，吾人深信就現有之設備，當可應付自如，且若干班次學員人數，極可能不足上述額定之數字，惟以某種需要，亦有開設並未預計在內之班次之必要，但就上擬計劃，包括之項目及範圍，均已相當完善，諸如各班性質、訓練期限與開學日期等，仍保留修改，一般而言當無錯誤也。

茲檢附表格一份（略），以示各班開學及結業預定之日期。

四、以上淡水訓練計劃所建議各點，是否可行，請示尊見，俾便著手準備一切，尤其是新設之班次，更需早日準備也。

● 元月十日西方企業公司杜蘭義致大陸工作處鄭介民備忘錄全文（民國 42 年 1 月 10 日）

元月十日西方企業公司杜蘭義先生致大陸工作處鄭兼處長介民備忘錄全文

一、本人曾於最近視察大陳游擊隊情形時，發現該地區游擊隊之營舍，均將迅速受到損壞，以往本公司曾供應一部帳篷，惟此類帳篷迅即不堪使用，補充又感缺乏，當大陳游擊隊最初發生營舍問題時，本公司曾通知貴處，說明俟所有目前已經供應之帳篷損耗後，本公司不再供應任何帳篷。

二、有關貴處與本公司曾就此事所商討各點諒為閣下所熟悉，至於撥款建造營舍一案，曾於四十一年五月十九日，北投舉行之江浙總部、大陸工作處及西方企業公司之聯席會議中，決議由國防部簽呈行政院核辦。

去年七月間颱風襲大陳，一部營舍損壞，國防部曾撥款建造若干營舍，以代替之，惟國防部當時所撥款純為應急之用，而原請撥款建造營舍一案，則顯然未予核准。

目前仍有大部份游擊隊，住宿帳篷中，而此種情形曾由貴處及本公司幕僚人員，作多次磋商矣。

三、大陳之氣候狀況為貴我雙方所深悉，是以除非該地之游擊隊，均有營舍居住，則今後無論在訓練及作戰上，均難預期為勁軍也。目前游擊隊之帳篷，極短期內均將損壞，故目前已經編訓完成及新增部隊之營舍狀況，未能改善前，其他游擊隊應暫緩予以編訓及裝備。

四、貴國政府對於上述情形，擬作何處理，請貴處儘早示知，俾使本公司著手將來適當之計劃也。

● 元月十六日西方企業公司杜蘭義致鄭介民備忘錄全文（民國42年1月16日）

元月十六日西方企業公司杜蘭義先生致鄭兼處長介民備忘錄全文

事由：請闡明國民政府對海上攔截進出大陸各港口船隻之政策

一、本人及西方企業公司之其他代表，均曾與閣下提及有關攔截匪船，及資匪船隻之事，吾人深悉國民政府向有之明確政策，為攔截所有進出大陸港口之船隻，截獲者如屬匪有者，則船隻、船員及所載物資，全部予以扣留，如為外商所有者，則必須停航檢查，一切屬於軍事禁運物資，均予扣留，船始予放行，並不得驚擾船員及旅客。

二、西方企業公司之政策，乃在其能力範圍內協助國民政府在大陸上反抗共匪，因此為求密切配合貴國之期望及本公司之支援起見，吾人必須明瞭國民政府對於上項行動之政策、企圖及全般之計劃為何，但在以往，吾人對於上述政策未能盡然明瞭，尤其關於攔截匪船之政策，目前則政府之政策，似與各島嶼指揮官所受之命令及採取之行動發生抵觸。

三、本公司現正進行大規模之採購計劃，俾加強支援國民政府攔截船隻之力量，目前採購之情形如下：

（一）八艘魚雷艇或同型之船隻，其中魚雷艇一艘，可能二月間抵達，另一艘德造快艇亦將於春初到達，其船隻一俟購得即可運來。

（二）五百匹馬力引擎一具，為裝備保密局之潛水快艇之用，預計元月底或二月初可運抵此間，該艇將予全部修整已臻完善。

（三）二二五匹馬力格雷柴油引擎十具，業已運到，作裝置游擊隊砲艇之用，尚有一部份柴油引擎在採購中。

（四）游擊隊之砲艇及機帆船有損壞者，均繼續在各島及基隆船塢分別修理。

（五）裝備游擊隊船隻需用之一二五匹馬力汽油引擎，現正採購中。

（六）修理游擊隊船隻所需之零件已經定購中。

（七）MV 七一一號目前停泊基隆，已經裝備四〇糎機關砲及其他各種武器，俾改作砲艇使用。

（八）尚有一部四〇糎砲及半吋口徑機關槍，亦在採購中，以備裝於游擊隊之船隻。

（九）現在基隆、淡水正分別訓練汽油柴油引擎，及各項特種武器之人員，最近尚擬開設航海學及戰術等課目。

四、特此函請閣下，早日示知國民政府對攔截進出大陸各港口船隻之政策、企圖及全般計劃，本公司急切希望獲悉上述各項之確切資料，俾依此決定前述支援計劃，是否仍予繼續，抑立即取消第三項所述之採購計劃，而將該項款項，移作其他計劃之用途。

● 蔣中正與阿菲里談話紀錄（民國 42 年 4 月 15 日）

時間：四十二年四月十五日上午十一時
地點：介壽館
出席：總統　阿菲里海軍中將（退伍）　藍欽大使
翻譯：沈錡
紀錄：皮宗敢

阿菲里：本人奉中央情報局局長杜勒斯先生之命前來遠東負責，故特向閣下致敬。

總統：閣下是否可經常來台。

阿氏：中國現已劃在本人工作範圍之內，故有需要時隨時可來。

藍欽：最好定期，每兩個月來台一次。

阿氏：可遵辦。

總統：閣下是否與此間我方情報人員晤面。

阿氏：尚未見面，今日上午余有助手與毛人鳳先生晤談，余本人則與毛局長明晚共餐，我方對彼之工作甚表滿意，貴我兩方已具共同工作興趣，今日余願就西方企業公司之工作，請教於閣下。該公司之工作項目有三：即，一、游擊隊組訓，二、對敵心理作戰，三、情報之收集。內中心理作戰及情報兩項，對貴我兩方均有共同之利益。關於游擊隊組訓事，其成績是否已達到理想境地，我方尚不能確定，有人以為將此項組訓工作，移交顧問團或海軍陸戰隊辦理，或可有較佳之成果，不知尊意如何？

總統：本人以為西方公司之工作，極為良好，組訓游擊隊事宜由顧問團接辦，不甚相宜，因顧問團對游擊情形甚不熟習，例如顧問團請求我方事前通報五百人以上之游擊行動，殊不知游擊行動因時因地制宜，不能事先籌劃，即我國防部對其行動亦不能一一事先獲悉，若交顧問團接辦，其成績恐更加不好。

阿氏：余今日並非欲閣下即作決定，僅提供意見，供閣下參考而已，又恐西方公司之工作為報界洩漏，則將來不易辦事。

總統：顧問團之工作範圍，現只限於台澎，在外圍島嶼正規軍之訓練，該團亦不負責，現游擊隊全在外圍島嶼，若其組訓歸顧問團負責，則或將分散其在本島之注意力，尤有進者既顧問團之工作，僅在協防台澎，若顧問團負責游擊隊之組訓，則一旦報上洩漏，敵方可大肆宣傳美國正式參加反攻中國大陸戰爭，對貴團之影響亦不好。現在西方公司無正式名義，可避免此項攻擊，若貴國政府改變政策，積極協助我反攻大陸，則游擊隊歸顧問團訓練，尚無不可，目前則仍以分開為宜。

阿氏：閣下此項顧慮至為正確，承坦率相告，至為感激，惟如西方公司繼續擔任此項工作，則尚需更多之快速艦艇及登陸艇，在我方未能供給之前，希望貴國海軍多予協助。現今貴方海軍所予協助不夠，亦無冒險精神，又在海上襲擊敵船，似比突擊更為重要，此更盼海軍多加支援。

總統：我海軍船隻甚少，故影響其作戰心理，若貴方可保證補足被敵擊沉之船隻，則加強彼輩作戰之信心。

阿氏：余雖不能作此項保證，但我方自當注意此一問題，以前發覺貴國海軍之登陸艇，因恐遭受損害於突擊時常在灘頭以外一、二哩之處，即行停泊，游擊隊須換乘小船登陸，歸隊時亦如此，時間及效率方面損失至大，盼能改善。

總統：此事我可下令改善。

● 西方公司設計之心戰傳單（一）（民國41年9月15日）

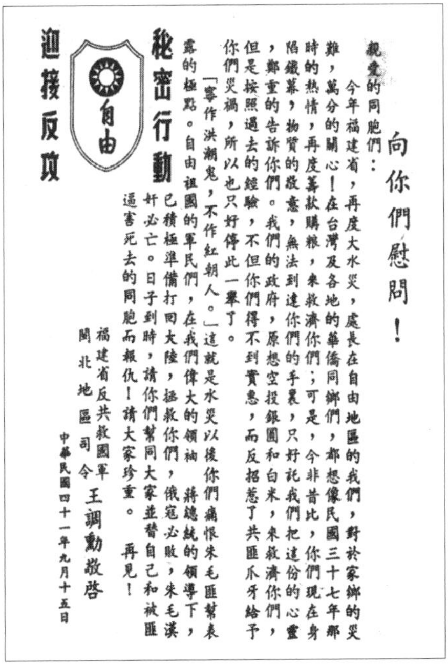

向你們慰問！

親愛的同胞們：

今年福建省，再度大水災，處長在自由地區的我們，對於家鄉的災難，萬分的關心！在台灣及各地的華僑同鄉們，都想像民國三十七年那時的熱情，再度籌款購糧，來救濟你們；可是，今非昔比，你們現在身陷鐵幕，物質的敬意，無法到達你們的手裏，只好託我們把這份的心靈，鄭重的告訴你們。我們的政府，原想空投銀圓和白米，來救濟你們，但是按照過去的經驗，不但你們得不到實惠，而反招惹了共匪爪牙給予你們災禍，所以也只好停此一舉了。

「寧作洪潮鬼，不作紅朝人。」這就是水災以後你們痛恨朱毛匪幫表露的極點。自由祖國的軍民們，在我們偉大的領袖　蔣總統的領導下，已積極準備打回大陸，拯救你們，俄寇必敗，朱毛漢奸必亡。日子到時，請你們幫同大家並替自己和被匪逼害死去的同胞而報仇！請大家珍重。　再見！

福建省反共救國軍
閩北地區司令　王調勳敬啓
中華民國四十一年九月十五日

秘密行動

自由

迎接反攻

向你們慰問！

親愛的同胞們：

今年福建省，再度大水災，處長在自由地區的我們，對於家鄉的災難，萬分的關心！在台灣及各地的華僑同鄉們，都想像民國三十七年那時的熱情，再度籌款購糧，來救濟你們；可是，今非昔比，你們現在身陷鐵幕，物資的敬意，無法到達你們的手裡，只好託我們把這份的心靈，鄭重的告訴你們。我們的政府，原想空投銀圓和白米，來救濟你們，但是按照過去的經驗，不但你們得不到實惠，而反招惹了共匪爪牙給予你們災禍，所以也只好停此一舉了。

「寧作洪潮鬼，不作紅朝人。」這就是水災以後你們痛恨朱毛匪幫表露的極點。自由祖國的軍民們，在我們偉大的領袖蔣總統的領導下，已積極準備打回大陸，拯救你們，俄寇必敗，朱毛漢奸必亡。日子到時，請你們幫同大家並替自己和被匪逼害死去的同胞而報仇！請大家珍重。再見！

福建省反共救國軍閩北地區司令王調勳敬啟
中華民國四十一年九月十五日

● 西方公司設計之心戰傳單（二）（民國42年5月至43年1月）

一、游擊英雄致大陸同胞書（民國42年5月）

親愛的兄弟姊妹朋友們！

我名叫王祥，臨海杜桃區，連盤鄉人，家無田產，屋僅一間，母子二人靠擺攤販相依為活，這日子雖算不上豐衣足食，但從未擔憂過柴米油鹽，可是到了三十八年的秋天，共產黨來了，滿嘴甜言蜜語叫老百姓安心耕田作工做生意，我信以為真，就同往常一樣的擺設小攤，初做時生意還好。二個月後七捐八稅抽榨得我們老本都弄光，連買糠皮的錢也搞不到手，母子倆整天摘野菜維持著生命，這樣的折磨還不算，更殘忍的是，掛著「人民解放軍」符號的匪徒，逼著我「抗美援朝」，到朝鮮去當砲灰。我不願白白地送死，未曾接受，當天夜裡匪徒們就把我抓到血腥的魔窟——公安局裡，指我是「國特」，吊打灌水拷問了四晝夜，第五天早晨，用鐵索將我和其他八位無辜青年全力捆綁架上車，拉到遍野怨塚的荒山，才拖下來屠殺，那時，我覺得天旋地轉，眼前一片昏暗，接著碰碰……數響，我躺臥在血泊裡，失去了知覺。

次晨神智轉清，聽到母親哭泣聲，就輕輕地告訴她「我還活著」。

母親止住哭聲，忙叫收殮的蓋子不要封，把我裝進棺材裡，急急忙忙抬到家裡，治療半個月後，創口才全愈，我堅決地懇求母親要參加游擊隊，她聲淚俱下的回答：「去吧！孩子，謹慎些！」

我說不出話來，只有火在心裡燃燒，血在沸騰，勇氣充滿全身，猛地一腳跨出門檻對慈母說聲：「我走了」。

我和幾位不願做奴隸的青年朋友乘一艘小漁船，航到大陳島打游擊，這時我才知道「人民解放軍」全是「膿包」，一遇到我們就渾身發抖，這次五棚嶼，只有我和兩位女眷就把牠打得落花流水，飛雲江一仗，幾個人就把共匪的鴨綠江、閩光號二艘大機帆船俘虜過來，船上的匪徒全部舉手投降（現在和我們過著一樣的溫飽和自由的生活）。我們為了保命才拼命，想不到就因為這兩次戰役小小的功勞，會被選為游擊英雄，乘飛機飛到台灣，受到八百萬軍民的熱烈歡迎，並授予勳章，還有各界贈送的上等衣料、名貴的金錶、襯衣、皮鞋等無數，這亦不算什麼，頂可貴最光榮的就是偉大的蔣總統竟然在日理萬機的百忙中抽出工夫來召見我們，問長問短，並和我們一塊照相，站在總統正後面的就是我，我右頰上顯明的疤痕是被匪徒槍斃未死的唯一記號，這記號時時刻刻在提醒著我別忘了萬惡共匪的深仇大恨。

話講到這裡，請諸位閉目想一想，我當時要是躲來避去的待在大陸上苟且偷生，還能獲得這樣榮譽而威威風風的活著嗎？莫說什麼榮譽？就連剛從鬼門關上拉回來的一條老命也早要送掉了呢！鐵一般的事實，告訴我們：參加游擊部隊才能活下去，打游擊最光榮！

游擊隊員王祥敬上

蔣總統召見游擊英雄們

游擊英雄致大陸同胞書

親愛的兄弟姊妹朋友們！

我名叫王祥，臨海杜桃區，連盤鄉人，家無田產，屋僅一間，母子二人靠擺攤販相依為活，這日子雖算不上豐衣足食，但從未擔憂過柴米油鹽，可是到三十八年的秋天，共產黨來了，滿嘴甜言蜜語叫老百姓安心耕田作工做生意，我信以為真，就同往常一樣的擺設小攤，初做時生意還好。二個月後七捐八稅抽搾得我們老本都弄光，連買賺皮的錢也搞不到手，母子倆人天天摘野菜維持着生命，這樣約磨折還不算，更殘忍的是，掛着「人民解放軍」符就的匪徒，逼着我「抗美援朝」，到朝鮮去當炮灰。我不願白白地送死，未曾接受，當天夜裏匪徒們就把我捉到血腥的魔窟——公安局裏，指我是「國特」，吊打灌水拷鬭了四晝夜，第五天早晨，用鐵索將我和其他八位無辜青年全力捆綁架上車，拉到遍野墳塚的荒山，才拖下來屠殺，那時，我覺得天旋地轉，眼前一片昏暗，接着砰砰……數下響，我躺臥在血泊裏，失去了知覺。次晨神志轉清，聽到母親哭泣聲，就輕輕地告訴她「我還活着」。

母親止住哭聲，忙叫收殮的蓋子不要封，把我裝進棺材裏，急急忙忙抬到家裏，治療半個月後，創口才全愈，我堅決地懇求母親要參加游擊隊，她聲淚俱下的回答：「去吧！孩子，謹慎些！」。

我說不出話來，只有火在心裏燃燒，血在沸騰，勇氣充滿全身，猛地一腳跨出門檻，對慈母說聲：「我走了」。

我和幾位不願做奴隸的青年朋友乘了一艘小漁船，航到大陳島打游擊，這時我才知道「人民解放軍」全是「膿包」一遇到我們就渾身發抖，這次五棚與，只是我和兩位女眷就把他打得落花流水，飛雲江一代，幾個人就把共匪的鴨綠江，鬧光號二艘大機帆船俘虜過來，船上的匪徒全都舉手投降（現和我們過着一樣的溫飽和自由的生活），我們為了保命才拚命，想不到就因為這兩次戰役小小的功勞，會被選為游擊英雄，乘飛機飛到臺灣，受到八百萬軍民的熱烈歡迎，並授予勳章，還有各界贈送的上等衣料，名貴的金銀，微衣，皮鞋等無數，這亦不算什麼，頂可貴最光榮的就是偉大的 蔣總統竟在日理萬機的百忙中抽出工夫來召見我們，問長問短，並和我們一塊照相，站在總統正後面的就是我，我右頰上顯明的疤痕是被匪徒槍斃未死的惟一記號，這記號時時刻刻在提醒着我別忘了萬惡共匪的深仇大恨。

話講到這裏，請諸位閉目想一想，我當時要是躲來避去的呆在大陸上苟且偷生，還能獲得這樣榮譽而威威風風的活着嗎？莫說什麼榮譽？就連剛從鬼門關上拉回來的一條老命也早要送掉了呢！鐵一般的事實，告訴我們：參加游擊隊才能活下去，打游擊最光榮！

游擊隊員　王祥敬上

二、你有船嗎？（民國42年7月）

你知道不知道，共匪們正在祕密準備把所有能裝一百擔貨的船變為國有，並且強迫你替他們工作，而不給工資？

他們一定不會承認這件事的，但是你知道他們的話是和這張鈔票一樣的不值錢。

你若是做得到的話，趕快帶了船離開共區，你可以把船賣給各島上的國軍游擊部隊們，他們會給你很高的價錢，然後你也可以在自由人們中，開始你的新生活。

福建反共救國軍

你有船嗎？

你知道不知道，共匪們正在秘密準備把所有能裝一百擔貨的船變爲國有，並且強迫你替他們工作，而不給工資？

他們一定不會承認這件事的，但是你知道他們的話是和這張鈔票一樣的不值錢。

你若是做得到的話，趕快帶了船離開共區，你可以把船賣給各島上的國軍游擊部隊們，他們會給你很高的價錢，然後你可以在自由人們中，開始你的新生活。

福建反共救國軍

三、致閩南同胞們（民國 42 年 7 月）

閩南同胞們：

現在我們的反共抗俄游擊隊要攻打這個地方了，請你們不要害怕，他們不會傷害你們，也不會像共匪一樣的強奪你們的財產，他們到這裡來是為了拯救你們的！

他們要懲罰那些負責施行朱毛野蠻政策的高級匪幹們，你們如果知道在所有的匪幹中，那些比較有良心和不與人民作對的，快一點告訴我們，因為你們的朋友也就是我們的朋友！

當戰事開始的時候，請你們躲在屋裡，緊靠著牆或躺在地下，等戰事停止後，再來參加我們的民眾大會，我們要向你們講話，告訴你們應該怎麼做。

我們並不一定要你們幫忙，因為我們的游擊隊在任務完成後，還要撤退，我們不願給你們留下麻煩！但是如果你們願意幫忙的話，不妨領我們去找尋最壞的匪幹，告訴我們他們逃到什麼地方去了，讓我們把他們抓回來，給你們報仇，你們若這樣和我們合作，我們是很感謝的，如果你們願意到自由中國來參加偉大的復國工作，我們是很歡迎的！

共匪必亡！

大陸人民恢復自由！

「人民政府」是人民的公敵！

打倒蘇聯帝國主義！

福建反共救國軍

四、致親愛的沿海漁商以及朱毛的兄弟們

（民國 42 年 11 月）

親愛的沿海漁商以及朱毛的兄弟們：

深受朱毛奴役迫害的你們，經過這麼多年的鐵幕生活，相信你們是早已認清了朱毛匪幫是在做俄帝的附庸走狗，和出賣國家民族殘害同胞骨肉的大漢奸了！在這裡我們告訴你們一個絕好的消息，同時，也是為你們指出一條爭取生存自由的光明大道。

事實勝於雄辯，誠然反攻一旦開始，朱毛的敗亡是在勢所必然，正因為我們都是炎黃子孫，是中國人絕對不願做俄帝的奴隸，那麼，發出抗暴共鳴的中華兒女也必然會及時響應蔣總統的反攻行動。而及時的起來打倒俄帝，消滅朱毛，而使我們中華民國求得真正的解放。

大陸隔離不了你們嚮往祖國的熱情，鐵幕自也難以控制你們爭求生存和自由的行動，現在正是你們逃生的時候了，中央政府為了顧念鐵幕裡不願做亡國奴的你們，特意訂定了一項獎勵來歸人員的辦法，通令各游擊部隊以及海防人員，一體知照遵行，希望你們堅強地拿出勇氣，駕著船隻，衝破鐵幕，奔向自由中國的溫暖懷抱。

在自由中國，我們使你們生活能夠優裕，生命也絕對有保障，你們與其在鐵幕裡忍辱苟生，何不趕快冒險行動脫離朱毛的恐怖魔掌，我們由衷的歡迎你們歸來，讓我們共同為國家盡忠，為民族行孝。

最後敬祝勝利歸來

福建反共救國軍總部

五、福建省反共救國軍總指揮部大陸來歸船員獎勵條例

一、凡大陸起義來歸船隻得按其形式大小分別發給下列獎金

（1）機帆船　　獎金額

五百噸者　台幣五萬元

（等於人民幣九千一百萬元）

二百噸者　台幣二萬五千元

（等於人民幣四千五百五十萬元）

一百噸者　台幣一萬五千元

（等於人民幣二千七百三十萬元）

一百噸以下者　台幣七千五百元

（等於人民幣一千三百六十五萬元）

（2）帆船類　　獎金額

一切帆船　一律台幣二千元

（等於人民幣三百六十四萬元）

大型舢舨　一律台幣五百元

（等於人民幣九十一萬元）

二、來船攜帶匪方物資以百分之七十五歸船員所有。

三、來船只要進入游擊隊庇護範圍之各港口均得領受上項獎金。

四、來船人員由游擊隊或海防人員確保其生命財產之自由與安全。

五、來船人員由政府保證給與適當之職業。

六、本條例自中華民國四十二年十一月一日起實施。

總指揮胡璉

中華民國四十二年十一月一日

六、安全證（四十三年元月二十三日）

國軍及游擊部隊官兵注意：

凡是手裡拿著這張安全證的中共官兵，都是因為受不了共匪的壓迫，才自動反正的。你們必須好好的優待他們，絕對保障他們的安全，肚子餓了給他們東西吃，寒冷時給他們衣服穿，病了給他們醫治，因為他們現在已和我們站在一條反共戰線上了。

參謀總長周至柔

中華民國四十三年元月二十三日

安全證

中共各部隊指戰員們注意：

這張紙是你選擇自由的保障，在你逃到了自由中國地區見到國軍時，按著下面的三件事去做，可以得到絕對安全的保障：

一、放下武器

二、反穿上衣

三、交出這張安全證

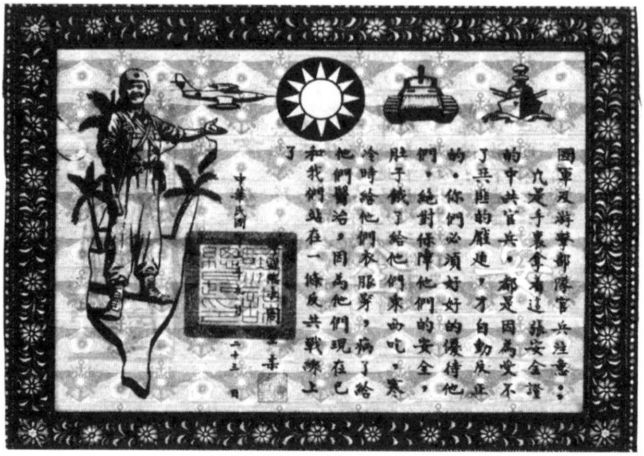

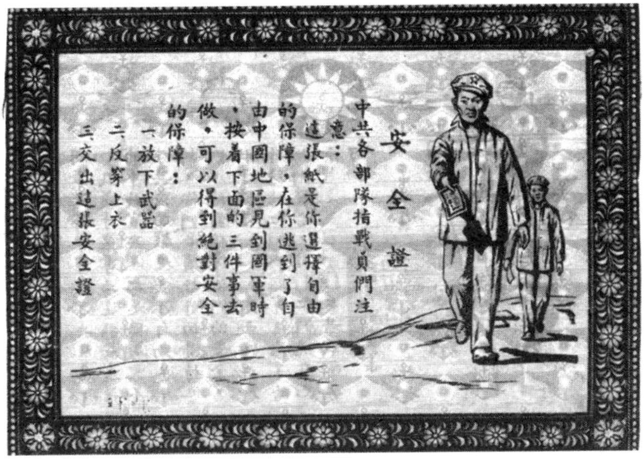

● 杜蘭義離台報告（民國42年8月15日）

總統先生勳鑒：

茲以蘭義已向西方企業公司辭卸此間職務，並定於本月二十五日左右返國。在台期間蘭義承閣下暨夫人協助，得與貴國朝野各方面合作，實為莫大之光榮，而兩年餘來，各方面所給予本人及敝公司同人之熱忱合作及隆情厚誼，更覺無限感激。謹向閣下表達蘭義衷心謝意。

頃接西方企業公司董事會之通知，該會已派莊士敦先生為今後台灣方面負責人，並將於九月十五日左右，來台接事，在其未抵台以前期間，其職務暫由摩爾先生代理執行。謹此奉聞。

杜蘭義敬上

八月十七日

● 國防部令王耀埏率領魚雷快艇逕洽西方公司開大陳訓練一個月（民國 42 年 11 月 7 日）

（令）

受文者：王耀埏上尉

一、魚雷快艇 XB- 九三號著由該員率領逕洽西方公司，於本（十一）月八日開大陳，訓練一個月後，配合大陳區工作。

二、關於該艇今後補給，海軍人員由溫台巡防處墊發，游擊人員歸大陳防守區司令部就游擊員額內支給，除電劉兼代總指揮外，仰遵照。

三、副本抄送本部第三廳、大陸工作（第四組、預財組）及海軍總部。

參謀總長陸軍一級上將周至柔

● 西方企業公司代表達根（Duggan）致葉公超備忘錄遵囑將有關美方擬自中國反共義士中徵集志願隊赴韓工作之晤談內容中文譯稿（民國 43 年 3 月 26 日）

西方企業公司達根（Duggan）君致葉部長備忘錄

茲遵照本年三月二十六日閣下之面囑，將本人與閣下當日在貴部晤談之內容，以書面奉達如下：

此事之起因，係因美國遠東統帥部擬自中國反共義士中徵集志願隊赴韓國工作，惟關於此事發生若干誤解與謠傳，閣下遂囑本人以書面奉達。

當韓國停戰之後，關於北韓敵軍之數額部署與構成情形之情報，聯合國部隊所能獲得甚少，鑑於此項情報之缺乏，爰認為必需加強及充實情報工作，以供給靈通之訊息並使早日得以預防，赫爾將軍曾經請求中國國民政府對此項祕密工作予以協助，並曾於三月十日左右派遣蓋賽與摩爾兩將軍請謁蔣總統，以求對此項徵用計劃，在原則上獲得正式之允准。蔣總統對此事原則上業經允准，惟諭示僅能在反共義士之中依志願而徵募，蓋賽將軍（情報組助理組長）與摩爾將軍（副組長）於謁見總統離台以後，仍使郝古德與明尼克上校等一行人留台，與中國國防部第二廳賴廳長名湯對此事作詳細之研擬，據本人所知，彼等已在前由美軍在韓使用之九十二名戰俘中，募得志願擔任此項工作者二、三十人，至徵募巡邏艦船員之工作，則另與鄭介民將軍領導下之調查統計局商洽辦理中。凡此徵募工作，均係為遠東統帥部而工作，並遵照總統之指示以志願者為限，船員之徵募亦由郝古德與明尼克等辦理。此等募集之人員，擬遣送至日本，在美軍基地接受訓練，故彼等赴日本時，當以中華民國之國民身分，並著國軍之制服；彼等遣送時，當通知中國駐日大使館並須徵得其同意，彼等受調之後，將乘船至韓；在韓時，彼等當著美國服裝，等於美軍所用之文職人員，僅於彼等領章上配以 U. S. 兩字之標幟，船員在任何情形下均不在北韓登岸，中華民國國旗亦不在韓國使用，船員所擔任者亦僅此項祕密滲透工作之交通事項而已。

關於報酬之等級、醫療之待遇、死傷之撫卹等項，現正在商討之中，因為任務有不同、任期有長短，以及危險之程度不同等等關係，故報酬之等級有甚大之差別，惟據本人所知者，彼等每月之薪俸決不僅止新台幣一百廿元，事實上現正在考慮之待遇標準，遠較此數為高，至其他福利亦可令人滿意，與以前韓戰期間所付與擔任同樣工作之戰俘者相符。以上均所以供閣下參考，並以說明有關方面均具有誠意使此事能符合總統之諭示也。

最後鄭重陳述者，即西方企業公司或其人員對於徵募人員赴韓工作一事，無任何關係或責任，西方企業公司或政府派台工作人員，均係自赫爾將軍及遠東統帥部接受命令，始行工作。

關於此事如有其他詢問之處，仍祈示知。

● 國防部致美軍援顧問團團長蔡斯將軍關於西方公司結束後游擊部隊之補給（民國 44 年 5 月 3 日）

致：軍援顧問團團長蔡斯將軍

[TO: Major General William C. Chase, Chief MAAG, Taipei]

事由：西方公司結束後游擊部隊之補給

[SUBJECT: Supply for Guerilla Units After the Termination of Western Enterprise Inc.]

一、各游擊部隊之補給，其裝備部份原由西方企業公司負責，自本（44）年三月一日以後，該公司原有之補給責任，經洽得貴團第四組口頭證實將由貴團負責，惟迄今兩個月尚未聞有具體辦法，以致各游擊部隊申請之軍品多未能獲得補充，影響戰備至鉅。

[1. It is understood that responsibility for the supply of equipment to the guerilla units, which was originally vested in the Western Enterprise Inc., has been transferred to MAAG since 1 March 1955 as orally confirmed by G4, MAAG. However, two (2) months have since elapsed without indication of substantial measures governing such activity. To the serious detriment of combat readiness, various guerilla units fail to acquire military items as requisitioned.]

二、為解決此問題，在華府無具體決定前，擬請按照各外島部隊支援辦法，對各游擊部隊予以適切軍援支援。

[2. In order to work out this problem, it is requested that before final decision being reached by the Washington authorities, adequate MDAP support be given to various guerilla units in the like manner as is being applied to the offshore island units.]

三、對本案之研討，本部第四部門之幕僚隨時均準備與貴團第四部門人員辦理，尚請對本案原則早日確定為感。

[3. With a view to conducting advanced study of this matter, my G4 staff stands ready for further discussion on this subject at the convenience of your G4 personnel. It is hoped that principles guiding the subject matter be established at an earliest possible date.]

兼代參謀總長陸軍上將銜彭孟緝

[Peng Meng-chi, General, Chief of General Staff, MND, Acting]

民國史料 89

冷戰下的國軍游擊隊——
反共救國軍（下）

ROC Guerrillas in Cold War :
The Anti-Communist National Salvation Army
- Section II

主　　編　林桶法
總 編 輯　陳新林、呂芳上
執行編輯　林育薇
封面設計　溫心忻
排　　版　溫心忻
助理編輯　林熊毅

出　　版　開源書局出版有限公司
香港金鐘夏慤道 18 號海富中心
1 座 26 樓 06 室
TEL：+852-35860995

民國歷史文化學社有限公司
10646 台北市大安區羅斯福路三段
37 號 7 樓之 1
TEL：+886-2-2369-6912
FAX：+886-2-2369-6990

http://www.rchcs.com.tw

初版一刷　2024 年 3 月 31 日
定　　價　新台幣 450 元
港　幣 116 元
美　元　17 元
I S B N　978-626-7370-75-9
印　　刷　長達印刷有限公司
台北市西園路二段 50 巷 4 弄 21 號
TEL：+886-2-2304-0488

國家圖書館出版品預行編目 (CIP) 資料
冷戰下的國軍游擊隊：反共救國軍 = ROC guerrillas in Cold War : the anti-communist national salvation army/ 林桶法主編 . -- 初版 . -- 臺北市 : 民國歷史文化學社有限公司 , 2024.03

冊；　公分 . -- (民國史料 ; 88-89)

ISBN 978-626-7370-74-2 (上冊 : 平裝). --
ISBN 978-626-7370-75-9 (下冊 : 平裝)

1.CST: 國民政府遷臺 2.CST: 中華民國史

733.292　　113002998